일상적 창의성의 새로운 이해

일상적 창의성의 새로운 이해

정 은 이 著

한국학술정보[주]

목 차

그림 목차

Ⅰ. 서 론

1. 연구의 필요성 및 목적

뉴 밀레니엄 시대는 창의와 개성이 주가 되는 새로운 인간상을 추구하고 있다. 정보화된 사회에서 변화하는 환경에 능동적으로 적응하고 새로운 정보 경영의 마인드를 획득하기 위해 창의성은 필수 불가결한 요소라고 할 수 있다. 창의적인 사고와 개방적인 마인드가 없이는 역동적인 시대에 살아남을 수가 없기 때문이다. 이렇듯 창의성이 강조되는 시대에 창의적 능력 개발과 효과에 대한 보다 적극적인 논의가 요청된다.

전통적으로 창의성은 지능과 마찬가지로 사회 국가적인 필요에 의해 논의되었다. 사회나 국가가 창의적 능력을 가진 사람에 의해 발전되는 만큼 창의성은 현대 학교 교육에서 강조하는 주요한 고차원적 정신 기능의 하나로 인식되고 있다. 우리나라에서도 현재 시행중인 제7차 교육과정에서 '21세기의 세계화·정보화 시대를 주도할 자율적이고 창의적인 한국인 육성'이라는 인간상을 제시하고 있다. 이러한 창의적인 능력을 발휘하는 사람을 기르기 위한 내용으로 자기 주도적 학습을 실천하는 창의적 재량 활동을 신설하였다. Cropley(1995)는 교육의 목표가 사회적이고 학문적－기술적 변화에 적응할 수 있는 사람들을 양성하는 데 있다고 보고 이러한 사람들은 변화와 불확실성을 도전으로 받아들이고 창의성의 요소인 유연성, 호기심 등을 길러야 한다고 했다. 이렇듯 사회 국가적인 필요에 부응하기 위해 교육 분야에서 창의성에 관한 적용이 활발하다.

또한 창의성은 Bruner(1962)가 지적하였듯이 인간 정신의 창조적이고 혁신적인 관점에 대한 연구를 통하여 컴퓨터화 되어 가고 있는 세계에서 인간의 존엄성을 되찾았을 수 있는 유일한 수단이 되기도 한다. 인간 자체가 네트워크화 되어 가는 시대에 창의적인 사고와 산출물은 세상을 더욱 풍요롭고 개인과 집단의 생활을 유연하게 하는 윤활유로서의 역할을 하게 되는 것이다. 이러한 관점에서 보면 많은 학자들이 인간 존엄성의 마지막 대비로서 창의성에 관심을 기울이는 것은 당연하다고 할 수 있다.

이렇듯 창의성은 지식 폭발적인 시대에 교육적이고 사회적인 요구 측면에서 또한 개인의 적응 측면에서 중요성이 증대되고 있는데 이에 대한 구체적인 연구가 부족하다.

그동안의 창의성에 관한 연구는 창의성을 지적 차원과 인성적 차원의 복합적 요소로 작용하는 것으로서 모든 인간이 소유하고 있는 보편적 능력이며 동시에 훈련에 의해 개발될 수 있는 것으로 보고 있다. 이와 같이 창의성이 보편적 능력이며 개발 가능하다는 견지에서 볼 때 현재 한국 사회와 교육 체제는 창의성 향상에 기여를 못하고 있는 실정이다. 입시 위주의 교육과 학교 붕괴로 대표되는 우리나라 교육 현실에서는 창의적인 사람을 기르기보다는 지적 능력과 경쟁원리만을 앞세우고 있기 때문이다.

또한 우리 사회는 그동안 특정 분야의 탁월한 전문가들이 내는 창의성 즉 사회적으로 인정을 받는 산물과 성과에만 관심을 기울여왔다. 그리하여 학교 교육의 문제와 마찬가지로 경쟁 사회에서 어떻게 해서든 성공만 하면 된다는 의식을 암시적으로 강조해왔다.

그동안 많은 연구자들은 창의성을 전문적이고 예술적인(과학, 예술, 문학 등) 산출물로서 이해하면서 공적으로 인정을 받는 진귀하고 비범한 능력의 수준에 도달한 사람들의 창의적인 행동에 관심을 집중시켰다. 그러나 이와는 대조적으로 현재의 많은 연구들은 창의성을 모든 사람들에게서 발견되는 에서의 현상이라는 데 초점을 맞추고 있으며, 정신 건강을 유지하는데 기여하는 개인적 능력이라는 측면에서 논의하고 있다(Cropley, 1990).

이렇듯 이제는 일반인의 일상생활 속에서 나타나는 창의성 즉 창조적 다수가 내는 보편적 능력으로서의 창의성에 관심을 기울여야 할 때다. 왜냐하면 국가나 사회를 이끌어 가는 소수의 전문가뿐만 아니라 다수의 일반인도 그들의 잠재 능력을 개발하여 적응적인 삶을 살 인간 보편의 권리가 있기 때문이다. 전문적인 수준에서 국가 경쟁력 향상을 위해 공적으로 인정받는 산출물을 내는 것도 중요하지만, 내적인 동기 유발과 주변 사람들의 행복을 위해 일상적인 수준에서 창의성을 발휘하는 것 또한 중요하다는 것이다.

전경원(2000)은 '생활 속의 창의성 운동(Creativity Movement in Daily Lives)'을 전개 하면서 4E(Everybody, Everyday, Everything, Everywhere)의 측면에서 창의성 발휘를 해야 한다고 했다. 그동안 창의성을 연구하는 학자들 간에서는 소수의 천재들만이 아닌 모든 사람들(Everybody)이 창의성을 갖고 있다고 받아들여져 왔는데 최근에는 전문적인 수준에서 뿐만 아니라 일상생활 속에서 매일매일(Everyday)활동하면서 창의성이 발휘되어야 한다고 제기되어 왔다. 이를 좀 더 확장하자면 매우 사소한 일에서부터 매우 전문적인 수준에 이르기까지의 모든 일(Everything)에서 창의성이 발휘되어야 한다는 것이다. 직장에서만 창의성이 발휘되는 것이 아니고 가정이든, 직장이든, 휴식공간에서든 작업공간에서든 사이버 공간 등 다양한 장소(Everywhere)에서 창의성이 발휘되어야 하는 시대가 도래 하였다고 전경원(2000)은 주장하고 있다.

즉 이제는 자신의 전문 분야에서만 새로운 아이디어를 내는 시대에서 요리를 하거나, 집안 청소를 할 때 또는 여가를 즐길 때 좀 더 새로운 방법으로 독창성을 발휘할 필요가 있다. 모든 인간 개개인이 어디에서 어떤 활동을 하든지 간에 항상 창의적인 생각과 이를 실천에 옮겨 행복한 삶을 각자 영위하도록 노력해야 하는 시대가 된 것이다.

따라서 누구든지 창의성을 계발할 수 있고, 모든 영역에서 창의성 발휘가 가능하다는 인식의 전환이 필요하고 전문적인 영역뿐만 아니라 일상생활에서의 창의성에 관심을 기울여야 할 때다.

이러한 일상생활에서의 창의성의 중요성과 더불어 생각해 보아야 할 문제는 창의성과 심리·사회적 적응의 관계이다.

Rogers(1962)는 인간은 타고난 창조에의 충동을 갖고 있으며 그것의 가장 중요한 창조품은 자아라고 보며 충분히 기능하는 사람은 고도로 창조적이라고 하였다. 또 Maslow(1963)는 이차적 창의성의 특성 중에서 창의적 문제 해결력뿐만 아니라 잘 적응하는 측면을 강조하고 있다. Maslow(1971)는 창의성 개념과 건강하고 자기실현적이고 충분히 인간적인 개인의 개념은 점점 더 밀접해지는 것처럼 보이고 아마 동일한 것으로 판명될지도 모른다고 하였다.

창의성이 일부 특정인만이 가지고 있는 재능인 것으로 간주하는 고전적인 관점에서는 창의적인 사람이 사회적으로 적응하는데 혹은 인간관계를 해나가는데 문제가 있는 것으로 생각해 온 것이 사실이지만, 인간은 누구나 상상력을 갖고 있는 그래서 창의성은 누구에게나 있는 보편적인 재능(Osborn, 1963)인 것으로 간주하는 현대적인 관점에서는 창의적인 사람이 보편적으로 사회적으로도 유능하고 인간관계도 잘 해나가며 사회적인 문제를 일으키지 않는 것으로 생각한다.

즉 급변하는 현대사회에 능동적으로 적응해 간다는 것은 창의성의 결과이기도 하다는 것을 유추할 수 있다. 창의성을 새로운 환경에의 적응능력이라는 개념으로 확대 해석하면 창의성은 인간에게 새로운 장면에 적응하게 하고 새로운 것을 창출하게 하는 근원이 될 수 있는 것이다.

이러한 측면에서 볼 때 일상적인 수준에서의 창의성을 살펴보는 것은 창조적 다수의 심리·사회적 적응을 위해 매우 의미 있는 일이 될 것이다.

 또한 창의성에 관해 논의해야 할 문제는 문화적인 배경 안에서 창의성이 어디에 존재할 수 있느냐 하는 문제이다. 창의성이라는 구인 자체가 사회 문화적인 배경을 고려하지 않고는 설명이 불가능하기 때문에 문화에 따라 적절한 해석과 개념 규정이 필요하다. 전통적으로 '우리주의'의식이 강한 한국 상황에서 창의적인 사람은 독단적이고 특이하며, 보통 사람들과는 다른 어떤 특성을 지니고 있다고 간주된다. 외국의 연구에서는 창의적인 사람들의 모순적인 경향에 대해 언급하고 있는데 Tardif와 Sternberg(1988), Maslow(1954) 등은 창의적인 사람들은 특히 대인관계에서 모순적인 특성을 지녔다고 밝혔다. 즉, 창의적인 사람은 대인관계에 있어서 적극적인 면과 소극적인 면, 자기중심성과 이타심, 반항심과 동조성 등 서로 반대되는 특성을 동시에 나타내는 경향이 있다고 하였다. 이러한 모순적으로 보이는 성향들을 정리해보면 독립적, 혁신적이며 자기주장적인 특성 즉 개별적인 성향과 협동적이고 타인을 배려하고 외향적인 특성 즉 관계적인 성향으로 정리할 수 있다.

 한국 사회는 전통적으로 집단주의 문화의 경향을 나타냈으나 급속한 서구 문화의 유입과 정보사회로의 진입에 따른 개인주의적인 성향이 짙어졌다. 이렇듯 상충하는 것으로 보이는 두 차원인 개별성, 관계성과 일상적 창의성이 한국 상황에서 어떤 관련성을 갖고 있는지 살펴보는 것은 매우 의미 있는 일이 될 것이다.

 이러한 본 연구의 목적을 구체적으로 제시하면 다음과 같다.

 첫째, 창의성의 다차원적인 측면에서 일상적 창의성과 전문적 창의성의 개념 규정을 하고자 한다. 이를 위해 암시적인 접근 방법으로 일반인들이 일상적 창의성과 전문적 창의성에 관해 어떤 구성 개념들을 갖고 있는지 살펴보고 각각의 암묵적 구조를 밝혀 보고자 한다.

 둘째, 일상적 창의성의 개념 규정과 구성 요인을 확립하여 한국적 상황에 적용 가능한 척도를 만들고자 한다.

 셋째, 일상적 창의성이 한국적인 문화 상황에서 중요시되고 있는 개별성-관계성 구조와 어떤 관계가 있는지를 살펴보고자 한다.

넷째, 일상적 창의성과 심리·사회적 적응의 관계를 규명해 보고 이에 대한 교육적 시사점을 찾고자 한다.

Ⅱ. 이론적 배경

1. 창의성

1) 창의성의 개념

창의성이 무엇인지 그 본질에 대한 대답은 학파나 연구자의 관점에 따라 다르게 정의되기 때문에 하나로 일치되기는 힘들다. 다시 말해, 창의성이란 어렵고 복잡하며, 다면적인 특성을 띠고 있고, 인간의 가장 높은 수준의 수행과 성취이기 때문에 하나로 정의되기 어렵다. 그러나 지금까지 연구되어온 창의성에 관한 정의들을 근거로 몇 가지 관점에서 정리해 보면 다음과 같다.

첫째는 게쉬탈트(Gestalt) 심리학파를 기초로, 인지심리학에서 다루는 지각(perception)과 인지(cognition)를 중심으로 창의성을 정의한다. 이 관점에서는 하나의 아이디어를 재구성하거나 다양한 아이디어를 조화시켜서 새롭고 더 좋은 아이디어를 생산하는 데 중점을 두고 있다. 즉, 창의성은 인지적 능력임을 시사한다(김남성, 1998). 대표적으로 Guilford(1967)는 '지능 구조 모델'을 소개하면서 그 모델의 한 부분인 확산적 사고를 창의성의 기본이 되는 사고 유형으로 보고, "창의성이란 새롭고 신기한 것을 낳는 힘"이라고 정의했다.

둘째는 인본주의나 정신분석학을 토대로 창의성의 정의적 측면인 성격, 내적 경험 등을 중심으로 정의를 내린다. 여기서는 지능이 높다고 할지라도 창의적 성향이 없으면, 창의적 산물이 있을 수 없다고 한다. 즉, 창의성에는 사물에 대한 깊은 관심과 흥미 판단에 대한 자율성 및 독립성, 자기표현에 관한 강한 의욕 및 동기, 통제의 태도, 새로운 경험에 대한 개방성, 문제에 대한 도전성 및 모험심, 문제 해결을 위한 인내심 등을 포함시켜야 한다. 또한 개인의 잠재력을 자신이 처한 상황보다 발전적인 방향으로 발휘하는 내재적이고, 주관적인 힘을 길러주는 것이 창의성이라고 정의하였다(박동진, 허경조, 1988). 대표적으로 Rogers(1961)는 "창의성이란 하나의 새로운 결과를 야기하는 행동의 출현이며, 개인의 특성과 그 개인을 둘러싼 사건, 사람, 자료, 생활 및 여러 상황 등에서 생성되는 과정"이라고 했고, 이러한 과정을 찾는 동기가 자아실현의 경향성이라고 하였다.

셋째는 인지적 과정에 중점을 두어 창의성을 설명할 수 있다. 즉, 과정 중심의 창의성은 창의성을 컴퓨터의 처리 과정처럼 어떠한 정보를 하나의 저장소에서 다른 저장소로 옮기는 내부적인 지적 활동인 인지적 과정으로 이해한다. 대표적으로 Taylor(1988)는 "창의성은 특정한 목적을 갖고 모인 집단이 지속성과 유용성이 있는 신기한 작품을 만들어 내는 과정"이라고 정의하였다. 그리고 그는 창의성을 문제의 포괄적 인식, 문제에 대한 지각의 변형, 창의적 산물의 생산 등 3단계로 구분하였다. 또한, Torrance(1977)는 "창의성이란 곤란한 문제를 인식하고, 그것을 해결하기 위해 아이디어를 내고 가설을 세워 검증하며, 그 결과를 전달하는 과정"이라고 정의하였다. 즉 새롭고 기발한 것을 생각해내고, 행동하기 위해서 남들보다 더 깊게 사고하고, 남들이 하지 않는 일에 도전하는 것, 그것이 바로 창의성이 이루어지는 방법이라고 하였다. 이외에도 창의성을 이해하기 위한 다양한 정의들이 있다. 문정화 외(1999)는 창의성이란, 모방이나 재연이 아니라, 새롭고 독특해야 하며, 또 단순히 새롭고 독특하기만 한 것이 아니라, 내용이나 효과 면에서도 현실적으로 적합해야 한다고 했다. 뿐만 아니라, 창의성이란 인지적 특성과 정의적 특성 간의 상호 작용을 통해, 현재 전문가 집단에 의해 새롭고 가치로운 것으로 인정된 개인의 아이디어나 산물을 생산해내는 능력이라고 정의하였다. 또한 Getszel과 Csikszentmihalyi(1976)는 창의성은 예술이나, 과학, 그리고 그 외의 영역에 따라 능력에 차이가 있기 때문에 창의성은 영역 특수적이라고 하였다.

이와 같이 개별적인 수준에서의 창의성에 대한 개념 접근은 각각의 다양한 방법 및 독특한 특징과 기능들에 대한 이해를 통해 복잡한 특성의 창의성에 대한 본질을 이해하는데 유용하다고 본다. 그러나 창의성의 어느 한 측면만을 강조하는 경우 창의성을 분리된 하나의 독자적인 형태로 간주할 위험성이 있다. 이처럼 서로 다른 형태로 존재하는 산발적인 창의성에 대한 단일 측면에의 강조 혹은 배타적 경향은 창의성의 본질을 규명하기 위한 이론적인 통합의 노력을 어렵게 하는 주요 원인이 된다. 이것은 전혀 다른 시각에서 전혀 다른 현상, 전혀 다른 접근 방법을 사용하면서도 모두 '창의성'이라는 동일한 명칭을 사용하고 있는 것이라 할 수 있다(김혜숙, 1998).

이와 같은 상황에서 볼 때 현 시점에서 필요한 창의성 연구는 또 다른 새로운 창의성 이론이 아니라 기존의 다양한 이론을 통합할 수 있는 기본틀이라고 역설한 주장들(Woodman Schoenfeldt, 1989; Isaksen, Puccio & Treffinger, 1993; Tardif & Sternberg, 1989)은 설득력이 있다. 따라서 본 연구에서는 창의성을 구성하는 주요 측면들, 즉 창의성의 주요 근원에 대한 창의성 이론의 내용을 검토하고, 특히 복합적, 다원적 관점의 창의성 이론(Csikszentmihalyi, 1989; Feldhusen & Goh, 1995; Hennessey & Amablile, 1989; Isaksen, Puccio & Treffinger, 1993; Mellou, 1996; Sternberg, 1985b/1989a; Sternberg & Lubart, 1996; Woodman & Schoenfeldt, 1989)을 분석, 비판, 통합하는 이론적 접근과 우리나라 사람의 암시적 창의성 이론의 내용을 분석하는 포괄적 접근을 통하여 창의성의 개념을 다음과 같이 정의하고자 한다.

본 연구에서의 창의성이란 '개인이 특정 맥락을 포함한 문화적 배경 안에서 인정받는 새롭고(novelty) 유용한(appropriate) 산출물을 내는 사고와 활동'으로 정의한다.

2) 창의성의 유형

기존의 창의성 연구의 관심은 대부분 창의성의 수준(level)에 관한 것이었다. 창의성 수준에 대한 연구는 주로 사람들이 창의적 능력을 얼마나 가지고 있으며 얼마나 잘 이용하는가 하는 것이다. 특히 창의적 재능이 뛰어난 사람들을 중심으로 그들의 두드러진 성격적 특성과 평가에 관심을 두었다. 이에 비해 창의성의 유형에 관한 연구는 종래의 창의성 수준의 연구와는 상이한 접근을 하고 있다. 창의성의 유형에 관한 연구의 관점은 창의성이 자연적인 현상이며 누구나 가지고 있지만 유형에 따른 능력이 다르다고 본다. 즉 창의성은 각 개인들마다 다른 방식과 다른 수준으로 나타난다고 생각된다. 창의성은 몇몇 천재들에게서만 특별하게 나타나는 것이 아니라 광범위하게 분포되어 있는 인간 특성으로 본다(강소연, 1995).

창의성의 유형에 관해 학자들마다 각자의 입장에서 서로 다른 설명을 하고 있다.

Maslow(1963)는 창의성의 유형을 일차적 창의성, 이차적 창의성 그리고 일차적 창의성과 이차적 창의성을 통합한 통합적 창의성으로 나누어 설명하였다. 일차적 창의성은 인간 심정의 심층에서부터 솟아나오는 상상력, 환상, 정렬과 같은 무의식으로부터 오는 것이고 새로운 발견(실제적인 새로움의 자원)인 것에 비해, 이차적 창의성은 우리가 상식적인 수준에서 말하는 창의성으로 창의적 문제 해결력(creative problem solving ability)을 들 수 있고, 능력 있고 잘 적응하고 성공적인 사람들이 보여주는 합리적, 논리적, 생산적 창의성이라 하였다. 예술, 철학, 과학에서의 위대한 작품들은 이러한 일차적, 이차적 창의성이 통합된 창의성에 의해 생산된다고 하였다.

그러나 Maslow는 성격이론가로서 오히려 자기실현 된 개인의 창의성(이차적 창의성)에 관심이 깊었고 이러한 창의성은 모든 사람에게 나타나는 창의적 능력으로 정신 건강과도 상관이 깊다고 하였다. 자기실현 된 개인의 창의성은 행한(does) 어떤 것으로서가 아니라 그가 존재하고 있는(is) 어떤 것으로서의 창의성이라고 한다(Yau, 1991).

Heinelt(1974)는 '사이비 창의성'(Pseudo Kreativitaet), '외견적 창의성'(Quasi Kreativitaet) 그리고 '진정한 창의성'(echte Kreativitaet) 사이의 중요하면서도 유용한 구분을 하였다. 사이비 창의성은 무질서한 태도와 고집 그리고 신속성, 언어 유창성 등을 포함한다. 그러나 유용성과 효과성이 결여되어 있다. 외견적 창의성은 진정한 창의성의 모든 요소를 포함하고 있지만 현실성이 없다. 진정한 창의성은 유용한 결과를 초래하는데 이러한 결과는 한 전문적인 관찰자에 의해 나타나거나 한순간의 통찰을 통한 인식으로서 받아들여지게 하는 어떤 강압적인 명백성을 띄고 있을 수 있다. (Cropley, 1995. 재인용)

Taylor(1959)는 창의성의 유형을 표현적 창의성, 생산적 창의성, 발명적 창의성, 혁신적 창의성, 발생적 창의성 등 5가지 구분했다. 표현적 창의성은 어린이들의 자발적인 그림에서 나타나는 창의성이고, 생산적 창의성은 어느 정도의 제한과 조절이 되는 자유 놀이가 있는 곳에서 발휘되는 예술적·과학적 산출물을 말하고, 발명적 창의성은 자료와 방법과 기술이 나타나는 발명의 재주를 뜻한다. 그리고 혁신적 창의성은 개념적인 기술을 수정하여 무엇인가 좀 더 좋은 상태로 개선시킬 때 나타나는 창의성이며 발생적 창의성은 새 학교, 새로운 운동과 같은 것이 번영할 때 완전히 새로운 원리나 가정이 생기는 곳에서 발생하는 창의성을 뜻한다.

Veron(1989)은 창의성의 유형을 과학적인 창의성, 예술적인 창의성, 사회적 또는 영적인 창의성 등으로 구분하고 있다. 그는 창의성이란 것은 그 유형이나 분야에 차이가 있을 수 있다고 제안했지만 과

22

학에 있어서는 어느 정도 공통된 부분이 많이 있다고 덧붙였다.

Veron과 유사하게 Runco와 Bahleda(1986)는 미술가 집단과 대학생을 대상으로 창의성의 범주 즉 예술적 창의성, 과학적 창의성 및 일상적 창의성에 대한 암시적 연구를 수행하여 창의성의 각 범주 및 집단별로 산출된 특성에 대한 질적 분석을 하였다.

<표 1> 창의성의 각 범주 및 특성(빈도순)

피험자 집단	예술적 창의성 (Artistic Creativity)	과학적 창의성 (Scientific Creativity)	일상적 창의성 (Everyday Creativity)	비창의성 (Noncreativity)
미술가 집단 (전문가+ 아마추어) (n=36)	표현적인 상상력 풍부한 유머감각 있는 개방적인 독특한 감정적인 흥분시키는	완전론자적인 지적인 호기심 강한 참을성 있는 철저한	활동적인 유용한 유머감각 있는 기지가 있는 개방적인 흥분시키는	지루한 좁은 흥미범위의
통제집단 (n=52)	상상력 풍부한 표현적인 지적인 독창적인 지각이 예민한 그림을 잘 그리는	지적인(영리한) 논리적인 실험 호기심 강한 캐묻기를 좋아하는 직관적인 문제해결자	상상력 풍부한 상식적인 조직화된 활동적인 요리를 잘하는	상상력 없는 지루한 조용한 게으른 멍청한 순응적인

(출처: Runco & Bahleda(1986), Journal of Creative Behavior, 20(2), pp.96.)

Runco와 Bahleda(1986)의 연구는 창의성 범주별 특성이 서로 다름을 밝혔고 특히 암시적 이론이 창의성의 서로 다른 적용 영역 간의 차이를 분명하게 구분한다고 주장하였다. 이 연구에서 과학적 창의성의 경우 '논리적인', '참을성 있는', '철저한' 등이 예술적 창의성의 경우 '정서적인', '지각적인' 등이 일상적 창의성의 경우 '유용한', '활동적인', '상식적인' 등의 특성이 추출되었다.

창의성의 유형을 구분하는데 있어서 가장 관심을 끈 이론 중의 하나가 Kirton의 A-I 이론(Adaption-Innovation Theory)이다(Kirton, 1976). Kirton은 창의성 유형을 적응자(Adaptor)와 개혁자(Innovator)로 나누었는데, 이 두 유형은 양극적이며 평가적 의미를 내포하지 않으며 학습이나 훈련에 의해서도 쉽게 변화되지 않는 것으로 보인다. 즉 인지 과정의 차원으로 가정되기 때문에 가치 독립적이어서, 좋고 나쁘고의 의미가 아니라 다양한 상황 속에서 개인의 행동 성향을 이해하는 하나의 틀로서 유용하다. 적응자(Adaptor)는 문제에 직면했을 때 관습적인 규칙이나 자신이 속해 있는 집단의 지각에 따르며 문제의 해결에 대한 아이디어를 기존의 절차로부터 얻는다. 개혁자(Innovator)는 문제에 직면했을 때 문제를 재조직하거나 재구조화하려 하며 새로운 시각에서 접근하려 하고 문제 해결에 있어 관습적 지각이나 사전에 정해진 가정으로부터 자유롭다. 개혁자들은 적응자들에 비해 예측 불가능하며 집단에서 때로는 수용하기 어려운 해답을 제시한다. 그들은 일을 다르게 하려는(do things differently) 경향을 가지고 있다(Kirton, 1987).

Unsworth(2001)는 자율적으로 일에 빠져드는 경우와 타율적으로 일에 빠져드는 경우를 구분하는 Deci & Ryan(1987)의 내적/외적 차원과 어떤 문제 또는 과제를 연구자가 정의하는 것인지 아니면 규정되어 있는지에 대한 Wakefield(1991)의 자기 정의/규정 차원을 가지고 창의성을 네 가지로 분류하였다(<그림 1> 참고). 이러한 Unsworth(2001)의 창의성 분류는 Sternberg(1999)처럼 최종 산물을 중심으로 한 것이 아니라 왜(why) 그 활동이 요구되고, 어떤(what) 과제를 풀게 되는가를 중심으로 분류한 것이다.

반응적 창의성은 외적으로 요구되고 규정된 문제에 대한 작업을 통한 창의성이다. 이 경우 개인에게 통제권이 가장 적다. 창의적 산물이라고 할 때 이런 창의성에 의한 산물이 가장 쉽게 언급된다. 회사에서 또는 전문직업세계에서 특허품, 신제품 등이 가장 흔한 예이다. 건축가, 엔지니어, 응용제품 재발자와 같은 직업인들은 직업자체가 반응적 창의성을 요구하고 있다. 광고제작회사에서 짧은 기간에 신광고를 제작하는 것은 전형적으로 반응적 창의성을 요구하며 그렇게 탄생한 산물이 새롭고 유용하면 반응적 창의성의 산물이다.

기대된 창의성은 외적인 기대가 있으나 문제 또는 과제는 자기가 정의하는 경우이다. 회사에서 품질을 높여야 한다는 외적 요구하에 구성원 각자가 품질향상의 과제를 스스로 찾아서 새롭고 유용한 일을 이루면 기대된 창의성의 산물이라고 할 수 있다. 예술 활동이나 문학 활동도 외적인 요구를 받아 스스로 토픽과 자료를 잡아 일할 경우 기대된 창의성 및 그에 의한 산물이라고 할 수 있다.

기여적 창의성은 어떤 규정된 과제를 자신의 선택으로 하게 될 때 관찰할 수 있다. 환경운동가 같은 경우 환경보호라고 하는 잘 규정된 사회적 과제에 자발적으로 기여하는 것인데 그 기여가 새롭고 유용하면 기여적 창의성의 산물이라고 할 수 있다.

전향적 창의성은 내적인 동기 때문에 새로운 과제를 찾아서 해결안을 냈는데 그것이 새롭고 유용한 경우를 말한다. 자유예술가나 순수한 연구적 관점에서 과학연구를 하는 경우 그 산물이 새롭고 유용하면 전향적 창의성의 산물이라고 할 수 있다.

<table>
<tr><td>자기 정의적
과제 ↑</td><td colspan="2" align="center">기대된 창의성</td><td colspan="2" align="center">전향적 창의성</td></tr>
<tr><td></td><td colspan="2">과업에 대한 외적인 요구를 받으나 과제의 정의는 자기 정의적</td><td colspan="2">자기 정의적 문제에 대한 자발적 해결</td></tr>
<tr><td></td><td>예</td><td>예술 활동</td><td>예</td><td>조직에서 자발적 제안</td></tr>
<tr><td></td><td>직업</td><td>고용된 예술가</td><td>직업</td><td>자유예술가, 과학연구</td></tr>
<tr><td></td><td>평가</td><td>비교적 용이함</td><td>평가</td><td>가장 어렵다.</td></tr>
<tr><td></td><td colspan="2" align="center">반응적 창의성</td><td colspan="2" align="center">기여적 창의성</td></tr>
<tr><td></td><td colspan="2">규정된 문제에 대해 요구된 해결</td><td colspan="2">규정된 문제에 대한 자발적 해결</td></tr>
<tr><td></td><td>예</td><td>Think Tank에 의해 산출된 반응</td><td>예</td><td>프로젝트의 팀원이 아닌 사람에 의한 기여</td></tr>
<tr><td>규정된
과제 ↓</td><td>직업</td><td>건축가, 엔지니어, 전문직 종사자</td><td>직업</td><td>환경 운동가</td></tr>
<tr><td></td><td>평가</td><td>특허, 상사의 평정</td><td>평가</td><td>비교적 어려움</td></tr>
</table>

← 외적 요구   내적 요구 →

<그림 1> 창의성의 네 가지 유형

그림1의 모형에서 내적/외적 요구의 차원과 자기정의/규정된 과제의 차원은 독립적이라고 할 수는 없다. 보다 외적요구가 많을수록 외적 제약이 있어서 규정된 과제가 되기 쉽다. 그리고 외적 제약이 많을수록 사람은 덜 창의적이 된다(Armabile, 1996). 그러므로 반응적 창의성은 전향적 창의성에 비해 덜 창의적일 수가 있다. 따라서 외적요구가 창의적 산출에 해가 되는 것으로 보이는 측면은 있으나 실제로 꼭 그렇지만은 않다(Armabile, 1996, p.83). 상당한 외적 제약 아래서 꾸준히 창의적 홍보물을 만들어내는 광고인들이 중요한 예이다. 우리 주변에서 많은 특허품이나 신제품, 새로운 아이디어들은 회사나 조직에서의 외적요구와 많은 시간적, 금전적, 윤

리적 제약 속에서 탄생한 경우가 수다하다. 즉 내적 요구냐 외적 요구냐, 제약이 있느냐 없느냐를 가리지 않고 창의적 산물을 가져오는 과정은 발생할 수 있는 것이다.

전경원(2001)은 Taylor와 Veron 등 학자들의 의견을 종합하여 창의성을 과학적·예술적, 사적·공적 창의성, 자발적·의무적, 생존적·평화적 창의성으로 구분하였다.

그동안의 창의성은 주로 과학과 예술 영역에서 발휘되어 있고, 이 두 분야에서 의미하는 창의성은 서로 다르다고 할 수 있다. 과학적 창의성을 발달시키기 위해서는 오랜 기간 동안 지적인 갈등을 경험하고 지적인 언어를 익혀야 한다. 반면에 예술적 창의성을 위해서는 타인의 감정이나 느낌을 공감할 수 있는 기회가 어려서부터 주어져야 하고, 개인적인 문제에 대해서도 통찰력을 가지고 감정을 잘 조절하고 표현할 수 있는 예술적인 언어를 익혀야 한다.

자발적 창의성은 개인의 내적 요구에 의한 진정한 의미의 창의성이라고 할 수 있고 의무적 창의성은 조직의 요구나 강제에 의한 창의성을 뜻한다. 생존적 창의성은 위기나 전쟁 등과 같은 상황에서 문제 해결을 하기 위해 발휘되는 창의성이고 평화적 창의성은 평화로운 시기에 무엇인가 하고 싶을 때 발산되는 그런 분야에서의 창의성이다.

우리는 일상생활 속에서 어떤 일을 수행할 때 창의적인 아이디어가 도움이 되는 경우가 많다. 청소를 하거나 음식을 만들거나 할 때도 새롭고 유용한 아이디어가 일의 효율성을 높이고 생활을 능동적이고 합리적으로 만들어 준다. 이렇듯 개인적인 수준에서 새롭고 독특한 문제 해결을 사적 수준의 창의성이라고 한다. 이와 같이 자기 수준에서만 행복을 추구하는 사적 수준의 창의성을 발휘하는 사람들도 있지만, 자기도 행복하면서 부수적으로 타인까지 행복하게 해 주는 사람들도 있는데, 이들이 갖고 있는 창의성이 공적 수준의 창의성이다.

전경원(2001)은 사적·공적 창의성은 풍부한 경험, 지식, 성격, 시간, 노력의 정도에 따라 다르다고 하면서 그 차이점을 다음과 같이 설명했다. 사적인 수준의 창의성은 ① 보통 이상의 지능지수(100-115 이상), ② 특정 영역에서의 어느 정도의 지식과 기술, ③ 흥미(관심, 열정, 동기 유발)를 필요로 하지만 공적인 수준의 창의성은 ① 보통 이상의 지능지수(115-140 이상), ② 특정 영역에서의 풍부한 지식과 기술, ③ 장인 정신을 지니고 외곬수적인 외길 인생을 걸을 수 있는 집념과 집요함 등이 있어야 한다고 했다. 이렇게 창의성의 수준을 지능, 지식/기술, 성격 외에 사회적 인정도, 시간, 노력에 따라 사적·공적으로 구분할 수 있다. 이를 구체적으로 정리해 보면 다음과 같다.

<표 2> 사적 창의성과 공적 창의성

	사적 창의성	공적 창의성
사회 인정도	필요하지 않음	필요함
지식	약간의 지식	매우 풍부해야 함
경험	약간의 경험	매우 풍부해야 함
성격	호기심	집요함, 집념
시간	적은 투자	최대한 투자
노력	적은 노력	최대한 노력

Masnfield와 Busse(1981)는 산출물의 준거 집단에 따라서 아마추어 창의성과 전문가(autor) 창의성으로 구분하고 있다. 전문가 창의성은 측정 영역의 전문가 집단에 의한 상위의 창의성이고 전문가 수준에서 창의적이라고 판정 받은 산출물은 그 집단에서 중요한 진전으로 받아들여진다. 이 전문가들은 자신의 영역 내에서 의미 있고 혁신적인 공헌을 하며, 자동차의 새로운 조향 장치를 고안한 과학자보다 노벨상 수상자가 더 창의적인 것처럼 영역 내에서도 창의적 수준을 달리한다. 아마추어 창의성은 전문가 창의성에서 창의적

이라고 간주되지 않은 사람도 아마추어 창의성에서는 창의적이라고 인정받으며, 전문적 창의성보다 더 일반적이고 비전문적인 동료집단에 비하여 창의적이다. 과학 경시대회에서 우승한 고등학생, 백일장에서 상을 받은 초등학생 등 많은 사람들이 어느 정도는 아마추어 창의성을 나타낸다.

최일호와 최인수(2001)는 창의성을 발현하기 위하여 창의적 산물의 생성에 필요한 지식의 양과 수준에 따라 창의성을 상식적 창의성과 전문적 창의성으로 구분하였다. 상식적 창의성은 보통 사람들이 갖고 있는 일반적 세상 지식이나 상식적 지식만 갖고도 창의적 산물을 생성하는 것을 말하며, 전문적 창의성은 창의적 산물을 산출하기 위해서 일정한 기간 동안의 집중적인 해당 분야의 지식의 학습이 필수적으로 요구되는 것을 말한다.

이렇듯 창의성은 여러 유형과 수준으로 나눌 수 있는데 본 연구에서는 전문적 창의성과 일상적 창의성으로 나누어 논의해 보고자 한다.

Richards(1999)는 창의성을 일상적 창의성(Everyday Creativity)과 전문적 창의성(Eminent Creativity)으로 나누어 다음과 같이 설명했다.

일상적 창의성은 일이나 여가에서의 일상적인 활동과 관련하여 창의적인 사람 혹은 창의적 산물, 아이디어, 행동을 일컫는다. 이는 새롭고 특이한 면 즉 독창성과 타인에 대한 유의미성으로 특징지을 수 있다. 이외에도 일상적 창의성은 사무관리나 자녀 양육, 집수리, 요리, 공공서비스 등 여러 분야에서 발견되어진다. 생존 능력 또는 성장 발전을 지속시키는 동기로 볼 수 있는 일상적 창의성은 실질적으로 인간의 모든 활동 분야에 적용되어져야 한다. 즉 일상적 창의성은 실질적으로 모든 사람에게 친숙한 일상생활에서의 독창성이라고 할 수 있다. 이러한 일상적 창의성은 전문적 창의성과 구별되는데 이는 특수한 능력이라기보다는 인지 양식이나 지향성, 적응성으로 보여진다.

또한 일상적 창의성은 우리 인생의 유연한 적응과 개인적인 행복에 있어서 아주 중요하다. 일상적 창의성은 사람들이 대처하는 것을 도와주고 육체적 심리적인 건강과 행복을 증진시켜주며 더 나아가서는 자아실현과 세상에 대해 공헌할 수 있도록 도와준다.

창의성과 건강에 관한 새로운 연구에서는 생존과 발전의 원동력으로서 창의성의 잠재력을 강조하고 있는데, 여러 학자들과 전문가들은 일상적 창의성을 변화하는 환경에 적응할 수 있도록 해주는 가시적인 적응성으로 표현되는 생존 능력과 개인적 발달과 탁월함, 성장을 지속시키는 인간적인 힘으로 보고 있다(Runco & Richards, 1997).

이에 비해 전문적 창의성은 사회나 혹은 관계 조직에 의해 인정을 받는 창의적 사람이나 그들의 산물을 일컫는다. 이것은 보상이나 명예, 상, 대중에게 알려지는 것, 업적 등을 포함하는데 여기서 공통적인 요인은 사회적 인정(social recognition)이다. 그러한 창의적인 사람이나 그들의 산물은 이후의 세대에게는 그렇지 않을 수도 있지만 그 당시에는 종종 배타적으로 인식되기도 한다. 이러한 산물은 전통적으로 창의적이라고 여겨지는 영역 즉 예술이나 과학에서의 성과로 나타나는데 사회적으로 인정받는다. 그러한 작품들은 두 가지 창의성의 공통적인 적용 기준 독창성(originality)과 타인에 대한 유의미성(meaningfulness)을 포함하고 있다.

본 연구에서는 이러한 선행 연구를 바탕으로 일상적 창의성과 전문적 창의성을 다음과 같이 정의한다.

전문적 창의성은 학계나 각 전문 분야에서 창의적인 인물이라고 널리 알려진 유명인들이 낸 산출물을 중심으로 한 창의성으로 공인으로서 자신의 영역에서 새롭고 진기한 산물을 만들어 이를 사회문화적으로 인정받을 때 생긴다. 일상적 창의성은 일상생활에서 창의적인 사고와 성향으로 풍요로운 삶을 영위해 나가는 사람들이 갖고 있는 창의성을 말하며 이는 개인의 적응과 심리적 건강뿐만 아니라 그 개인이 속한 내집단 구성원들에게도 행복감을 준다.

즉 전문적 창의성은 개인의 능력, 인성과 문화, 맥락의 상호 작용을 바탕으로 한 그들의 전문 영역에서 사회 문화적으로 인정받을 만한 새롭고 가치 있는 유용한 산출물을 만들어내는 능력과 활동으로 정의한다. 또한 일상적 창의성은 제반 사태나 문제를 새롭고 독특한 방법으로 해결해가며 개인의 자아실현과 적응 능력을 신장시켜 주는 것으로, 일상생활에 유용하고 적절한 사적인 산출물을 내는 사고와 활동으로 정의한다.

2. 창의성 이론

1) 개인적 측면

창의성에 관한 개인적인 측면의 연구는 크게 인지적 측면과 인성적 측면으로 나누어 연구되고 있다.

인지적 측면에서 창의적인 행동 및 산물의 개발을 설명하는 연구는 주로 창의성의 근간이 되는 지적인 요소들의 정신적 표현과 과정을 중시하며, 최근 창의성 연구의 초점이 되는 경향이 있다(Woodman & Schoenfeldt, 1989). 개인의 인지적 측면에서 창의성을 설명하는 연구는 특정한 인지 능력 요인들-확산적 생산과 수렴적 생산 그리고 인지양식-과 인지적 과정에 대한 연구로 구분될 수 있다.

많은 이론 및 경험적 연구가 창의성의 인지적 측면으로 확산적 사고, 문제 해결력, 일반 지능의 능력들을 지적해 왔다. 이 능력들은 영역 일반적인(domain-general) 형태로 또는 영역 특수적인(domain-specific) 형태로 존재할 수 있다. 확산적 사고력은 창의적 성취를 위한 기초적인 수준의 능력들로 널리 간주되어 왔다. 종단적인 연구를 포함하여 많은 연구들이 확산적 사고와 창의적 성취

사이의 상관을 조사해 왔는데 전형적으로는 0.2-0.3의 상관(Torrance, 1974)을 보여 주며 때로는 상당한 수준의 상관 즉 0.45(Harrington, Block & Block, 1983)를 보여주기도 한다.

문제 해결력은 창의성과 관련된 중요한 능력인데 문제 발견력, 올바른 문제 정의 및 재정의 능력, 문제 해결안 산출 및 이와 관련된 전략 사용 능력 그리고 해결안을 평가하는 능력이 문제 해결력의 중요 능력으로 간주되고 있다. 이 중에서 문제 발견력이 창의성, 창의적 과정 혹은 창의적 성취에 있어서 핵심 능력이라는 주장(Arlin, 1975; Csikszentmihalyi & Getzels, 1970, 1971; Mackworth, 1965; Dillon, 1982; Isaksen & Parnes, 1985; Okuda, Runco & Berger, 1991; Runco & Okuda, 1988; Wakefield, 1985, 1986, 1988)이 점차 수용되고 있다.

인성 요인과 창의적 행동의 관계에 대한 연구는 첫째, 포괄적인 인성의 관점에서 창의성을 설명하려는 인성 이론적 관점, 둘째, 다양한 분야에서 뛰어나게 창의적인 사람들의 창의적 행동 특성 및 전기적 특성을 연구하는 관점, 셋째, '특정 인성 차원'과 창의적 행동과의 관련 가능성을 규명하는 관점 등으로 수행되었다(Mellou, 1996; Woodman & Schoenfeldt, 1989).

Davis(1983)는 여러 학자들의 연구들(Barron, 1969, 1978; Mackinnon, 1976, 1978; Torrance, 1962, 1979, 1981)의 연구들과 그 연구들에 대한 자신의 연구(Davis, 1975) 등을 정리하여 창의적 인성과 동기적 특성들을 다음과 같이 보았다. : 자신을 창의적으로 인식함, 독립적임, 자신을 신뢰함, 열정적임, 자발적임, 모험적임, 위험을 감수함, 철저함, 호기심이 많음, 폭넓은 관심, 뛰어난 유머 감각, 장난이 심하고 천진난만함, 예술적인 관심, 심미적인 관심, 이상주의적임, 사려 깊음, 철저한 사생활 보장 필요(혼자만의 시간), 새롭고 복잡하고 신비스러운 것에 매혹됨 등.

Lingeman(1982)은 창의성과 관계된 모두 55개의 인성 특성들을 정리하였다. 그것들은 다음과 같다. : 모험적, 공격적, 야망적, 주장적, 자동적, 복잡성, 용감함, 호기심, 만족하지 않음, 지배적, 정서적, 열정적인, 흥분을 잘함, 실험적, 표현적, 융통성, 유머감이 풍부함, 상상적, 충동적, 독립적, 개인주의적, 근면, 내부-지향적, 내적으로 통제, 내향적, 직관적, 자유스러움, 비협조적, 열린 마음, 개방적, 독창적, 지각력, 참을성, 놀기 좋아함, 복잡함을 선호함, 질문을 잘함, 급진적, 승인을 추구, 사려 깊음, 지략이 풍부, 위험을 감수, 자신을 인식, 자신을 신뢰, 자기 충족적, 감각을 추구, 민감함/지각력이 있음, 철저함, 모호함을 견디기, 무질서를 견디기, 불일치를 견디기, 다름 사람에게 영향을 주는 것에 신경 쓰지 않음, 비관습적, 방해받지 않음, 다양한 관심, 다양한 재주 등.

Torrance(1981)는 이와는 다르게 정의하고 있다. 혼자서 일 하기를 좋아함, '이렇게 하면 어떨까'라는 생각을 잘함, 계획하고 만들고 다시 만들기를 좋아함, 매일 똑같이 하는 일에 싫증냄, 끈질기고 잘 포기하지 않으려 함, 결과에 신경 쓰지 않고 새롭고 다르게 보이는 일을 선호함 등.

이 밖에도 Martindale(1989)은 판단의 독립성, 자기 확신, 복잡성에의 끌림, 미적 지향성, 모험 감수 등을 창의적 인물의 인성 특성으로 보았으며, Sternberg와 Lubart(1991)는 모호함을 견디어냄, 끈기, 새로운 경험에 대한 개방성, 위험 감수, 자신에 대한 확신과 용기 등을 창의적 인물의 인성 특성으로 보았다.

Davis(1986)는 학자들마다 창의적 인성을 다르게 정의하고 있지만, 창의적인 사람들이 공통적으로 가지고 있다는 인성 특성을 다음과 같이 보았다. 자신을 창의적으로 인식함, 독립적임, 자신을 신뢰함, 위험을 감수함, 열정적인 에너지, 열심히 함, 자발적, 모험적, 철저한, 많은 호기심, 폭넓은 관심, 뛰어난 유머감각, 천진난만하고 놀기를 좋아함, 예술적인 흥미, 심미적인 흥미, 이상주의적, 반성적, 혼자만의 시간을 필요로 함, 새로움, 복잡성과 신비스러움에 끌림.

창의적 생산에 중요한 역할을 하는 인지적 기능, 과정의 측면을
강조하는 창의성에 대한 과정적 접근의 대표적 모델인 Wallas 모형
은 아이디어 개발 및 과학적 발견의 근거를 설명하는 구조로 현재
까지 설명력 있고 타당한 패러다임으로(Ambruster, 1989; Cagle,
1985; Langley & Jones, 1989; Sapp, 1992) 논의되고 있다. 창
의적 사고과정의 4단계를 가정하는(Armbruster, 1989) Wallas 패
러다임을 기초로 많은 연구자들이 이를 수정, 변경, 확대하는 과정
모델을 제시하고 있다. 한편 최근의 창의성에 대한 인지적 접근의
연구들을 고찰해보면 창의적인 행동을 설명하는 인지적인 측면의
연구들은 사람을 참여자로 이용한 연구(Finke, Ward & Smith,
1992; Sternberg & Davidson, 1995)와 컴퓨터 시뮬레이션을 통
한 창의적 사고 연구들(Boden, 1992; Langley & Jones, 1989;
Johnson & Laird, 1989)이 있다.

2) 환경적 측면

개인이 창의성의 본질인 새로운 아이디어 개발의 원천이기 때문에
무엇이 개인의 창의성에 동기를 주고 그것을 가능하게 하는지에 대해
많은 관심이 집중되었으며, 개인을 둘러싼 환경의 다양한 측면 즉 문
화, 풍토와 같은 요인들이 개인의 창의성과 많은 관련을 갖는다는 연
구들이 증가하고 있다(Amabile, 1983; Mumford & Gustafson,
1988; Hennessey & Amabile, 1989; Woodman Sawyer & Griffin,
1993; schuler & Jackson, 1987; Tesluk, Farr & Kelin, 1997).
창의적 행동에 대한 맥락 및 사회적 영향에는 물리적 환경, 문화,
집단이나 조직의 풍토, 시간/업무적 구속, 기대, 보상/징계 및 역할
모델과 같은 것들이 포함된다. 전체적으로 이러한 것들은 창의적 행
동이 발생하는 환경적 배경과 사회적 배경의 요소들이다(Woodman
& Schoenfeldt, 1989). 창의성의 사회심리학은 내적 결정 요인 즉

창의적인 사람에 대한 연구보다 외적인 요인 즉 창의적인 행동을 유도할 수 있는 창의적 상황이나 환경적 조건에 대해 관심을 가지고 특수한 사회, 환경 조건 등이 어떻게 창의적 행동에 영향을 주는지를 설명하였다(Hennessey & Amabile, 1989).

Tesluk, Farr & Kelin(1997)은 창의적 환경의 문화와 풍토의 개념을 구분하여 문화가 풍토에 비해 변화가 어렵고 속도도 느리지만 창의성과 혁신을 지원하는 환경의 개발을 위해서는 문화와 풍토 모두에 대한 변화의 노력을 경주해야 할 것이라고 주장하였다.

3) 다원적 측면

Wehner, Csiksentmihalyi 및 Magyari-Beck(1991)은 창의성에 관한 최근의 연구 논문을 조사한 결과 창의성과 관련된 다양한 연구들이 매우 편협하게 고립되어 있다고 주장하였다. 다양한 학문 분야별로 서로 다른 용어들을 사용하고 있으며 동일한 기본 현상에 대해서도 서로 다른 측면들에 초점을 맞추려는 경향이 있음을 지적하였다.

이처럼 창의성에 대한 단일 학문적 접근법의 결과는 전체의 한 부분인 일부를 전체로 보게 되는 경우를 초래할 수 있으므로 창의성에 대한 이해는 여러 전문 분야에 걸친 다학문적, 다원적 접근이 필요하다는 주장이 제기되고 있다. 창의성 연구에 대한 다원적 접근법은 창의성은 복합적 요소들이 모여서 발생되는 것이라고 가정한다(Hennessey & Amabile, 1989; Csikszentmihalyi, 1989; Feldhusen & Goh, 1995; Gardner, 1993; Gruber, 1989; Mellou, 1996; Woodman & Schoenfeldt, 1989; 조석희, 1996).

Sternberg와 Luber(1996)는 창의성이 과학적, 실용적, 통찰력을 지닌 가치 있는 연구 주제임에도 불구하고 그 동안 별로 연구되지 않았던 상황을 'Type Ⅱ-주제선정 오류'로 비유하며 과거로부터 현재에 이르기까지 창의성 연구에 적용된 각 접근 방법의 한계와 문제점을 지적하고 유망한 접근 방법으로서 다학문적, 다원적 접근이 필요하다고 주장하였는데 이러한 창의성에 대한 다원적 접근의 예로서 암시적 창의성 이론, 시스템 이론 및 투자 이론 등을 제안하였다.

이와 같은 다원적 접근들은 단일 학문 접근법에 내재된 태만을 극복하고 다변량적 특성을 지니기 때문에 잠정적으로 보다 강한 설명력을 제공하며, 심리학의 수많은 영역에서의 연구들과 창의성을 관련시킨다는 측면에서 큰 장점을 지니고 있음을 강조하였다.

창의성 연구의 상호 작용적 접근은 개인의 제 특성과 그를 둘러싸고 있는 여러 가지 상황적 특성들 간의 상호 작용을 강조한다. 이들의 견해는 개인은 인지, 능력, 동기 및 인성에 따라 변화하고 환경(상황)은 자극, 보상 및 기회에 따라 변화하는데 이들은 지속적이고 여러 방향에 걸쳐 상호 작용하는 이원적인 관계가 있다고 본다(Mellou, 1996). Woodman과 Schoenfeldt(1989)는 창의성 이론의 발전 측면에서 볼 때 "현시점에서 필요한 것은 또 다른 새로운 창의성 이론이 아니라, 창의성에 대한 다양한 견해들을 결합함으로써 현재의 지식을 보강하는 동시에 향후의 연구 방향을 제시하는 통합적 기본 틀"이라고 보고 상호 작용적 견해가 이제까지의 창의성 연구의 지식을 통합시킬 수 있는 보다 복잡한 시스템을 제공할 수 있다고 주장하였다.

이처럼 창의성의 다원적 접근은 기존의 상호 작용적 접근과 전체적인 맥락에서 일맥상통하며 중복되는 요소가 많아 본 연구에서는 이를 포괄적인 의미에서 복합적으로 사용하고자 한다. 최근 이와 같은 접근을 취하고 있는 주요 창의성 이론의 특징에 대해 살펴보자.

Woodman과 Schoenfeldt(1989)에 제안한 창의적 행동의 상호 작용 모델은 창의성을 주어진 '상황'에서 표현되는 '개인' 행동의 복잡한 '산물'로 간주한다. 이때 개인은 다양한 선행 조건에 의해 영향을 받으며 여러 종류의 인지능력(예; 인지양식, 확산적 사고력) 및 비인지적 인성 특성이나 인성 차원(예; 인성 및 통제 소재 등)을 소유한다. 상황은 창의적인 성취를 촉진시키거나 억제하는 맥락적 영향과 사회적 영향의 행사 등과 같은 관점에서 특징 지워질 수 있다.

Mellou(1996)는 창의성의 개념을 정의함에 있어 다음의 두 가지 기본 조건을 제시하였다. 첫째, '개인—상황 간의 호혜적 상호 작용 조건'으로 개인의 독창적인 창조는 특정한 특성과 능력, 그리고 사회 환경적 조건에 의해 좌우되며 이러한 독창적인 창조는 피드백 과정을 통해 사람들과 그들의 환경에 영향을 미친다. 즉 창의적 행동을 복잡한 "개인—상황" 간의 상호 작용으로 간주하는 것이다. 두 번째 조건은 '변환—상상—환상 조건'으로서 개인—환경 상호 작용 기간 동안 혹은 그 이후에 개인들은 문화가 제공하는 정보를 수용하여 그것을 변환시킨다. 개인과 이전의 창의적 행동간 상호 작용에서 얻은 것을 수정하기 위해 상상과 환상은 변환이 관련되는 언제, 어디서나 발생할 수 있다. 즉 무엇을 추가하거나 삭제하는 행위, 크기의 변화, 이동, 합성 등의 행위가 발생할 수 있다는 것이다. 따라서 창의성이란 개인—상황 간의 상호 작용(상호 작용 하는 개인—상황의 기본적 조건과 개인의 활동에서 동시에 작용하는 변환—상상—환상이 결합하는 과정)으로서, 이 두 조건은 따로 떨어져 존재할 수 없는 불가분의 관계를 갖는다.

Isaksen, Puccio와 Treffinger(1993)는 창의적인 문제해결(과정)을 위해서는 보다 광범위하고 융통성 있는 접근법이 필요하다고 전제한 후 사람, 상황, 과정, 과제 및 결과 간의 역동적 상호 작용 및 맥락에 대한 고려를 포함하는 생태학적 혹은 상호 작용적 접근을 강조하였다. 생태학적 접근이란 생태계내의 생물과 무생물 간의 상호 작용을 탐구하는 생태학자처럼 특정 환경 내 일부 변인들의 상호 작용에 관심을 갖는다. 즉 창의적인 산물을 낳는 출처들 간의 자연적인 상호 작용을 이해함으로써 창의성의 다면적 본질을 보다 잘 이해하고 효율적으로 이론을 확립하고자 하는 접근이다. 생태학적 접근에서는 창의적인 문제해결(CPS)의 실행을 이해하고 예측, 촉진하는데 도움을 주는 다차원적 기본틀을 의미하는 “profiling”이란 용어를 사용하고 있다. 원래 ‘profile’이란 용어는 개인의 특성이나 능력에 대한 요약 혹은 개략적인 묘사를 나타내는 일련의 점수들에 대한 사본이나 표현이지만 여기서는 인지적 특성, 초인지적 특성 및 인성 특성들을 풍토 및 문화와 같은 상황 차원; 과제 요소; 과정 행동; 사물이나 결과의 특성들을 포함하는 보다 확대된 개념으로서 사용되고 있다.

창의성에 대한 상호 작용적 입장을 강조하는 또 다른 연구로서 Feldhusen(1995)의 연구를 들 수 있다. 그는 창의적인 사고와 생산의 필수적인 구성 요소를 초인지 과정, 지식기반, 인성 요인의 세 측면으로 보고 이들은 상호 작용하며, 창의적 사고와 문제해결의 결과는 산물 평가를 통해 가장 잘 이루어진다고 주장하였다.

Sternberg와 Lubart(1995, 1996)에 의해 제안된 투자 이론에 의하면 창의적인 사람은 아이디어를 “싸게 사서 비싸게 파는” 사람이다. 아이디어를 싸게 산다는 것은 잘 알려지지 않았거나 호감을 받지 못하지만 성장 잠재력을 지닌 아이디어들을 추구한다는 의미이다. 이러한 아이디어들이 처음으로 제시되는 경우, 저항에 부딪치게 되는데 창의적인 사람은 이러한 저항에 직면하여서도 살아남고 궁극적으로 그 아이디어를 비싸게 판 다음, 계속해서 다음의 새롭거나 인기 없는 아이디어를 추구한다는 것이다(Sternberg & Lubart, 1995; 1996). 투자 이론에 따르면, 창의성은 개별적이지만 서로 상관된 재원 즉, 지적 능력(intellectual abilities), 지식, 사고 양식(styles of thinking), 인성, 동기 및 환경을 필요로 한다.

Csikszentmihalyi는 ‘창의성은 어디에 존재하는가’란 의문을 창의성 연구의 새 관점으로 제시하였다. 그는 이 질문에 대한 답으로 체계모델(Systems model)을 창안하였고(Csikszentmihalyi, 1988; 1996), 1994년 Gardner, Feldman과 함께 모델을 정교화 시켰다(Feldman, Csikszentmihalyi, & Gardner, 1994). 이 모델은 최근 창의성 연구에 있어서 중요한 틀로서 자리잡아가고 있다(Gardner, 1993). Csikszenmihalyi(1989)는 "사회, 문화 그리고 사람: 창의성의 시스템 견해"에서 기존의 창의성 연구들이 창의성을 구체적인 과정으로서 개인이나 산물 내에 존재하는 것으로 가정하는 것을 비판하며, 창의성은 개인과 그들의 산물을 그 행위가 이루어지는 사회 환경 및 역사적 배경의 관점에서 고려되어야 한다고 주장하였다. 체계모델은 '상징적 규칙이나 절차, 지식의 집합체'인 영역(Domain)과 영역에서 사용되는 지식과 규칙을 가지고 새로운 규칙, 더 나아가서는 새로운 영역까지도 창조해 내는 역할을 하는 개인(Individual)과 영역의 유지 발전을 위해서 새로운 아이디어나 산출물을 심사하는 수문장과 같은 역할을 하는 분야(Field)로 이루어져 있으며 이 세 체계는 서로 상호 작용을 하며 일 방향뿐만 아니라 서로 양 방향의 영향을 준다.

<그림 2> 창의성의 체계모델

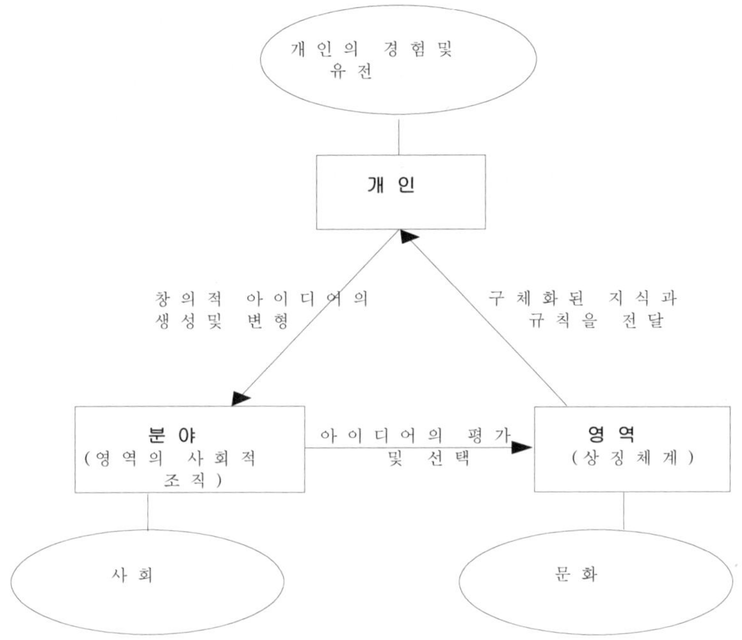

Csikszentmihalyi(1988)에서 수정

Amabile(1983, 1989, 1996)은 창의성이 영역기술(domain skill), 창의적 사고와 행동 기술(creative thinking and working skills), 내적 동기(intrinsic motivation)로 구성된다고 본다. Amabile (1995)의 창의성 이론은 창의성에 대한 3가지 구성요소를 제안하고 있다. 영역관련 기술(domain-relevant skills)은 수학, 과학, 음악, 문학과 같이 특정 영역과 관련된 기술로서 정규교육과 경험을 통하여 습득되는 재능과 기술의 복합체라고 할 수 있다. 창의성 관련 기술 (creativity-relevant skills)은 어떤 영역에서나 필요한 것으로 창의적인 성격, 독립적인 성격, 고도의 에너지 수준, 문제에 대한 새로운 견해를 생각해 내는 방법 등을 포함한다고 할 수 있다. 과제 관련

동기 유발(task motivation)은 특정한 과제를 수행하기 위한 내재적 동기 유발이 외적인 동기 유발보다 창의성에 더 많은 도움을 준다. 이 세 가지 요소가 서로 다른 수준에서 상호 작용을 한다면 관찰되어 질 수 있는 창의성으로 나타나게 된다고 했다(Amabile, 1983).

이상에서 살펴본 창의성에 관한 다원적 모델들은 인지, 인성 및 사회 심리적 설명의 주요 요소들을 통합하여 창의성의 개인차에 대한 포괄적 개념을 제공하고 있다. 특히 개인과 환경과의 능동적 상호 작용으로 창의성이 발현되며 개인적 성향, 상황, 과제 및 결과 차원에 존재하는 다양한 변인들이 효과적인 창의적 문제 해결 과정에 미치는 효과를 탐색하고 있다. 즉 창의성을 주어진 상황에서 표현되는 개인행동의 복잡한 산물로 규정함으로써 창의성의 개인차 문제의 원인에 대한 이해의 폭을 넓히는데 기여하고 있다.

4) 암시적 접근의 창의성 연구

Sternberg와 Lubart(1996)가 창의성 연구의 다원적 접근 방법 중의 하나로 제시한 암시적 창의성 이론은 개개인의 마음속에 내재하는 지적인 구인으로서 공식적이거나 형식적이지 않으며, 질문과 추론을 통해 발견되거나 또는 행동에 의해 그 모습이 밝혀진다는 특성을 지닌다. 암시적 이론과 비교되는 명시적 이론(창의성 연구의 주종을 이루는 대부분의 이론이 여기에 해당된다)이 창의적 행동에 관한 자료를 기초로 심리학자들이 제시하는 공식적인 이론(모형)이며, 그것이 문헌을 통하여 공식적으로 제시, 검증되고 있는 것과 달리 암시적 이론은 사람들(심리학자이거나 또는 일반 보통 사람)의 마음속에 내재되어 있으며 그에 대한 체계적인 검토 과정은 거치지 않지만 자신이 지니고 있는 '말없는 구인'의 기준에 따라 다른 사람을 판단하는 데 이를 사용한다(Sternberg, 1985b; 1989a; 1993; 김영채, 1996; Sternberg, 1985a, 하대현 역, 1991; 하대현, 1997).

  명시적 이론들은 창의성의 개념화에 있어서 중요한 역할을 해왔다. Guilford(1950)의 이론은 심리 측정적으로, Getzels(1975)의 이론은 인지적으로, Barron(1968)의 이론은 임상적으로, 그리고 Amabile(1996)의 이론은 사회심리학적으로 기여하였다. 그러나 이러한 이론들은 공통적으로 그 이론가들이 주장하는 것에 대한 경험 자료에 한해서 창의적인 심리 과정이라는 것이다. 창의성에 관한 명시적 이론의 양(quantity)은 감소하는 추세를 보이고 있는데, 이러한 이유 중 하나는 창의성 연구에 있어서 구성개념에 대한 개념적 및 조작적 정의를 만들어내기가 어렵기 때문이다(Sternberg, 1985b). 창의성이나 지능 같은 심리학적 영역들이 명시적 이론에 근거하여 구성 개념을 정의하는데 부족함이 있을 때, 암묵적 이론은 명시적 이론의 개발을 위한 개념적 틀을 제공하는데 유용하게 이용되어 왔다.

  이와 같은 암시적 이론에 대한 이해는 사회의 사고를 주도하는 공통의 문화적 견해를 공식화하고 명시적 이론의 토대를 이해하거나 제공하는 데 도움을 줄 수 있는데 이는 명시적 이론이 부분적으로는 학자들의 암시적 이론에서 기인하기 때문이다. 따라서 암시적 이론은 형식, 구조를 제공해 주는 반면 명시적 이론은 그 형식이나 구조 내에 자리할 내용을 제공해 주기 때문에 명시적 이론뿐만 아니라 암시적 이론에 대한 연구 모두가 필요하며 이들은 상호 연계되어야 한다고 역설한 Sternberg(1985b; 1989a; 1993; 1996)의 주장은 설득력이 있다.

  Runco와 Bahleda(1986)은 창의성에 대한 암묵적 이론의 핵심특성이 명시적 이론의 핵심특성과 유사하다고 주장했다.

  창의성 분야에서 암시적 접근 방법이 적용된 선행 연구들을 살펴보고 각 연구들의 특성과 의의, 한계점을 파악함으로써 암시적 창의성 이론 연구를 위한 시사점을 찾고자 한다.

  Sternberg(1985b)는 지능 그리고 특히 창의성이나 지혜와 같이 심리학 연구 분야에서 명시적 이론이 그 근거를 두어야 하는 구인에 대해 정의조차 내리지 못할 때 명시적 이론 발전에 대한 개념적 틀을 제시하는데 있어서 암시적 이론이 효과적일 수 있다고 주장하였다. MacKinnon(1964)은 창의성이 세 부류로 평가된 건축가들로 하여금 자신과 이상적인 자아를 Gough의 Adjective Check List에 평가하도록 함으로써 매우 창의적인 사람과 창의적이지 못한 사람들의 특성을 나타내었고, Barron(1968)은 Q-sort기법을 이용하여 창의적인 작가들의 특성을 구분하고 매우 창의적인 작가들에게서 특히 두드러지게 나타나는 특성을 얻어 내었으며, Helson(1980)은 창의적인 수학자들을 대상으로 적용하여 연구하였다(Sternberg, 1985b, pp.610-611; 재인용)

Runco와 Bahleda(1986)는 미술가 집단과 대학생을 대상으로 창의성의 범주 즉 예술적 창의성, 과학적 창의성 및 일상적 창의성에 대한 암시적 연구를 수행하였다. 창의성에 대한 교사들의 암시적 이론(Runco, 1984)과 미술가 집단의 암시적 이론을 연구한 Runco와 Bahleda(1986)의 연구 결과를 보면 심리학 문헌에서 보고 되는 명시적 이론들과 유사한 내용을 보고하고 있으나 수집된 목록에 대한 질적 비교에 그치고 있다는 한계를 지니고 있다.

Sternberg(1985b, 1989a)는 서로 다른 소집단(일반인, 전문가)에서의 지능, 창의성 및 지혜에 대한 암시적 이론의 내용과 이에 대한 내적, 외적 타당화의 문제 그리고 세 구인 간 관계에 대한 사람들의 인식을 파악하는 일련의 연구를 수행하였다. 연구 결과, 사람들이 인식하는 지능, 창의성 및 지혜의 구인 간 상관관계는 지능과 지혜가 가장 밀접한 상관을 지니며 지혜와 창의성 간의 상관이 가장 낮은 것으로 나타났다. Sternberg는 세 구인에 대한 일련의 연구 결과에 대해 암시적 이론의 높은 내적 타당화를 입증하였을 뿐만 아니라 다른 이론들과의 관계에 대한 수렴적, 변별적 타당도를 통해 외적 타당성을 입증한다고 주장한다.

Sternberg(1985b)의 연구에서 일반인들에게 있어서 창의성의 암시적 이론은 기존의 심리측정적 창의성 검사에서 측정해 내었던 특성들과는 다른 것으로 나타났다. 그 특성들은 자신과 환경의 일상적인 한계를 뛰어넘는 능력과 의지, 비관습적, 몽상적 방식으로 생각하고 행동하는 것에 강조를 두는 것으로 나타났고 규범에 얽매이지 않으며 자유로운 정신을 갖고 있는 것으로 나타나 고도로 지적인 사람들에게서 발견되지 않는 특성들을 보이고 있다.

전문가들에게 있어서 암시적 이론은 일반인들의 암시적 이론과 많이 중복되었지만, 각 영역별로 특이한 창의성 요인들을 나타내 주었다.

Kirton(2001)은 창의성의 적응자(adaptor)와 혁신자(innovator)에 관한 비전문가의 암묵 이론적 개념에 관한 연구에서 비전문가들은 혁신적인 스타일을 유의미하게 창의적이라고 지각했고 혁신적인 스타일의 사람은 혁신적 지향성을 창의성이 높다고 평가했다. 즉 혁신자에 대해서 비전문가들은 암묵적으로 창의성이 높다고 지각하는 것으로 나타났다.

Lim, W. & Plucker, J. A. (2001)은 한국 성인을 대상으로 한 암묵적 창의성 연구에서 비록 한국인들은 부정적인 행동과 개인적 특성을 좀 더 높은 비율로 강조했지만, 한국인의 창의성에 대한 개념은 서구의 개념과 유사함을 밝혀냈다. 또한 피험자들은 창의성의 특수한 인지, 성격, 동기 측면을 강조했다.

Chan, David W. & Ahan, Lai-kwan(1999)은 홍콩의 초·중학교 학생의 특성에 관한 교사들의 개념을 알아 본 연구에서 교사들의 암묵 이론에 의해 창의적인 학생과 비창의적인 학생의 특성을 도출해 내도록 했다. 42개의 창의적인 특성과 33개의 비창의적인 특성이 목록화 되었는데, 높은 빈도를 나타낸 창의적인 특성으로는 상상력이 풍부한, 항상 질문이 많은, 높은 지적 능력, 활동적인, 빠르게 반응하는 등이 있었고, 비창의적인 특성으로는 관습적인, 내성적인, 자신감이 없는, 순응적인 등이 있었다.

또한 아동의 창의성에 관한 부모와 교사의 암묵 이론 연구에서는 부모나 교사가 창의적 아동들을 묘사할 때는 좋은 특성만을 보고하고 창의적이지 못한 아동을 묘사할 때는 좋지 못한 특성을 보고한다는 것을 밝혀내었다. 또한 어머니나 아버지는 자녀의 창의성에 대해 서로 일치된 평가를 한다는 결과를 보여주고 있다(Runco, M. A & Johnson, D. J & Bear, P. K., 1993).

우리나라에서는 Sternberg의 암시적 지능 이론에 대한 타당화 연구(임웅, 1995)를 시작으로 암시적 접근 방법에 대한 연구가 활발해졌다. 김나(1998)는 창의성에 있어서 지능과의 관계 구조에 관한 연구에서 4개의 창의성 요인을 밝혀내어 사람들이 암묵적으로 사용하고 있는 창의성 개념이 내적으로 구조화되어 있다는 사실을 확인했다.

최인수(1998)는 창의적 업적을 남긴 인물 49명을 대상으로 인터뷰를 실시하여 칙센미하이의 체계 모델을 기반으로 하여 창의성 관련 변인을 추출하였다. 개인과 관련된 변인으로는 내재적 동기, 가족, 독립성, 엄격성, 균형, 책임감, 호기심, 다양한 관심, 개방성, 인내, 근면 등이었고 분야와 관련된 변인으로는 인간관계, 사회적 관심, 그리고 영역과 관련된 변인으로는 배움, 교육, 지식이나 기술에 대한 철저한 준비 등이 추출되었다.

송인섭·김혜숙(1999)의 연구에서는 암시적 접근을 통해 창의성의 주요한 내적 구성 요소를 추출하고, 구인의 내적 구조-인지적 측면과 정의적 측면-을 탐색하였다. 인지적 특성에 대한 요인 분석 결과 유창성, 융통성, 독창성의 세 차원이 나타났고 정의적 특성의 경우, 호기심, 흥미다양성, 관심 있는 일에 대한 몰두, 개성, 특이선호, 탈규범/모험성, 개방성 등의 요인이 추출되었다.

이정은(2001)은 일반인과 전문가의 암묵적 창의성의 내용을 추출하여 각각의 요인구조를 확인하고 비교하였다. 일반인의 암묵적 척도는 상황판단력, 자기 주관, 독특/독창성, 관습탈피, 적극성, 호기심, 새로움 추구, 탐구행동, 자기주장 등 9개 요인이, 전문가의 암묵적 척도는 계획성/노력, 독특성/새로움 추구, 빠른 문제해결 시도, 지적 교류, 지적 추구활동, 가족의지지, 외골수성, 모험추구성향, 조화 추구, 관습탈피, 변화수용, 낙천성, 문제인식력, 목표 설정 등 14개 요인이 확인되었다.

각 척도의 내용 비교 결과, 전문가 척도가 일반인 척도에 비해 창의적 능력 관련 요인을 더 많이 포함하고 있으며, 일반인과 전문가 척도 모두에서 나타난 외곬수적 요인(일반인의 경우 자기 주관 요인과 자기주장 요인)에 더하여 조화, 낙천성 등의 적응적 특성이 전문가의 암묵적 이론에 포함되어 있는 것으로 나타났다. 또한 일반인 척도의 요인들과는 달리 전문가 척도의 요인들 중 3개의 요인(계획성/노력, 조화추구, 가족의 지지)은 Gough 척도의 순응성 요인과 정적 상관이 있는 것으로 나타나 창의적 업적을 산출하는 데는 주변과 단절하고 자신의 일에만 몰두하는 특성도 필요하지만 주변과의 조화 등 적응적 특성도 요구됨을 시사한다.

이상의 암시적 접근의 연구가 창의성 연구에 시사하는 점을 살펴보면 창의성이라는 특정한 심리적 구인에 대한 사람들의 인식의 내용을 알 수 있게 하고 현재의 명시적 창의성 이론이 포함하지 못하지만 가능하면 포함해야만 하는 어떤 측면을 이해하게 함으로써 명시적 이론을 보다 확대, 변화시킬 수 있을 것이라는 측면에서 가치가 있다. 그러나 여기에는 중요한 전제가 수반되어야 한다. 즉 특정한 심리적 구인에 대한 사람들의 개념 혹은 암시적 이론이 왜곡되거나 지나치게 과대 혹은 과소평가된 것일 수 있으며, 또한 암시적 이론에 대한 의견의 일치가 문화적, 지역적으로 제한된 성격을 지닐 수도 있으며, 또한 암시적 이론에 대한 의견의 일치가 문화적, 지역적으로 제한된 성격을 지닐 수도 있다. 즉 다른 문화 내에서는 또 다른 형태의 암시적 이론을 가질 수 있다. 물론 이와 같은 문화적 상대성은 암시적 이론에서뿐만 아니라 명시적 이론의 경우에도 해당되는 것이나 암시적 이론의 가치를 높이기 위해서는 이에 대한 보완작업이 필요하며 또한 명시적 이론들과의 관련성이 동시에 고려되어야 한다.

본 연구에서는 이와 같은 암시적 접근 방법을 일상적·전문적 창의성의 기초자료 수집과정에 적용하여 일반인들이 창의성을 어떻게 인식하고 있는지, 그들의 암시적 창의성 이론을 규명해 봄으로써 창의성에 대한 암시적 이론이 본질적으로 명시적 이론과 관계를 갖는지 확인함과 동시에 우리나라의 문화적 특수성과 상대성이 반영된 창의성 '틀'을 형성하는 기초 자료로 사용하고자 한다.

3. 본 연구의 창의성 개념 모형

복합적 상호 작용을 강조하는 다원적 접근의 창의성 문헌을 분석 고찰한 이론적 연구와 우리나라 사람들의 암시적 창의성 이론에 대한 경험적 연구 결과를 통합하여 창의성 개념 모형을 설정하였다.

다원적 접근의 창의성 이론에 대한 검토 결과, 창의성의 주요 요인으로 '개인(person)'뿐만 아니라 개인을 둘러싼 문화적인 배경이 중요하며(Csikszentmihalyi, 1989; Hennessey & Amabile, 1989; Mellou, 1996; Sternberg & Lubart, 1996; Sternberg & Tardif, 1989; Woodman & Schoenfeldt, 1989), 특정 맥락에서의 과제와 지원 활동(Feldhusen, 1995; Isaksen, Puccio & Treffinger, 1993; Sternberg & Lubart, 1996)이 중요한 것임을 시사 받을 수 있었다.

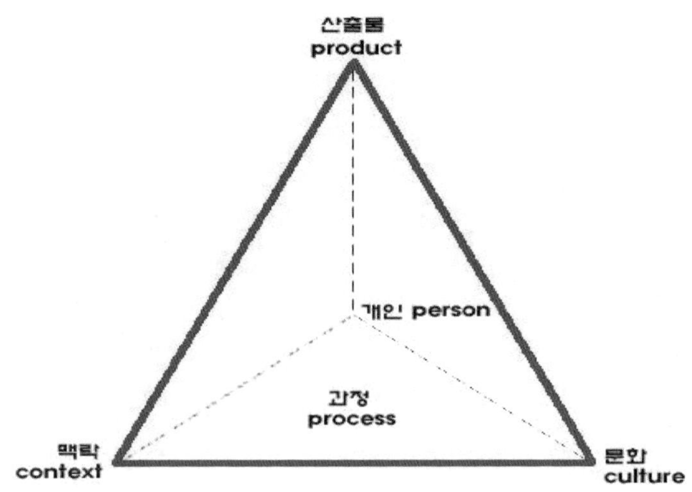

<그림 3> 창의성의 피라미드 개념 모형

따라서 본 연구에서는 창의성을 '개인이 특정 맥락을 포함한 문화적 배경 안에서 공인된 새롭고(novelty) 유용한(appropriate) 산출물을 내는 사고와 활동'으로 정의하고 이와 같은 창의성 요소들의 관계를 <그림 3>과 같이 도식화하였다.

피라미드의 밑면을 이루는 개인(Person), 문화(Culture), 맥락(Context)의 기본 3차원들은 각각 1차 요소와 2차 요소로 구성되어 있다.

개인(Person) 차원의 1차 요소는 각 개인의 유전과 경험, 과거사 등을 포함하며 2차 요소는 정의적 요소, 인지적 요소, 지식과 기능 기반으로 이루어져 있다. 이 중 정의적 요소에는 통재 소재, 자아 개념, 인성, 태도, 동기, 가치, 관심 등이 포함되고, 인지적 요소에는 사고 양식, 확산적 사고, 수렴적 사고, 인지 양식, 지능 등이 포함된다.

맥락(Context) 차원의 1차 요소는 특정 영역의 과제가 포함되며,

2차 요소는 사회적 지원 및 요구, 물리적인 측면이 포함된다.

　문화(Culture) 차원의 1차 요소는 부모, 친구, 교사 등의 역할 모델을 포함하여, 2차 요소는 전문가들의 집단과 그들의 학문체계를 포함한다(<그림 4> 참고).

| 개인
Person | —1차 요소: 유전, 경험, 과거사, 신체적 특성 등 |
| | —2차 요소: 정의적 요소, 인지적 요소, 지식과 기능기반 |

| 맥락
Context | —1차 요소: 과제 |
| | —2차 요소: 사회적 지원 및 요구, 물리적인 요소 |

| 문화
Culture | —1차 요소: 부모, 친구, 교사의 역할 모델 |
| | —2차 요소: 분야(전문가), 영역(학문체계) |

<그림 4> 개인, 맥락, 문화의 하위 요소들

　이 세 가지 기본 차원들이 서로 상호 작용을 하며 '과정(process)' 차원을 거쳐 산출물(Product)을 내게 되는데, 이 과정 차원은 용수철과 같이 탄력적인 형태로 피라미드 내부에 존재하게 된다.

　맥락과 개인의 상호 작용에서 맥락은 개인을 동기화 시키는 역할을 하고 개인은 맥락의 특정 과제를 탐색하게 된다. 맥락과 문화의 상호 작용은 맥락은 문화의 요소인 영역의 토대를 제공하고 문화는 맥락의 하위 요소인 과제의 적절성을 판단하는 역할을 하게 된다. 개인과 문화의 상호 작용은 문화는 개인에게 지식과 규칙, 정보를 전달하는 역할을 하고 개인의 문화를 변형, 재창조하게 된다.

　창의성 피라미드 모형의 밑면을 이루는 기본 3차원들이 보다 포괄적이고 일반적인 경향을 보일 때, 즉 개인의 정의적, 인지적 요소들이 약하고 지식과 기능기반이 부족하며 맥락 측면에서 과제가 일

반적이고 사회적 지원 및 요구가 약하고 상식적인 문화 차원을 이
룰 때 일상적 창의성이 발현된다. 반면에 개인이 보다 강한 창의성
의 정의적, 인지적 특성을 보이고, 전문적인 지식과 기능 기반을 갖
추고 있으며, 특수한 과제 및 사회적 지원이 잘 되어 있고 특정한
분야의 전문가들과 그 학문 체계의 영향을 받을 때 전문적 창의성
이 발현된다. 이 전문적 창의성은 개인, 맥락, 문화의 2차 요소가
훨씬 강할 때 발현되기 쉽다.

　피라미드 밑면의 기본 3차원의 2차 요소들이 강할 때 과정 차원
은 보다 탄력적인 작용을 하여 정교화 되고 전문 영역의 공인된 산
출물을 내게 된다. 반면에 기본 3차원의 2차 요소들이 약할 때는
과정 차원이 비탄력적으로 작용하여 일상 영역의 비교적 보편적인
산출물을 내게 된다.

4. 개별성 – 관계성

1) 개인주의와 집단주의

　개별성 – 관계성을 논하기에 앞서 한국적 문화 내에서 개별성 – 관
계성보다 좀 더 포괄적이고 이론의 바탕이 되는 개념인 개인주의와
집단주의에 대해 살펴보자.

　개인과 개인의 관계 양상도 중요하지만, 일상생활을 영위해 가는
데 있어서, 개인과 집단의 관계도 대인간의 관계만큼이나 중요하
다. 특히 집단의 영향력이 크다고 여겨지는 동양문화권(Triandis,
1994)에서는 집단과 개인의 관계 양상은 더욱 중요한 연구 문제라
고 생각할 수 있을 것이다.

50

한국 문화의 경우에 있어서도 집단이 차지하는 비중이 매우 큰 것으로 알려져 있다. Hofstede(1995)는 세계 여러 나라의 문화적 특성을 몇 가지 차원을 통해 분류하는 연구를 하였다. 이 중 개인주의-집단주의의 차원을 살펴볼 때, 한국은 개인주의 지수(individualism index)의 항목에서 18점으로 전체 53개 국가 중 43위로 나타났다. 이 연구가 개인주의와 집단주의가 단일한 차원임을 가정한다고 볼 때, 이러한 결과는 한국인이 매우 집단주의적 특성을 가졌다는 것을 암시하고 있다고 하겠다.

또한 한국인의 국민성 혹은 사회적 성격(social character)에 관한 연구에서도 한국인의 집단주의적 특성은 빠짐없이 지적되고 있다(최봉영, 1994). 한국인의 성격에 관한 문화 인류학적인 연구에서는 한국인의 성격적 특성을 가족주의를 바탕으로 한 강한 공동체 지향 의식으로 규정하고 있다(최재석, 1965).

개인주의-집단주의 개념이 일반적인 개념 차원에서 연구되기 시작한 것은 Hofsted(1980)와 Triandis, Leung, Villareal, Clark(1985)에 의해서였다. 엄밀한 의미에서 완전한 개인주의 사회나 완전한 집단주의 사회는 존재할 수 없을 것이다. 개인주의 사회에서도 가족이나 친구를 중심으로 한 집단의식은 존재하며 집단주의 사회에서도 개인의 자유와 존엄성은 어느 정도 존중된다. 따라서 개인주의와 집단주의의 구분은 개인과 집단 중 어느 하나가 완전히 무시되고 어느 하나가 유일한 존재처럼 간주되기 때문에 생기는 것이 아니고, 어느 하나가 상대적으로 더 중요하게 생각되기 때문에 생기는 것이다. 즉 서구 사회가 개인주의 사회라고 함은 그 사회 내에서는 집단보다는 개인이 더 중요한 존재로 인식된다는 것을, 동양 사회가 집단주의 사회라는 것은 이 사회 내에서는 개인보다는 집단이 더 중요한 것으로 인식된다는 것을 의미한다. 개인주의는 개인을 집단주의는 집단을 더 중시하기 때문에 개인주의 사회와 집단주의 사회는 여러 가지 측면에서 서로 다른 경향을 보이게 된다

(Hui & Triandis, 1986).

집단주의와 개인주의 구분의 기본적 출발점은 기본적 사회 단위의 인식차로, 집단주의 문화에서는 사회 구성의 궁극적 단위를 사람 사이의 '관계'라고 본다. 반면에 개인주의 문화에서는 사회의 궁극적인 존재론적 단위는 독립적인 개인이라고 보며 사회는 이러한 개별적 개체들의 복수적인 집합에 불과하다고 본다.

개인주의에 대해 Hofstede(1980)는 '집단, 조직으로부터의 정서적 독립'으로 보았고, 이에 반해 집단주의 사회는, 태어날 때부터 줄곧 강하고 단결이 잘 된 내집단에 통합되어 있는 개인은 무조건 그 집단에 충성함을 대가로 그 집단으로부터 계속 보호받으며, "우리(weness)" 감정이 현저하고, 한 개인의 정체감은 개인적 속성으로부터 보다는 그 사회 체계로부터 나오며, 조직에서의 소속 의식을 강조한다. 또한 집단주의 사회에서의 우정은 비특정적이고, 안정된 사회적 관계에 의해 미리 결정되며, 집단 의사 결정에 신뢰와 동조를 보이며, 매우 자주 특정(particularistic) 가치를 강조한다고 한다. 집단주의에 대해 Hui(1986)와 Triandis(1986)는 '대인적 관심에 관련되는 감정, 정서, 신념, 관념 및 행동들이 복합'으로 보았으며, 이를 다음의 7가지 측면에서 요약했다. 첫째, 자기 자신이 결정한 결과로 인해 주변 사람들에게 미칠 효과에 대한 고려, 둘째, 물질적 자원의 공유, 셋째, 비물질적 자원(시간이나 노력)의 공유, 넷째, 주변 사람들의 의견을 기꺼이 받아들이기, 다섯째, 자기표현과 체면 상실에 대한 염려, 여섯째, 결과물에 대한 공유, 일곱째, 주변 사람들의 생활에 대하여 투여하고 기여한다는 느낌 등이다. 개인주의에서는 집단보다 자기 자신과 자신이 소유한 것을 중요시하며, 개인이 집단에 의존하는 경향이 적다. 반면 집단주의에서는 개인이 집단과 자신을 동일시하며, 집단의 정체감에 동화되어 사회적, 개인적 정체감을 형성하게 되므로 내집단이 개인에게 중요한 정보와 정서적 지지의 일차적 자원 역할을 한다. 개인주의에서는 집단보다 자기 자신이 일차적으로 자기의 정서적 지지의 자원이며 스스로 문제를 해결하려는 경향이 높은데 비하여 집단주의에서는 규준집단과 일차집단이 개인에게 스트레스와 삶의 제약에 대처할 수 있는 사회적 지지를 제공한다. 이러한 차이 때문에 극단적인 개인주의는 높은 범죄율과 자살률, 정서적 스트레스, 정신질환 등의 사회병리와 연관되어 있다. 이와 달리 집단주의는 행복한 결혼 생활, 정신 건강과 조화에 기여한다고 한다(한성열·이홍표, 1995).

이러한 개인주의와 집단주의의 특성을 요약하면 <표 3>과 같다.

<표 3> 집단주의와 개인주의 특성

차원	집단주의 (관계중심적 인간관)	개인주의 (개인중심적 인간관)
사회 행위의 원동력과 목표	의존성 강조	자율성 강조
자기표현의 양식	자기 억제의 강조	자기주장의 강조

또한 개인주의와 집단주의를 개인적 차원의 심리적 속성으로서 개인주의적 성향(idiocentric)과 집단주의적 성향(allocentric)으로 나누어 볼 수 있다(Triandis 등, 1985). 같은 집단주의 또는 개인주의 문화권으로 분류될 수 있는 하위문화들 사이에도 여러 가지 차이가 있을 수 있으며 같은 문화권 내의 개인들 간에도 두 가지 경향이 공존할 수 있다. 따라서 Triandis는 문화 수준에서 설명된 집단/개인 구분만으로는 동일 문화권내에서도 집단/개인 성향이 서로 다를 수 있다는 것을 설명할 수 없다는 점에 착안하여, 별도로 개인 수준에서의 집단주의적 성향과 개인주의적 성향을 구분하였다.

개인주의적 성향을 지닌 사람의 행동 특징은 안락한 생활, 경쟁심, 사회적 승인과 같은 개인주의적 가치와 관련이 높고, 성취 욕구, 소외, 아노미, 고독감과 관련되어 있다(Triandis 등, 1985). 집단주의적 성향을 지닌 사람은 협동, 형평, 정직과 같은 집단주의적 가치와 관련이 높고, 사회적 지지를 받는 것과 관련이 있으며, 소외와 아노미와는 낮은 수준의 상관이 있다.

성취동기, 경쟁원리가 강조되는 개인주의는 집단이 개인에게 사회 문화적 에너지와 정서적 자원을 제공하는 것이 아니라 '자기가 자기 자신의 기반'이랄 수밖에 없다. Cobb(1976)와 Naroll(1983)은 개인주의의 확장은 여러 가지 사회적 병리 현상을 초래하여 이혼, 범죄, 자살, 정서적-스트레스, 신체적 혹은 정신적 질환의 증가율이 높아진다고 했다. 서구에서도 극단적인 개인주의는 공동체로부터 멀어지게 하며, 분열(fragmentation)과 소외(alienation)를 낳는다. 반면에 여러 학자들의 연구에 따르면 집단주의자들은 생활변화에 따른 스트레스를 받아도 주위의 도움을 많이 받으므로 주변의 사회적인 도움을 적게 받는 개인주의자들에 비해 정신적 질환에도 덜 걸리는 것으로 나타났다(Sarason 등, 1983). 집단주의에서는 집단적 가치를 강조하여 사람과 지지체계가 사회적 규범체계의 일부가 되고 이러한 지지체계는 한 개인이 다양한 사회적 상황에서 느끼는 여러 가지 정신적 곤란을 해결하는데 도움을 제공함으로써 심리적 안정성에 궁극적으로 기여하게 되는 것이다.

이상에서 볼 때 개인주의적인 사람들은 대인관계 방식에 있어서는 보다 자율적이고 독립적이지만, 심리 및 정서적 측면에서는 집단주의적인 사람들이 내집단에서 더 잘 적응하며 문제를 대처해 나간다는 사실을 알 수 있다.

실상 집단주의자들은 개인주의자들에 비해 대인관계에서 상호의존도가 높기 때문에 어려움이 생기면 주변의 사회적인 도움을 받음으로써 보다 쉽게 극복할 수 있는 것으로 보인다. 집단주의적 성향은 사회적 지지와 밀접한 관련이 있다. 왜냐하면, 집단주의 문화에는 집단주의적 성향자가 많고, 이들 개개인은 사회적 지지를 받기가 용이하고, 이들 사회적 지지는 생활의 변화에서 오는 스트레스에 대해 완충 작용으로 기능하기 때문이다. 또한 집단주의에서는 집단적 가치를 강조하여 사람과 지지체계가 사회적 규범 체계의 일부가 되고 이러한 지지체계는 개인이 느끼는 불안정감, 외로움, 소외 등의 여러 가지 정신적 곤란을 해결하는데 도움을 제공함으로써 심리적 안정감에 궁극적으로 기여하게 된다고 한다.

집단주의적 성향의 남성들은 외부 귀인을 많이 하며 자신의 행동과 정서, 인지적 요소 사이에 일관성을 경험하는 경향이 높다. 반면에 개인주의적 성향의 남성들은 내부 귀인을 많이 하며 행동과 정서, 인지적 요소들 사이에 차이를 더 많이 경험한다고 한다(Triandis, Bontempo, Marcello, 1988). 이들에 의하면 개인주의에서는 성취와 경쟁 등 이익관계의 원리를 강조하는 사회 속에서 발생하게 되는 정서적 불안정감과 같은 문제들을 집단이 함께 공유하지 않고 개인에게만 위임하기 때문에 소외감이 높을 수밖에 없으며 반면에 집단주의에서는 설사 개인이 이러한 문제들을 겪고 있다 해도 문제 해결을 집단이 공유하고, 사랑과 지지 및 정보 등의 도움을 제공하기 때문에 소외감을 적게 느낀다는 것이다.

Hofsted(1980)는 문화 분류상으로 볼 때 한국은 집단주의 문화권이며, 여성적인 문화적 특성을 지니고 있다고 보았으며 또한 전통적인 집단주의적 성향이 강한 문화로 여겨져 왔으나(Hofstede, 1980, 김재은, 1987. Gudykunst, 1987) 한성열(1990)의 연구에 따르면 한국인은 젊을수록 고학력자일수록 개인주의적 성향을 가지고 있다. 그러므로 점차 고학력 사회로 변모해 가는 우리 문화는 집단주의에서 개인주의로 변화해 가는 전환기적 문화라고 볼 수 있다. 이런 변화 속에서 젊은 세대들은 개인적 성취에 인생의 목표를 두지만 목표 달성의 방법은 스스로의 힘으로 하기보다는 집단이나 가족에 의지하게 되는 이중적 갈등 상황을 보이게 되며, 이에 따라 가족 내의 긴장과 갈등이 증가하고 사회 전반적으로는 집단주의적 가치가 점차 감소하게 되는 현상을 피할 수 없게 된다.

한국 사회는 개인주의와 집단주의, 보편주의(universalism)와 특수주의(Particularism)가 뒤섞여 문화적 소용돌이(cultural turmoil)를 이루고 있으며, 우리 사회 고유의 통일적인 문화적 정체감(cultural identity)을 명확히 형성해 내지 못하고 있는 상태라고 볼 수 있다(한성열, 이홍표. 1995). 이러한 변화의 흐름을 Triandis(1988)을 비롯한 이론가들은 사회의 보편적인 흐름이라는 입장에서는 집단주의에서 개인주의로, 그리고 개인 내부의 의식의 변화라는 입장에서는 집단주의적 경향(allocentric)에서 개인주의적 경향(idiocentric)으로의 변화로 보고 있다. 또한 한규석·신수진(1999)도 한국인의 선호가치가 수직적 집단주의에서 점차 수평적 개인주의로 바뀌어 가고 있다는 연구 결과를 발표하기도 했다.

현재 우리 사회가 규범 부재 현상에 따른 부작용을 겪고 있으며, 개인주의 문화가 빠른 속도로 확산되고 있다는 점은 이미 여러 학자들이 동의하고 있다. 이러한 견해를 뒷받침하는 자료들은 권위적 수직적 위계질서가 점차 줄어들고 있고, 성인 노년 중심의 문화가 청소년 중심의 소비문화로 변하고 있으며, 부모-자식 중심의 관계가 부부 중심의 관계로 이동하는 등의 여러 현상에서 찾아볼 수 있다. 그리고 이러한 변화는 젊은 사람일수록, 학력이 높을수록 강하며(한성열, 1990), 앞으로도 더욱 가속화될 전망이다. 그러나 실제 어느 분야에서 어느 정도로 개인주의적 규범이 확산되고 있는지를 명확히 알 수 없으며 지금까지의 연구 결과들에 따르면 한국 문화는 아직까지 집단주의적 성향이 더 강한 문화이다. 한국 사회는 아직도 가족관계를 사회생활로 연장시키려는 경향이 강하여 공적으로 처리해야 할 것을 사적으로 처리하는 '인정주의' 경향이 강하다(이수원·이헌남, 1993). 특히 '우리'의식과 '정'은 사회적 관계에서 인간관계를 규정하는 기본틀로 작용하고 있으며, 아직도 이 '우리 의식'을 체험할 때에야 한국인은 심리적 안정감과 자기 가치를 느끼는 경향이 높다(최상진, 1993; Choi & Choi, 1990). 최근 한국의 남녀 대학생들을 대상으로 한 연구에서도 개인주의 점수가 낮을수록 사회적 지지를 높게 지각하며, 소외감 점수는 낮게 나타났고 반면에 개인주의 점수가 높을수록 사회적 지지를 낮게 지각하고 있었으며, 소외감 점수는 높다는 결과를 보여주었다(박경란, 2000). 이는 아직도 한국 사회가 집단주의를 바탕으로 하고 있으며 개인주의적인 성향을 가진 사람들이 타인과의 관계 양상에 어려움을 겪고 있을 것이라는 추론을 할 수 있다. 또 다른 개별적인 문화를 형성하고 있는 젊은 세대들은 전통적인 우리의식과 자신들의 가치, 개별적인 의식 사이에서 보다 적절한 합의점을 찾으려 노력하고 있다.

이런 맥락에서 보면 우리 문화는 앞으로 개인주의와 집단주의라는 현대적인 생활양식과 전통적인 것을 의식의 괴리나 동화의 분열 현상(segmentalized assimilation)없이 성취해야 한다는 이중 부담을 안게 될 가능성이 많을 것이다(한성열·이홍표, 1995). 또 한 개인 내에 존재하는 개인주의 성향과 집단주의 성향이 어떻게 조화를 이루면서 다른 사람들과 적응적인 관계를 유지할 것인지에 대한 심도 깊은 논의가 필요하다.

2) 개별성-관계성의 개념적 정의

개별성과 관계성이라는 용어는 다양한 맥락에서 유사한 용어들과 더불어 매우 포괄적인 개념들을 설명하는 데 널리 쓰이고 있다. 아주 넓게는 비교 문화적 관점에서 개인주의와 집단주의 개념을 설명하기 위한 보조적인 용어로 사용되기도 하며, 남성성과 여성성이라는 특성을 설명하는 데 사용되기도 한다. 그런가 하면 개별성과 관계성은 사람들이 자기 자신과 세상을 지각하고 해석하는 인지적 양식과 밀접한 관련이 있는 것으로 생각되기도 한다(Woike, 1994).

전통적으로 서구 문화권에서는 자기(self)라는 개념을 탈맥락적인 성향적 속성(dispositional attributes)을 지닌 독립적 실체로 간주해 왔다(Berscheid, 1994). 이에 따라 산업화된 서구의 토착 심리학은 심리적 성숙의 필수적인 구성 요인으로 개별성, 자율성, 독립성, 성취동기 및 정체감 발달의 중요성을 강조한다(Guisinger & Blatt, 1994). 자기에 대한 이러한 가정은 필연적으로 타인과 구별되는 자기만의 독특하고 고유한 속성을 획득하는 것을 가장 중요한 일차적 과제로 상정하게 된다.

개인이 권위의 속박으로부터 벗어남으로써 많은 자유와 더불어 창의성과 같은 긍정적인 특성들이 발휘되기도 하였지만, 개인의 소외와 자기애적 도취 경향, 공동체와 가족지지 체계로부터의 고립이라는 부작용도 낳게 되었다(Guisinger & Blatt, 1994; Rotenberg, 1997). 서구 사회에서 산업화가 가속화되면서 개인, 주체, 자기 등의 개념은 더욱 강화되었고, 학문적 영역에서조차 하나의 소우주로서 개인의 내부를 천착하는 풍토가 지배하게 되었다(Sampson, 1981). 이렇듯 오로지 완결된 실체로서의 개인에게만 주목하는 문화적 분위기로 인해 관계와 공동체에 대한 관심은 상대적으로 무시되거나 폄하되는 결과가 초래되었다. 많은 연구자들이 지적하듯이, 개인의 분리와 개별화(individuation)를 최고의 성숙 수준으로 간주하는 개인주의 문화권에서는 관계에 대한 관심을 여성적이며 허약한 것, 심지어는 병리적인 것으로까지 간주하는 경향이 있다(Guisinger & Blatt, 1994; Kagitcibasi, 1994; Sampson, 1988).

개인주의적인 가치에 대한 일방적인 강조로 인해 예상치 못했던 부작용들이 나타남에 다라 개별성과 관계성의 어느 한쪽을 희생해 다른 쪽을 강조하는 이론은 인간의 심리적 발달에 대한 이해를 필연적으로 제한하게 된다는 지적들이 제기되었다(Cushman, 1990; Dolinger, Preston, O'Brien, & DiLalla, 1996, Guisinger & Blatt, 1994; Helgeson, 1994; Sampson, 1988). 이들은 개별성과 관계성이 독립적이며 상호보완적으로 발달할 때, 혹은 변증법적 균형 상태를 이룰 때 건강하고 성숙한 성격이 발달한다고 주장한다. Dolinger

등(1996)이 시사한 대로 개별성과 관계성의 균형 잡힌 발달은 인생에서 부딪치는 많은 문제들에 대한 최적의 해결책을 산출할 수 있는 잠재력을 갖는다.

개별성과 관계성에 관한 개념들은 기본적으로 자기와 타인의 관계를 어떻게 지각하느냐와 관련이 있다. 즉 개별성으로 분류된 특성들은 자기-타인의 관계에서 자기 쪽에 비중을 두는 개념들이며, 관계성으로 분류되는 개념들은 타인 쪽에 비중을 두는 개념들이라 할 수 있다.

개별성은 흔히 분리(seperation), 개별화(individuation), 주도성(agency), 개성(uniqueness), 차별화(differentiation), 독특성(distinctiveness) 등의 용어와 유사한 개념을 공유하며, 때에 따라 상호 교환적으로 쓰이기도 한다. 관계성은 우호성(agreeableness), 친화성(affiliation), 집단성(collectiveness), 연대성(communion), 소속감(belongingness), 연결성(connectedness) 등의 용어와 유사한 의미를 지닌 것이다(김동직·한성열, 1998).

개별성으로 분류되는 개념들에는 자기주장성, 성취 지향성, 자율, 독립 등이 가장 자주 포함되고 있다. 이러한 특성들의 공통점은 이들이 모두 자기 지향적인 개념이라는 것이다. 즉, 자신을 자율적이거나 독립적인 사람으로 지각한다는 것은 암묵적으로 타인과의 관계를 통해 자신을 별개의 존재로 규정함으로써 가능한 것이라 할 수 있다. 또한 자기주장적인 행동이나 성취 지향적인 행동은 기본적으로 대인관계 맥락에서 표현되는 것이기 때문에 강한 자의식과 자기와 타인이 별개의 존재라는 인식이 있어야 가능한 것이라 할 수 있다.

관계성으로 분류되는 개념들에서 높은 빈도로 나타나는 특성들로는 타인과의 연결, 대인 민감성, 친밀 및 친화성, 정서적 표현성 등을 들 수 있다. 이러한 특성들의 공통점은 타인지향성이라 할 수 있을 것이다. 친밀성이나 친화성에 대한 정의에도 잘 나타나 있지만,

진정한 의미에서의 친밀이나 친화란 타인의 배척을 두려워하거나 타인에게 의존하는 것을 뜻하지 않는다(Boyatzis, 1973; McAdams & Constantian, 1983). 타인과 친밀하고 가까운 관계를 유지하기 위해서는 타인의 진정한 의도를 파악할 수 있는 능력이 있어야 한다. 따라서 이러한 특성이 높은 사람들은 다른 사람들을 생각하는데 많은 시간을 보낼 뿐만 아니라, 기꺼이 자신을 개방하며, 타인에게 따뜻한 배려를 제공하는 등의 타인 지향적인 행동을 많이 하는 경향이 있다.

이상에서 살펴본 개별성－관계성과 관련된 개념들의 유사성을 종합하면 개별성과 관계성을 다음과 같이 정의할 수 있을 것이다. 개별성은 독립과 자율 및 개성을 추구하며, 자기주장적이고 자기 확신이 강하며, 타인의 평가에 얽매이지 않고 자신의 생각을 행동으로 실천하는 경향을 의미하는 개념으로 정의할 수 있다. 반면에 관계성은 자기와 세상이 밀접하게 연결되어 있다는 생각에서 남과 어울리기를 좋아하고, 타인의 행동에 민감하게 반응하며, 타인과 비교적 자유롭게 정서를 교환하는 경향을 의미하는 개념으로 정의할 수 있다.

3) 개별성과 관계성의 상호 독립성

인간은 다양한 사회적 활동 속에서 어쩔 수 없이 경쟁과 협력이라고 하는 상반된 행동을 취하게 된다. Hogan(1983)은 이러한 측면을 사회적 존재인 인간의 두 가지 기본적인 욕구(need)라고 보고 있다. 즉, 인간은 누구나 사회적 지위를 추구하고 타인에게 영향력을 행사하려는 욕구와 타인의 인정을 받으려는 욕구를 가지고 있는데, 이러한 욕구들은 각각 경쟁과 친화(affiliation)를 통해 충족된다는 것이다.

Guisinger와 Blatt(1994)는 Erikson의 전생애 발달의 관점에서 개별성과 관계성의 독립성을 논하고 있다. 그들에 따르면 유아기의 발달 과제인 신뢰와 애착 형성이나 아동기의 발달 과제인 자율성 등은 상호 참조 과정 없이 비교적 독립된 상태로 발달하게 된다. 그러나 청소년기의 자아 정체감 형성에 이르면, 이미 초보적인 수준에서 개별성과 관계성의 협응과 통합이 필요하게 된다. 즉, 진정한 의미에서의 정체감 형성이란 친족이나 공동체와의 유대감을 유지한 상태에서 자신의 개별성을 발달시키는 것이라 할 수 있다. 개별성과 관계성의 협응 및 통합은 그 이후의 발달 단계에서도 지속적으로 이루어진다. 예컨대, 성인기 이후의 친밀감, 생산성, 삶의 통합 등의 과제는 유아기와 아동기의 애착이나 자율성의 형성처럼 상호참조 과정 없이 독자적으로 이루어지는 것이 아니다. 이러한 과정을 Guisinger와 Blatt는 다음과 같이 묘사하고 있다.

사춘기 직전의 개별성 발달 단계에서 나타나는 자기 가치감과 자부심은 이제 개인이 타인에게 무엇인가를 제공하고 공유할 수 있다는 느낌을 갖게 해준다. 마찬가지로 생산성은 관계성과 통합되기 때문에 단순히 개인주의적인 과제를 지향하는 것이 아니다. 생산성은 자신의 개인적인 관심사를 초월해 확장되는 관심, 그리고 목표, 가치 및 원칙에 대한 헌신, 다른 세대를 가르치며 정신적 지주가 되는 것 등을 포함한다. 그래서 친밀감과 생산성은 자기 정체감의 발달에서 개별성과 관계성의 통합과 결합으로부터 시작하여 중년기 이후에도 계속된다(Guisinger & Blatt, 1994, pp.108-109).

이처럼 개별성과 관계성은 상반된 개념으로 보임에도 불구하고 발달 과정에서 서로 연결되어 있으며, 심리적 발달을 상호보완적으로 촉진하는 개념이라는 것이다. 개별성과 관계성이 한 개인 안에 공존할 수 있는 가능성에 대한 근거는 자기 개념과 관련된 연구들을 통해서도 간접적으로 추론할 수 있다. 최근의 연구들을 종합할 때, 자기 개념이 전통적으로 가정했던 것처럼 그렇게 안정적인 것이 아니며, 자기 개념을 더 이상 통합된 단일체로 연구할 수 없다는 사실에 연구자들이 동의하고 있다(Banaji & Prentice, 1994;

Bersheid, 1994; Brewer & Gardner, 1996; Higgins, 1996; Markus & Cross, 1990; Markus & Wurf, 1987).

Markus와 Wurf(1987)는 어떤 개인의 자기 개념이 때로는 모순 되고 상반된 것처럼 보일지라도 당사자가 그러한 차이를 잘 인식하고 있고, 맥락이나 상황에 따라 유효적절하게 표현된다면, 그것은 혼란스러움을 초래하는 것이 아니라 유연한 대처 능력으로 이어질 수 있는 것으로 보고 있다. Trafimow, Triandis 및 Goto(1991)는 실증적인 연구를 통해 모순 되고 통합되기 어려운 것으로 보이는 특성들이 한 개인 안에 공존할 수 있는 가능성을 보여주고 있다. 이들의 연구에 따르면, 사적 자기 개념과 집단적 자기 개념은 한 개인의 기억 속의 서로 다른 장소에 저장되어 있다가 맥락에 따라 둘 중의 한 개념이 활성화되는 것으로 밝혀졌다.

개인의 자기 개념이나 타인 지각이 과거에 생각했던 것만큼 일관성의 원리에 지배되지 않는다는 것은 사회 인지 연구를 통해서도 이미 충분히 밝혀졌다. 즉, 사람들은 타인의 행동이 상황이나 역할에 따라 모순 되는 방식으로 표출될지라도 그것을 조절하려하지 않고 별개의 도식으로 처리한다(Srull & Wyer, 1989). 이런 능력들은 상당히 이른 시기부터 시작되는데, 아주 어린 아이들조차 자기의 부모나 친밀한 타인들이 상황에 따라 매우 모순 된 행동을 한다는 점을 충분히 이해하며 때에 따라서는 그러한 측면들을 자기들에게 유리하게 이용할 줄도 안다는 것이다.

개별성과 관계성은 본질적으로 어느 쪽이 더 좋거나 나쁜 것은 아니며, 대인관계 맥락에 포함된 다양한 요인들의 조합에 따라 순기능적으로 작용하거나 역기능적으로 작용할 뿐이다. 개별성이 요구되는 맥락이나 그러한 특성을 선호하는 사회 문화적 환경에서는 개별성이 순기능적 역할을 할 것이며 관계성의 경우도 역시 마찬가지이다(김동직 · 한성열, 1998).

전통적 정신분석 이론에서 볼 수 있듯이 개별성과 관계성은 흔히 반대되는 개념으로 취급되어 왔다. 하지만 많은 연구자들이 개별성과 관계성은 반대되기보다는 거의 직교적인 차원에 위치하는 개념이라고 시사하고 있다(Dolinger, 1996). 자기 복합성이나 인지 복합성에 관한 연구 결과들을 고려할 때 개별성과 관계성이 한 개인 내에 독립적으로 공존할 가능성을 쉽게 추론할 수 있다.

이런 점들을 고려할 때, 사람들은 일상생활 속에서 필요에 따라 얼마든지 개별 지향적이거나 관계 지향적으로 행동할 수 있을 것이다. 실제로 일상에서 부딪치는 많은 상황들은 우리들로 하여금 언제나 한 가지 방식으로 행동하기 어렵게 할 때가 많다. 어떤 의미에서는 상황의 요구에 따라 적절하게 대응하는 것이 적응적일 수도 있을 것이다.

Guisinger와 Blatt를 비롯한 많은 학자들은 개별성과 관계성의 어느 한쪽을 희생해 다른 쪽을 강조하는 이론은 심리적 발달에 대한 인간의 이해를 필연적으로 제한하게 된다고 지적하고 있다(Cushman, 1990; Dolinger, Preston, O'Brien, & DiLalla, 1996, Helgeson, 1994; Sampson, 1988). 오히려 개별성과 관계성이 독립적이며 상호보완적으로 발달할 때, 혹은 변증법적 균형 상태를 이룰 때 건강하고 성숙한 성격이 발달하는 것으로 보인다. Dolinger 등(1996)이 시사한 대로 개별성과 관계성의 균형 잡힌 발달은 인생에서 부딪치게 되는 많은 문제들에 대한 최적의 해결책을 산출할 수 있는 잠재력을 갖는다. 개별성과 관계성의 어느 한쪽 특성만 발달시킨 사람에 비해 양쪽 특성을 조화롭게 발달시킨 사람이 만족스런 관계유지와 심리·사회적 적응에 유리한 조건을 갖추었다고 할 수 있을 것이다.

4) 일상적 창의성과 개별성-관계성

일상적 창의성이 높은 사람들이 개별성과 관계성 구조와 어떤 관련성을 갖고 있는지는 창의성과 대인관계 성향 및 성격에 관한 연구에서 그 함의점을 찾을 수 있을 것이다.

창의적인 사람의 대인관계 성향에 대한 연구는 많지 않지만, 몇 가지 연구 결과를 살펴보면, 대체적으로 창의적인 사람들은 모순적(paradoxical)인 대인관계 스타일을 갖고 있다고 한다.

Tardif와 Sternberg(1988)는 창의적인 사람들의 대인관계 연구를 고찰하여 다음과 같은 결론을 제시했다. 창의적인 사람들은 타인과 논쟁을 잘하거나 반사회적인 면이 있으면서도 사회에 잘 적응해 나가는 모순적인(paradoxical) 특성을 가지고 있다. 즉, 창의적인 사람들은 환경에 적응을 못하고, 타인과 접촉하는 것을 싫어하며, 사회적 요구에 저항을 한다. 그러나 이들은 타인들과 융합하기 위해 필요한 요구를 인식하고, 수용하며, 타인에게 관심을 갖고, 칭찬에 인색하지 않다. 뿐만 아니라 카리스마가 있고, 윤리성과 동정심을 갖고 있고, 타인의 요구에도 민감한 편이다. 이런 성향이 있는 대표적인 사람으로 Einstein을 들 수 있다(Storr, 1972).

Maslow(1954)는 자아실현(self-actualizing)을 한 사람들을 관찰한 결과, 모순적인 특성을 보였는데 이들은 친절함-무정함(ruthlessness), 타인에게 소원-타인인식(identification), 내향성-외향성, 남성적-여성적 등과 같이 양면성을 지니고 있다고 지적하였다. 그러나 Maslow(1959)는 창의적인 사람들은 자율(autonomy)적인 기질이 일반인들보다 많다고 하면서, 이들은 타인을 의식하지 않기 때문에 독립심이 강하고 두려움과 적대감이 없다고 피력하였다.

한편, Bloom(1963)에 따르면, 과학자들은 따뜻한 인간관계를 유지하기 어렵고, 다양한 아이디어들을 제시하는 능력이 부족하지만, 사회나 타인들에게 위축되지 않았으며, 또한 창의적인 사람들은 반항적이고, 자기중심적이며, 자기 과시적인 특성을 보였다고 하였다(Barron, 1963, 1969; Drevdahl, 1956; Drevdahl & Cattel, 1958; Mackinnon 1960, 1962).

Gardner(1993)는 다양한 연구를 통하여, 창의적인 사람들은 자신감(self-confidence)이 과하여, 자기중심적인 성향을 보이고, 자기도취(self-absorbed)에 빠져, 타인에 대한 배려가 없이 전적으로 자기 일에만 전념하며, 이들은 주변 환경에 적응을 못하지만, 모험심이 강해, 어려운 일에서는 적극적인 태도를 보인다고 하였다. 한편 Nabi(1979)는 창의적인 사람들은 독립적이며, 자율적이라고 했다. 반면 Williams 및 Pool과 Lett(1977)는 창의적인 사람은 복종적이고, 협동심이 강하다는 반대 의견을 제시하였다.

Barron(1965)은 창의적인 작가의 경우, 뛰어난 언어 능력과 함께 효율적이며, 생산적인 성향, 강한 자아의식, 독립성, 높은 이상, 순응적이지 않음 등의 특성을 보였다고 했다.

칙센미하이(1996)도 이와 유사하게 창의적인 사람의 성격 특성으로서 복합성을 들고 있다. 예를 들어, 공격적이며 또한 협동적인 것처럼 일련의 양극단의 특성을 똑같은 강도로 내적인 갈등 없이 이해하고 경험함으로써 폭넓은 특성들을 표현할 수 있게 된다. 이러한 개념을 중심으로 창의적 사람들이 갖는 복합적인 성격 특성을 다음과 같이 설명하였다. 창의적인 사람은 아주 강한 에너지를 가지고 있지만 때로는 조용하고 비활동적이며, 상상과 공상, 그리고 현실감을 모두 가지고 있다고 했다. 또한 창의적인 사람은 외향성과 내향성의 양극을 보이며 전통적이면서도 또한 독립적, 혁신적이고 정열적이면서도 또한 객관적이기도 하다는 것이다.

이상에서 살펴본 바와 같이 창의적인 사람들은 대인관계에 있어 정서적으로 여러 모순점이 있었다. 즉, 사회 지향적인 면과 사회 거부적인 면이 동시에 나타났고 자기중심적이면서도 타인에 대한 인식을 하는 등 상반되는 특성이 함께 나타났다.

이러한 상호 배타적인 측면을 동시에 수용하는 경향성 중에서 두드러진 것이 독립적이며 개인적인 성향과 다른 사람과 조화를 이루고 협동하는 측면이다. 이러한 선행 연구를 바탕으로 개별성과 관계성이 동시에 창의성에 영향을 미친다고 추론해 볼 수 있다. 즉 창의성이 높은 사람들은 독립적이며 개별적인 동시에 관계적이고 타인 배려적이라는 것이다. 특히 본 연구에서 다루고 있는 일상적 창의성은 타인과의 관계성 안에서 자신의 독창적인 면을 드러내는 창의성으로 이는 개별성, 관계성 둘 다의 높은 수준을 요구할 것으로 생각된다.

5. 심리·사회적 적응

1) 심리·사회적 적응의 개념

인간은 사회적 존재로서 출생과 더불어 끊임없이 환경적 자극에 적절하게 반응하며 성장 발달해 간다. 즉, 한 개인은 부모와 다른 가족과의 관계 속에서 인간관계의 기초, 사물에 대한 태도, 관습, 가치관 등을 배우고, 다양한 사회적 상황에 직면하여 그 사회의 표준에 따라 행동하면서 전통을 지키고 풍속에 동화하며 그들의 환경에 적응할 수 있는 능력을 발달시켜 나간다. 이러한 과정을 적응(adjustment)이라고 하며, 한 개인이 사회생활을 영위해 나가려면 자기 자신과 환경 사이에 조화로운 관계를 유지하여야 한다. 그렇게 하기 위해서 인간은 환경에 맞게 자신의 생각과 행동을 변화시키거나 또는 환경을 자신에게 맞게 변화시키는 과정이 필요하다. 다시 말하면 적응이란 우리들의 가족이나 친구, 신체적인 성장이나 발달 그리고 환경적인 조건 등과 같은 요인들, 즉 우리가 살아가는 데 영향을 미치고 있는 사람이나 사건 그리고 어떤 작용들과 계속적으로 끊임없이 이루어지고 있는 상호 작용의 과정이라고 볼 수 있다.

적응의 의미는 원래 생물학에서 말하는 순응(adaptation)이라는 개념으로 사용되어 왔다. 즉 환경 변화에 사용하여 개체의 구조나 기능을 변화시켜 개체의 상태를 항상적으로 보존하려는 것으로 이러한 동질정체의 개체적 기제에 의하여 외부의 자극이나 변화에 대응하는 것을 일컫는다.

그러나 심리학적 차원에서의 적응(adjustment)이란 이러한 생물학적인 변화라기보다는 개체의 "주변 환경과의 조화 있는 관계"를 의미하기 때문에 오히려 개체의 기능적인 혹은 학습된 변화라고 할 수 있다. 즉 개체의 요구와 환경과의 조화를 이루어 욕구를 만족시켜 가는 행동과정이며 요구좌절이나 갈등을 합리적으로 해결해 나가는 행동과정이다.

전자는 주어진 환경에 자신을 맞춰가는 소극적인 면으로 본다면, 후자는 욕구 충족을 위해서 환경을 개척해 나가는 적극적인 면이다. 그러나 이 두 가지 면은 상호 관련되어 있는 것으로 서로 병행해 나타나는 현상을 흔히 볼 수 있다(조은숙, 1994).

적응에 대한 정의는 여러 가지로 내려지는 데 대부분의 성격이론가들은 각각 그들 나름대로 적응을 기술하고 있다.

Lazarus(1969)는 적응이란 개체와 환경 간의 균형 있고 조화로운 관계를 유지해 나가는 행동과정으로 욕구좌절이나 갈등을 합리적으로 해결해 나가는 행동과정이라고 정의하면서 적응에는 두 가지 측면 즉 환경의 요구에 자신의 욕구나 행동 양상을 순응시키는 수동적 측면과 자신의 욕구나 행동양상에 환경을 변화시키는 능동적 측면으로 나눌 수 있다고 하였다(Lazarus; 1976). 따라서 훌륭한 적응이란 환경과의 수동적인 관계 이상의 것을 의미하며 개인과 환경이 서로 영향을 주고받는 상호 역동적 관계이며 사회적 요구나 문제를 적극적으로 해결하려는 창조의 과정을 통해 환경과 만족한 관계를 맺어가는 과정으로 자신의 필요뿐만 아니라 환경의 요구도 충족시켜 주는 능력을 말하는 것으로 볼 수 있다.

Schaffer(1936)는 적응이란 개체의 욕구와 사회 환경의 상황 간의 조화를 표현하는 개념으로 즉, 개인의 욕구를 저해하는 여러 가지 환경적 요인을 극복해 나가는 과정으로 설명했다. Allport(1961)는 적응이란 환경에 대한 자발적이고 창조적인 행동이며 그 필수조건으로 행동의 결과가 개인에게 안정감을 주고 사회의 가치, 질서에 합치되는 상태라고 하였다.

Moorehouse(1991)는 사회적 적응은 가족이나 또래와 상호 작용하고 협동할 수 있는 능력과 자신이 책임을 져야 하는 일에 대한 요구나 적합한 행동에 대한 요구에 대처하는 능력이라고 하였다. Wicks-Nelson 과 Israel(1991)은 적응행동이란 연령과 사회집단에 적절하다고 생각되는 독립성과 사회적 책임감의 정도라고 정의하였다. Gates(1986)는 적응은 개체가 환경과의 조화로운 관계를 만들기 위하여 행동을 변화시켜 나가는 계속적인 과정으로서 개인적으로는 행복감에 넘쳐 있으며 사회적으로는 당면한 문제를 효과적이고 능률적으로 해결하는 것이라고 하였다.

Rathus와 Nevid(1995)는 적응이란 본질적으로 반응적인(reactive) 것이라고 보고 있다. 이들이 적응을 반응적인 것으로 규정한 것은 적응과 성장을 개념적으로 구별하기 위해서이다. 이들은 사람들이 위대함(greatness)을 성취했을 때, 혹은 자신의 삶이 의미로 충만해 있다고 지각할 때의 느낌은 단순히 잘 적응했기 때문이 아니라 개인적으로 성장했기 때문에 나타나는 것이라고 보고 있다. 이러한 구분에서도 짐작할 수 있듯이 적응 분야의 최근 연구들은 적응의 반응적인 측면보다는 문제 해결 능력 측면을 더욱 강조하는 추세로 변화하고 있다.

또한 김경은(1997)은 적응이란 생물학적 측면에서 생체의 욕구에 대한 순응이자 살아남는 것이며, 심리학적 측면으로는 개체의 욕구 해소 과정이자 욕구만족을 위해 장애를 극복하려고 노력하는 과정이라고 정의하면서 이는 객관적 사회 측면에서의 외적 적응과 주관적 자아 측면에서의 내적 적응으로 분류된다고 하였다. 외적 적응은 개인이 환경의 사회 문화적 규범에 근거를 두고 그 사회의 가치를 실현하기 위해 적극적으로 활동하며 타인과 협동하고 타인에게 인정받을 수 있는 관계를 가지는 것을 의미하고, 내적 적응은 개인의 주관적 세계로 자기 자신의 가치 기준이나 요구 수준에 견주어 자신을 수용하는 정도에 따라 자기 충족감, 자존감, 행복감을 갖는 것을 의미한다.

인간은 누구나 일상생활에서 일어나는 여러 가지 사건에 대처해 나가야 하므로 개인이 경험하는 모든 생활 사건은 일시적인 촉진 요인으로서 변화와 적응을 요구한다(강성희와 이재연, 1992).

적응과정은 하등 동물에서 인간에 이르기까지 공통적으로 나타나는 현상이다. 개체의 모든 행동은 욕구 충족을 위한 방향으로 진행되고 욕구 충족을 저해하는 장벽이 생기면 적극적인 활동으로 곤란 상태를 해결한다. 이 결과 욕구가 충족되고 긴장이 해소되면 만족을 얻게 되며 이를 적응행동이라 부르고 그렇지 못한 경우를 부적응 행동이라 부른다.

적응한 사람은 주위 사람들에게 인정을 받게 되어 자기 스스로 만족감과 행복감을 갖고 기꺼이 모든 현실 문제에 대해 적극적으로 참여하고 해결해 나간다(Schaffer, 1936). 또한 적응적인 사람은 다른 사람에게 해를 끼치거나 자기 자신을 손상함이 없이 현실적으로 융통성 있게 자기의 욕구를 충족시켜 나가며, 독립성(Independence), 환경숙지(environmental mastery), 자기 정체감(indentity self awareness and self esteem), 통합성(integrity) 등 정서적으로 성숙된 행동 특징을 보인다(Keachie & Doyle, 1966).

반면에 부적응한 사람은 자신의 능력을 발휘하지 못하며 자신에게 부여된 다양한 역할을 수행하는데 어려움을 겪으며 대인관계에서 부딪히는 문제들을 역기능적으로 대처하게 된다(권영민, 1995). 이러한 사람들은 주위환경이나 사회 규범 및 가치관에 원만히 대응하지 못하며 다른 사람들에게도 인정을 받지 못하고 갈등, 불안 및 불만이 쌓여 있는 사람은 사회에 적응하지 못하게 된다. 부적응은 개인이 사회생활을 해 나가는 데 있어 다른 사람들과의 관계나, 그 사회의 질서나 규칙에 조화되지 못하여서 사회에 대하여 장애가 될 뿐 아니라 그 개인 자신의 발전에도 바람직하지 못한 상태이다 (Crystal et al., 1994). 즉, 행동이나 욕구, 감정, 사상 등이 사회 질서나 규칙에 비추어 용납되지 않거나 개인과 사회와의 관계가 부조화, 불균형 상태에 놓인 경우라고 할 수 있다(Compas, 1987; Jose et al., 1988).

이러한 부적응 행동은 다시 재적응을 위한 노력이 발생되고 성공하게 되면 욕구 충족이 해결되어 만족을 얻게 되기도 하지만 목표 도달이 곤란하게 되면 욕구는 계속 존재하여 대상적 방법에 의해서라도 만족을 얻어 이른바 부분적 적응에 만족해야 하는 적응과정이 계속된다. 이와 같이 환경에 대한 적극적인 노력의 과정에서 욕구 충족을 이끌 줄 아는 경우, 그 사람은 잘 적응된 사람으로 간주되며 이것은 건강한 성격의 증거가 될 수 있다.

즉 인간의 적응에 대한 개념은 신체적, 심리적, 사회적으로 통합된 개념으로 이해된다고 할 수 있는데 본 연구에서 중점적으로 다루려고 하는 심리적 적응과 사회적 적응에 대해 살펴보자.

심리적 적응은 Kazdin(1993)이 말하는 정신건강의 유능성 모형과 거의 일치하는 것으로 보이는데 심리적으로 잘 적응한 사람이란 정신적으로 건강하며, 사회적 상황에서 효율적으로 기능할 뿐만 아니라, 자기에 대한 만족감이 높고, 긍정적인 자기 개념을 갖고 있는 사람이라고 할 수 있다(김동직, 1999).

사회적 적응은 사회에 대한 소속감과 사회화 욕구를 반영하며 사회 규범, 역할 인식, 윤리적 가치 등을 내포하는 것으로 사회적 활동의 회복과 활성화를 의미하며 어떠한 스트레스하에서도 자신의 다양한 역할을 충분히 인식하고 매일의 일을 관리하는 능력에 대한 개념이다(Lazarus, 1976).

인간이 정상적인 사회생활을 유지하기 위해서는 사회적 환경과의 바람직한 관계를 유지해야 하며 사회와의 접촉을 벗어나서는 정상적인 생활을 해나갈 수 없다. 그러나 사회는 항상 변화해 가는 것이므로 인간은 사회 환경과의 상호 작용의 과정 속에서 자신의 사회적 역할의 수행 능력을 발전시킨다. 이처럼 사회적 환경이 중요한 의미를 갖는데 사회적 환경에 적합하도록 인간 행동이 변화되는 것을 사회적 적응이라고 하며 사회적 차원의 적응은 부모자녀관계, 형제 관계, 교우관계를 맺음으로써 비롯되어진다고 할 수 있다(김봉소, 1976). 그리고 이러한 사회적 적응이 원만하게 이루어지지 않을 때에 인간은 소외감과 고독을 경험하게 된다.

인간은 자신의 안전과 균형을 유지하고 정상적인 사회생활을 유지하기 위해 자신이 갖고 있는 욕구를 올바른 사회적 대인관계에서 충족시켜야 하며 사회적 환경과의 접촉은 불가피한 것이다. 개인의 사회적 적응 정도는 일생을 통해 사회적 유능성과 관련되어 나타나기 때문에 개인의 능력을 발휘하는 데 있어 주요한 요인으로 간주된다(Grossman, 1977).

2) 일상적 창의성과 심리·사회적 적응

창의성과 적응과의 관계에 관한 기존 연구들은 창의성과 대인관계에 관한 연구와 마찬가지로 서로 상반되는 결과들을 제시하고 있다.

아동과 성인을 대상으로 창의성과 성격 특성 및 사회적 능력 간의 관계를 조사한 바에 의하면 그리 긍정적인 결과를 얻지 못함을 보여 준다.

Altman, Roedell(1984, 1985) 그리고 Greenlaw & McIntosh(1988) 등의 연구 보고에 의하면 창의적인 아동과 청소년 및 성인들의 성격적 특성을 조사한 결과 자율성, 독창성, 독립성, 자신감, 지배성,

강한 의지력, 자기 충족감 등 사회적으로 바람직한 성격 특성들 중 몇 가지를 보여주고 있는 것으로 나타났으나 대인관계에 필요한 다른 특성에서는 도움이 필요한 것으로 결론지은 바 있다(김재은, 1996에서 재인용). Mackinnon(1962)에 의하면 창의적인 건축가들을 대상으로 사회적 능력을 탐사해 보았을 때 그들은 사회성이나 타인과의 대화 능력, 사회적 활동 참여 능력 등에서 평균보다 낮은 점수를 얻는 반면에, 공격성, 자기중심성, 설득력 및 독립성에서는 높은 점수를 얻었다고 보고하였다. 또한 대인관계 기술에 관련된 행동들을 중심으로 살펴보았을 때, 이들은 집단 활동에의 참여를 별로 선호하지 않으나 일단 타인과 활동하게 되면 집단을 지배하고 통제하려는 경향을 보여 주었다. Barron(1981)의 연구에서도 창의적인 공군 대위를 대상으로 그들의 사회적 능력을 분석한 결과 그들은 불친절하고 참을성이 부족하며 타인에게 요구가 많고 강요하는 등의 행동 특성을 보였으며 또한 판단을 할 때는 매우 독립적, 독단적이었으며 외적 통제를 받지 않으려고 했음이 보고 되었다.

이상과 같은 창의적인 사람들의 비민주적이며 부적절한 태도를 살펴볼 때 이들은 지적으로는 고도로 발달되고 높은 창의력을 보여주고 있으나 사회, 정서적 측면에서는 비협조적이고 지배적인 특성을 보여 대인관계에서 환영받지 못하는 개인으로 성장 발달하는 경향이 있음을 보여주고 있다.

이러한 창의적인 사람들의 사회 부적응에 관한 원인은 학교 체제의 경직성과 이들의 능력을 제대로 수용하지 못하는 교사들에게서 찾아 볼 수 있다.

창의성이 높은 학생들은 좋은 아이디어를 가졌음에도 불구하고 융통성 없는 학교 제도에 적응하느라고 당혹감을 느낄 때가 있다. 따라서 다른 학생들이나 교사로부터 바보로 취급되기 쉽고 거칠고 모난 아이디어를 가졌다고 여겨질 때도 있다(J. C. Gowan 외, 1967). Torrance(1966)는 Goertzel과 Goertzel(1962)이 저명인사들의 어린 시절을 연구하여 발표한 글에 대하여 논평하면서 이들 중 많은 연구 대상자들이 학교에서 불행한 생활을 하였다고 언급하였다. 또한 Torrance(1959)는 지능이 높은 학생들은 매우 창의적인 학생들보다 교사들로부터 더 높은 평가를 받는다고 하였다. Holland(1959)도 학생들의 창의력과 관련하여 교사의 의견에만 치우치는 것에 대하여 경고했다. 교사들은 쉽게 매우 창의적인 학생들을 낮게 평가하는 경향을 보이고 오히려 그들이 선호하는 지능지수가 높은 학생들을 더 창의적으로 평가하는 경우가 있다. 이러한 실태는 Getzels와 Jackson(1962)이 교사들로 하여금 두 학생 집단의 학습에 대하여 의견을 제시하게 한 연구 결과에서 확인되었다. 두 학생 집단 중 한 집단은 매우 지능이 우수하나 창의성이 낮은 학생들로 구성되었고, 다른 집단은 매우 창의적이나 지능은 그리 높지 않은 학생들로 구성되었다. 연구 결과를 살펴보면 교사들은 창의성보다 지능이 우수한 집단을 대상으로 수업하기를 선호하였다. Torransce(1972)는 창의적인 아이들을 둔 150명의 부모들이 자기 자녀의 행동을 기술해서 보낸 편지를 분석한 바 있다. 이들 중의 대부분은 학교에 적응하는 데 어려움을 겪고 있었다. 조정하(2000)는 인문계 고등학교 학생들을 대상으로 한 연구에서 제도교육에 충실한 학생일수록 창의성 점수가 낮게 나왔으며 학교에 순응적으로 적응하고 있다고 밝혔다. 그러나 창의적인 학생들은 자기만의 세계가 남들로부터 간섭을 받지 않는 경우에는 학교의 규율을 침해하거나 남에게 피해를 주지 않으면서 자신의 영역을 계속 확장해 나간다고 하였다. 즉 제도권 교육 체제가 창의적인 사람들에 대해 수용적이고 융통성을 발휘한다면 이들은 좀 더 적응적으로 삶을 유지할 수 있을 것이다.

이와 상반된 결과로 특히 근래에 이르러서는 창의력이 정서적인 발달, 성격, 자아개념 및 정신건강과도 관계가 있음을 제시하는 논문들이 발표되어 관심을 끌고 있다. 특히 상상놀이, 가상놀이, 유

우머, 해학 등을 통하여 표현되는 창의력은 사회 정서 발달의 지표
로서의 역할을 한다고 보고 있다(강소영, 1995).

　Barron(1963)은 잘 적응된 사람은 생활의 문제와 모호성에 오히
려 즐겨 부딪치며 단순한 순응 등으로 회피하지 않는다고 하며 개
체의 신축성, 자발성 및 창의성 등을 건강한 적응의 지표로 지적하
고 있다. Maslow는 자기실현 된 인간에 관한 연구에서 정신적으로
건강한 인간의 자기실현과 창의성이 공통적인 경향이 있음을 확인
하였다(Woodman, 1981). 그는 창의성을 일차적 창의성과 이차적 창
의성으로 구별하였는데 참 창의성은 성격에서의 일차적인 과정과
이차적인 과정 둘 다의 활용과 통합에 의존한다고 하였다. Maslow
는 일차적인 창의성이 강조된 창의성을 달리 전문화된 창의성이라
하고 이것은 창의적인 능력이 재능과 연합되어 있어서 건강한 정신
적인 기능과는 필수적인 관계가 없다고 하였다. 그러나 이차적인
창의성은 자기실현적인 창의성이라 할 수 있는데 이는 충분히 통합
된 성격에서 나타나고 그러므로 정신건강과 상관이 깊다고 한다.
Rogers(1962)는 인간은 타고난 창조에의 충동을 갖고 있으며 그 가
장 중요한 창조품은 자아라고 보며 충분히 기능하는 사람은 고도로
창조적이라 하였다. 모든 경험에 대해 개방을 하고 자신의 유기체
성을 신뢰하며 결정이나 행동에 자발적이며 자기를 둘러싼 풍요로
운 삶의 작용에 대응하여 변화하고, 성장하고, 발달한다. 이부선
(1997)은 만 5, 6세 유아를 대상으로 연구한 결과 창의성과 사회적
적응은 유의미한 정적 상관이 있고 특히 지시 이해 능력과 집중력,
자립심 및 개인적 욕구 대처 능력 등에서 높은 상관을 나타냈다고
보고하였다. 이인순(1994)은 창의성의 하위 요인 중에서 인지적인
측면 즉 확산적 사고 능력과 문제 해결 능력이 사회관계 향상에 상
당히 중요한 요인으로 작용한다고 했다. Janos & Robinson(1985)은
고도로 창의적인 인물들은 정상인에 비해 우수한 지적 능력과 함께
긍정적인 성격 특성도 보여주고 있음을 보고한 바 있다. 이러한 결

74

과를 유추해 볼 때 창의성이 높은 사람은 긍정적인 성격 특성을 보여 준다고 추론할 수 있다.

또한 창의성과 정신건강을 논한 연구들을 살펴보면 창의적인 사람들이 정신적으로 건강하다는 결과들이 많다. Cropley(1990)은 창의성과 관련된 성격 특성으로 유연성, 개방성, 자율성, 유머, 쾌활함, 기꺼이 다시 시도하기, 아이디어의 정교성, 현실적인 자기 평가 등을 제시했는데, 이는 건강한 성격의 요소들과 아주 유사한 특성들이라고 강조했다. Anthony(1987)은 창의성이 자아 자율성(ego autonomy)과 관련되고 자아 자율성은 생활 능력을 증진시키기 때문에 창의성과 정신건강의 관계는 서로 원인과 결과로서 작용한다고 하면서, 창의성은 정신 병리적인 측면에서 저항력을 발달시킨다고 했다.

Krystal(1988)은 정신건강과 창의성에 관한 연구에서 극도로 비창의적인 사람들을 자아(self)의 영역에서 어려움을 겪고 있다는 것을 발견했다. 비창의적인 사람들은 자아 일관성(self-coherence)이 결여되어 있는데, 이러한 사람들의 창의성을 높여주면 자아현실감(self-realization)이 높아져 정신건강이 증진된다고 하였다.

이러한 연구 결과들은 창의성이 높은 사람들이 정신적으로 건강하고 심리 사회적 적응 수준도 높다는 것을 말해 주는 것이다.

본 연구에서 다루고 있는 일상적 창의성은 타인과의 공존적인 삶과 이타적인 적응을 바탕으로 한 개념이므로 일상적 창의성이 높은 사람은 심리·사회적 적응성이 높을 것이라고 가정할 수 있다.

III. 연구 문제

본 연구에서는 일반인들이 갖고 있는 일상적 창의성과 전문적 창의성의 암묵 이론적 구조를 파악하여 보다 한국적인 상황에 타당한 일상적 창의성 척도를 개발하고 일상적 창의성의 개념 정립을 하려는 데 목적이 있다. 이와 관련해 일상적 창의성과 개별성–관계성 구조와의 관련성을 살펴보고 심리·사회적 적응과는 어떠한 관련성이 있는지 살펴보고자 한다.

이러한 연구 목적을 바탕으로 본 연구에서 검증하고자 하는 연구 문제 및 가설을 구체적으로 정리하면 다음과 같다.

(1) 암묵적인 접근 방법으로 전문적 창의성과 일상적 창의성이 서로 다른 유형임을 밝히고 각각의 암묵 이론적 구조를 확인한다.

가설 1. 일상적 창의성과 전문적 창의성에 관한 일반인의 암묵 이론적 구조는 서로 다를 것이다.

가설 2. 일상적 창의성의 암묵 이론적 구조에는 적응적이고 타인 관계 지향적인 요인들이 많이 추출될 것이다.

가설 3. 전문적 창의성의 암묵 이론적 구조에는 능력요인과 사회적 맥락과 관련된 요인들이 많이 추출될 것이다.

(2) 일상적 창의성에 관한 척도를 구성하여 기존 척도들과의 상관을 통해 적극적 타당화 및 교차 타당화를 통해 척도의 타당성을 확립한다.

가설 1. 일상적 창의성 척도와 TTCT와는 상관이 높을 것이다.

가설 2. 일상적 창의성 척도와 Gough 척도와는 상관이 높을 것이다.

가설 3. 일상적 창의성 척도와 GIFFI(Ⅱ) 척도와는 상관이 높을 것이다.

(3) 일상적 창의성과 개별성 – 관계성이 어떤 관계를 보이는지 확인한다.

가설 1. 일상적 창의성이 높은 사람이 개별성 점수가 높을 것이다.

가설 2. 일상적 창의성이 높은 사람이 관계성 점수가 높을 것이다.

(4) 일상적 창의성과 심리·사회적 적응은 어떤 관계를 보이는지 확인한다.

가설 1. 일상적 창의성이 높은 사람이 사회적 적응도가 높을 것이다.

가설 2. 일상적 창의성이 높은 사람이 심리적 적응도가 높을 것이다.

Ⅳ. 연구 1: 일상적
– 전문적 창의성의 암묵 이론적 구조 확인

1. 일상적–전문적 창의성 문항 수집 및 적절성 평가

1) 연구 방법

(1) 연구 대상

일상적–전문적 창의성 문항 수집은 총 562명을 대상으로 했으며 수업 중 설문지를 통해 응답했다. 피험자들은 서울 Ko대 107명, 경기 Da대 167명, 강원 Ka대 160명, 충남 Su대 128명 등 4개 지역 대학생들로서 교직과목 및 교육학 개론, 심리학 개론 수업을 듣는 1-4학년 학생들이었다. 문항 수집은 2001년 10월 중에 이루어졌다. 피험자들에 대한 지역별 분포와 전공별 분포는 <표 4>와 <표 5>에 제시되어 있다.

<표 4> 1차 연구 대상자 지역별 분포

성별 \ 지역	서울 (Ko대)	경기 (Da대)	강원 (Ka대)	충청 (Su대)	평균 연령	계
남	59	72	79	35	25.4	245
여	48	95	81	93	22.7	317
계	107	167	160	128	24.05	562

<표 5> 연구 대상자의 전공별 분포

성별＼전공	인문사회 계열	공학 계열	사범 계열	예체능 계열	경상 계열	자연과학 계열	계
남	39	52	57	26	25	46	245
여	59	32	83	56	36	51	317
계	98	84	140	82	61	97	562

문항 수집 후 적절성 평가를 위해서는 동일 대학에서 다른 과목 수업을 듣는 학생 231명이 참여하였다. 남학생이 109명 여학생이 122명이었고 이중 115명은 일상적 창의성 적절성 평가에, 116명은 전문적 창의성 적절성 평가에 참여하였다. 각 문항별로 '아니다(1점)', '그렇다(2점)'에 응답하도록 하였다. 적절성 평가는 2001년 11월 중에 실시되었다.

(2) 문항 수집 절차

창의적인 인물의 행동 특성, 성격, 환경 여건에 관한 내용으로 구성된 설문지를 사용한다. 이 설문지는 두 종류인데 전문적 창의성과 일상적 창의성의 구조를 밝히기 위한 것이다. 하나는 현존하는 한국인 중 널리 알려진 창의적 인물에 대한 것이고 또 다른 하나는 피험자의 주변 인물 중 창의적이라고 생각하는 인물에 대한 것이다. 설문지는 부록 1과 2에 제시되어 있다. 학생들은 수업 중 일상적－전문적 창의성에 관한 개방형 설문지 중 하나를 제시 받았으며 자유롭게 기술하였다. 전체 562명의 학생 중 286명의 학생이 일상적 창의성 개방형 설문지에, 276명의 학생이 전문적 창의성 개방형 설문지에 응답하였다.

2) 결 과

일상적-전문적 창의성에 관한 개방형 설문지를 통해 산출된 창의적 행동 특성 및 창의성에 대한 개념 정의에 대한 진술문은 일상적 창의성의 경우 총 890여 개, 전문적 창의성의 경우 1050여 개가 수집되었다. 이 진술문들을 내용 분석을 통하여 동일한 의미의 것을 제외한 결과 일상적 창의성의 경우 172문항, 전문적 창의성의 경우 173문항으로 축약하였다(부록 3, 4 참고).

이 문항들은 일상적 창의성과 전문적 창의성의 특성을 잘 반영한다기보다는 단순히 보통 사람들과는 다른 특이 행동 특성도 총망라되어 있었으므로 실제로 일상적 창의성과 전문적 창의성의 특성으로 적절한 문항들을 선별해야 할 필요성이 있었다. 따라서 각 문항이 일상적-전문적 창의성이 높은 사람의 특성을 잘 나타낸 주는 정도를 '아니다(1점)', '그렇다(2점)' 사이에 평정하도록 하였다. 그 결과 일상적 창의성은 114문항이 선별되었고, 전문적 창의성은 124문항이 선별되었다(부록 5, 6에서 *한 문항).

2. 일상적-전문적 창의성의 요인 구조 탐색

1) 연구 방법

(1) 연구 대상

일상적-전문적 창의성에 대한 요인 구조를 확인하기 위하여 총 884명의 대학생이 수업 시간을 이용하여 조사에 참여하였다. 이중 단순 무선적으로 응답한 설문지나 응답하지 않은 문항이 많은 자료

47명은 제외하고 총 837명의 자료를 사용하였다. 이중 439명은 일상적 창의성 설문지에, 398명은 전문적 창의성 설문지에 응답하였다. 이들은 지역, 전공별로 고루 분포하도록 표집하였다. 피험자 분포는 <표 6>에 제시되어 있다. 조사는 2001년 12월 중에 실시되었다.

<표 6> 일상적-전문적 창의성의 요인 구조 탐색에 참여한 피험자 분포

성별＼지역	서울 (Sa대)	경기 (Ke대)	강원 (Ka대)	충청 (Su대)	평균 연령	계
남	123	119	98	112	24.8	452
여	125	87	85	88	22.5	385
계	248	206	183	200	23.6	837

(2) 척도 구성 및 자료 수집 절차

일상적 창의성 설문지는 개방형 질문을 통해 얻은 총 172문항에 대한 적절성 평가를 거쳐 뽑은 114문항으로 구성되었다. 이 문항들은 부록 5 일상적 창의성 적절성 평가 결과표에서 *로 표시되어 있다. 전문적 창의성 설문지는 개방형 질문을 통해 얻은 총 173문항에 대한 적절성 평가를 거쳐 뽑은 124문항으로 구성되었다. 이 문항들은 부록 6 전문적 창의성 적절성 평가 결과표에서 *로 표시되어 있다.

피험자들은 전문적 창의성과 일상적 창의성을 평가하는 두 종류의 설문지 중 하나를 제시 받았으며 각 문항이 창의성의 특성을 잘 나타내 주는 정도를 7점 척도('1=전혀 그렇지 않다'에서 '7=매우 그렇다'까지)로 평가한다.

(3) 자료 분석 방법

탐색적 요인 분석을 위해 SAS 8.12판을 사용하였다. 총 686명의 자료 중 일상적 창의성 설문에 응답한 349명의 자료와 전문적 창의성 설문에 응답한 337명의 자료를 각각 요인 분석하였다. 공통요인 분석에서 공통 분산의 초기치는 다중상관자승치(multiple squared correlation, SMC)를 사용하였고 요인의 추출은 주축분해법(principal axis factoring)을, 요인의 회전은 Varimax법을 이용하였다.

2) 결 과

(1) 일상적 – 전문적 창의성의 암묵 이론적 요인 구조 확인

① 일상적 창의성의 암시적 요인 구조

적절성 평가를 거쳐 뽑은 일상적 창의성 114문항에 대한 요인분석 결과 스크리 검사 결과와 누적 분산 비율을 고려하여 우선 11개의 요인을 취하기로 잠정 결정하였다(<표 7> 참조). 요인의 수를 11개로 지정하고 요인 분석 했을 때 최종해(final solution)에 대한 해석도 적절한 것으로 판단되어 요인의 수를 11개로 지정하고 실행한 요인 분석 결과를 채택하였다. 이때 해석 가능한 요인은 9개가 산출되었다. 최종해를 참고로 요인계수가 아주 낮게 나오거나 해석이 불가능한 10개의 문항(부록 3에서 문항번호 7, 47, 74, 118, 126, 143, 149, 155, 159, 172)을 제외하고 남은 문항은 총 104문항이다. 이 9개의 요인은 전체 공통 분산 중 73%를 설명한다.

<표 7> 일상적 창의성의 기초 요인 분석(고유치)

	요 인												
	1	2	3	4	5	6	7	8	9	10	11	12	13
고유치 Eigenvalue	23.124	4.558	3.569	3.119	2.230	1.882	1.801	1.390	1.301	1.182	1.150	1.019	1.003
고유치 차이 Difference	18.565	0.989	0.449	0.888	0.348	0.080	0.410	0.089	0.119	0.031	0.131	0.016	0.094
분산 비율 Proportion	0.395	0.077	0.061	0.053	0.038	0.032	0.030	0.023	0.022	0.020	0.019	0.017	0.017
누적 분산 비율 Cumulative	0.395	0.473	0.534	0.587	0.625	0.657	0.688	0.712	0.734	0.754	0.774	0.791	0.808

　<표 8>은 일상적 창의성 암묵 이론적 구조 104문항에 대한 요인 계수 행렬이다. 요인 1에는 '기발하고 독특한 아이디어를 많이 낸다', '새롭고 참신한 생각을 한다', '기존의 것을 잘 활용하여 물건을 만든다', '새로운 시각으로 사물을 본다' 등의 내용이 포함되어 있어서 이 요인을 '독창적 유연성'으로 명명하였다.

　요인 2에는 '자유로운 분위기를 좋아한다', '엉뚱한 생각과 행동을 많이 한다', '과감하게 일단 한번 해 본다'의 내용이 포함되어 있어서 이 요인을 '모험적 자유 추구'로 명명하였다.

　요인 3에는 '독자적인 행동을 자주 한다', '남에게 얽매이는 것을 싫어한다', '정해져 있는 것에서 이탈하는 행동을 한다'의 내용이 포함되어 있어 이 요인을 '탈규범적 독립성'으로 명명하였다.

　요인 4에는 '주변 사람들에게 기쁨과 즐거움을 준다', '대인관계가 원만하다', '개방적이고 열린 마음을 갖고 있다'의 내용이 포함되어 있어 이 요인을 '관계적 개방성'으로 명명하였다.

　요인 5에는 '자기주장이 강하다', '자기가 의도한 대로 사람을 이끌려고 한다'의 내용이 포함되어 있어 이 요인을 '자기주장성'으로 명명하였다.

<표 8> 일상적 창의성 요인계수 행렬

문 항	요인1	요인2	요인3	요인4	요인5	요인6	요인7	요인8	요인9	공통분
<요인1> 동창적 유연성										
71 기발하고 독특한 아이디어를 많이 낸다	0.795	0.128	0.082	0.088	0.052	-0.034	0.016	0.074	0.058	0.680
67 새로운 것을 개발하는 능력이 있다	0.700	0.099	0.102	0.024	0.058	0.010	-0.018	0.034	0.192	0.557
51 많은 아이디어를 가지고 있다	0.695	0.032	0.105	0.084	0.020	-0.048	0.095	0.126	0.032	0.576
69 남들이 안 된다고 하는 일도 해 낸다.	0.678	0.123	0.012	0.139	0.113	0.056	0.059	-0.034	0.122	0.537
46 사소한 것을 자신만의 방법으로 만든다	0.661	0.069	0.047	0.039	0.170	0.044	0.056	0.091	0.010	0.499
140 새로운 시각으로 사물을 본다	0.648	0.149	0.235	0.068	-0.113	0.058	0.024	0.058	-0.014	0.611
38 새롭고 참신한 생각을 한다	0.646	0.066	0.077	0.101	-0.026	0.050	-0.105	0.022	-0.112	0.468
58 기존 관념을 깨는 생각을 많이 한다	0.634	0.154	0.202	0.157	0.089	0.056	-0.013	0.031	0.048	0.521
73 탐구 정신이 강하다	0.622	0.161	0.097	0.039	-0.008	0.208	-0.030	0.009	0.015	0.369
45 다양하고 폭넓은 사고를 한다	0.620	0.084	0.026	0.153	0.047	0.018	0.158	0.094	-0.081	0.463
64 남들이 생각해 내지 못하는 것을 생각한다.	0.596	0.177	0.180	0.155	-0.025	0.064	-0.103	-0.087	0.105	0.484
56 당연하게 생각되는 것에 의문을 갖는다	0.581	0.207	0.209	0.029	0.027	0.028	0.036	0.029	-0.023	0.440
78 남들은 하기 어려운 일에 도전한다.	0.574	0.085	0.107	0.174	0.028	0.196	0.017	-0.078	0.141	0.453
130 사물을 관찰하는 능력이 뛰어나다.	0.572	0.175	0.085	0.053	-0.002	0.106	0.156	-0.033	0.041	0.551
157 같은 내용이라도 여러 가지 형식으로 표현	0.570	0.129	0.265	0.087	0.035	0.053	0.053	-0.016	-0.014	0.521
68 상상력이 많다.	0.568	0.129	0.347	-0.006	-0.102	0.049	0.182	-0.045	-0.084	0.516
134 새로운 해결 방법을 잘 찾아낸다.	0.566	0.117	0.147	0.023	0.011	0.097	0.073	0.037	0.234	0.490
141 생각한 것을 실제로 해 본다.	0.544	0.190	0.188	0.160	0.092	0.118	0.081	-0.089	0.167	0.495
124 기존의 것을 활용하여 물건을 잘 만든다.	0.535	-0.009	0.024	0.077	-0.025	-0.060	-0.047	-0.028	0.293	0.507
55 순간적인 재치와 순발력이 있다.	0.533	0.101	0.093	0.352	0.198	-0.120	-0.056	0.058	-0.052	0.500
1 흔히 볼 수 있는 것으로 특별한 것을 만듬	0.533	0.116	-0.056	0.056	0.058	-0.135	-0.065	0.101	0.010	0.375
3 평범한 사물을 다른 각도에서 생각한다.	0.531	0.188	0.077	-0.012	0.000	-0.029	-0.042	0.132	-0.215	0.397
53 불편한 것들을 편리하게 만든다.	0.526	0.037	0.030	0.148	0.118	0.102	-0.004	-0.018	0.242	0.388

	문 항	요인1	요인2	요인3	요인4	요인5	요인6	요인7	요인8	요인9	공통분
145	새로운 것 만들기를 좋아한다	0.526	0.064	0.278	0.015	-0.139	0.102	-0.052	-0.079	0.107	0.547
70	스스로 문제 해결을 한다.	0.506	0.161	-0.062	0.160	0.329	0.071	0.167	-0.002	0.084	0.472
41	일상의 작고 사소한 부분을 변화시킨다.	0.496	0.072	0.006	0.120	0.159	0.074	-0.000	0.033	0.099	0.320
80	편견과 인습에서 벗어난 행동을 많이 한다.	0.494	0.074	0.241	0.061	0.067	0.102	-0.147	0.052	-0.032	0.379
65	생각하는 것이 자유분방하다	0.492	0.162	0.343	0.233	-0.059	0.167	0.070	0.039	-0.019	0.548
66	추진력이 있다.	0.491	0.144	0.012	0.234	0.210	0.248	0.050	0.188	0.098	0.472
150	사물을 구체적으로 세심하게 관찰한다	0.480	0.069	0.148	-0.056	0.028	0.257	0.143	0.008	0.079	0.588
52	책을 많이 읽는다.	0.465	0.105	-0.031	-0.143	-0.068	0.007	0.190	0.201	-0.040	0.346
2	독특하고 독창적인 생각과 행동을 한다.	0.452	0.128	0.093	0.115	0.049	-0.036	0.110	0.030	-0.160	0.361
95	응용력이 뛰어나다.	0.440	0.373	0.058	-0.000	0.019	0.008	-0.143	0.230	0.112	0.448
44	어떤 일을 할 때 끝까지 포기하지 않는다.	0.439	0.009	0.090	-0.028	0.214	0.398	0.045	0.012	0.005	0.413
40	자신의 일에 대한 확신과 자신감이 있다.	0.437	0.131	0.050	0.008	0.185	0.347	0.028	0.082	-0.050	0.376
82	자기만의 세계가 뚜렷하다	0.436	0.204	0.286	0.028	0.173	0.184	0.128	0.033	0.061	0.431
17	호기심이 많다.	0.432	0.250	0.146	0.067	0.129	0.056	0.064	-0.076	-0.159	0.200
57	자신이 맡은 분야에 적극적으로 참여한다	0.424	0.149	0.093	0.146	0.273	0.340	0.065	0.071	0.046	0.439
60	항상 새로운 것을 찾는다	0.414	0.164	0.265	0.078	0.050	0.136	-0.004	0.014	0.141	0.326
137	보통 사람들과 다른 방식으로 행동한다	0.412	0.081	0.318	0.210	0.012	-0.074	0.072	0.063	0.078	0.347
117	사소한 것이라도 대단하게 생각한다	0.382	0.104	0.136	0.083	0.180	0.085	0.201	-0.015	0.131	0.308
21	일을 잘 벌린다	0.362	0.092	0.167	0.131	0.172	-0.134	-0.083	0.091	-0.183	0.306
36	당돌하다	0.360	0.004	0.258	0.038	0.326	0.121	-0.109	0.151	-0.093	0.368
129	소신이 있다	0.329	0.133	0.135	0.229	0.165	0.163	0.213	0.050	-0.035	0.310
156	뭔가 한 가지에 폭 빠져 있을 때가 많다	0.314	0.124	0.306	-0.092	0.043	0.263	0.220	0.081	0.021	0.363
<요인2> 모험적 자유추구											
87	엉뚱한 생각과 행동을 많이 한다	0.238	0.592	0.124	0.070	0.023	-0.056	-0.057	-0.086	-0.149	0.478
86	과감하게 일단 한번 해본다	0.210	0.577	0.017	0.128	0.111	0.187	-0.191	-0.047	-0.100	0.503
99	생각하는 시간이 많다	0.081	0.566	0.213	-0.056	0.019	0.064	0.332	0.114	-0.043	0.513
84	남들과 약간 다르게 생각한다	0.301	0.542	0.199	0.063	0.033	-0.032	0.088	0.040	0.018	0.450

문 항		요인1	요인2	요인3	요인4	요인5	요인6	요인7	요인8	요인9	공통분
96	자신만의 독특한 세계를 구축한다	0.398	0.538	0.141	0.050	0.055	0.040	0.094	0.028	0.087	0.504
101	자유로운 분위기를 좋아한다	0.021	0.537	0.209	0.172	0.043	-0.032	0.142	0.232	0.041	0.483
89	하고 싶은 일은 무슨 일이 있어도 한다	0.127	0.511	0.129	-0.022	0.214	0.041	-0.005	0.086	0.230	0.430
98	편리함과 특이함을 찾아내는 능력이 있다	0.338	0.508	0.047	0.044	0.130	0.023	0.060	0.102	0.241	0.497
91	개성이 강하다	0.133	0.473	0.218	0.119	0.007	-0.009	-0.186	0.197	0.105	0.397
100	여러 방면에 관심이 많다.	0.117	0.465	0.222	0.036	-0.039	0.019	0.183	0.165	0.041	0.356
104	한 가지 물건을 다른 용도로 사용한다.	0.267	0.430	0.046	0.019	0.005	-0.025	-0.013	0.128	0.146	0.429
90	쉽게 접하는 것에서 문제점을 찾아 개선	0.406	0.410	-0.027	-0.027	-0.022	0.064	-0.073	0.100	0.305	0.501
108	자신의 일에 대한 열정을 가지고 있다.	0.193	0.410	0.051	0.102	0.034	0.325	-0.023	0.163	0.190	0.453
111	용기가 있다	0.197	0.390	-0.011	0.361	0.034	0.267	-0.128	0.167	0.081	0.462
88	일반 상식이 많다.	0.253	0.321	-0.050	0.012	0.035	0.045	0.001	0.316	0.079	0.307

<요인3> 탈규범적 독립성

165	황당한 말을 자주 한다.	0.167	0.010	0.596	0.225	-0.003	-0.108	-0.036	0.047	-0.038	0.469
166	독자적인 행동을 자주 한다	0.252	0.178	0.582	0.126	0.099	0.070	-0.000	-0.020	0.024	0.551
83	남에게 얽매이는 것을 싫어한다.	0.088	0.168	0.509	0.008	0.234	0.156	0.114	0.022	-0.077	0.397
162	생각의 변화가 심하다.	0.130	0.171	0.499	0.081	0.037	-0.121	0.030	-0.021	0.129	0.362
171	간섭이나 구속 받는 것을 싫어한다.	-0.062	0.209	0.498	0.077	0.112	0.214	0.070	-0.051	-0.030	0.386
121	획일적이고 반복적인 일을 싫어한다.	0.147	0.044	0.476	0.020	0.046	0.030	0.025	0.074	0.104	0.367
133	비슷하거나 똑같은 일을 싫어한다.	0.248	0.027	0.458	-0.070	0.054	0.115	0.049	0.126	0.139	0.380
144	정해져 있는 것에서 이탈하는 행동을 함	0.347	0.097	0.454	0.087	0.061	0.060	-0.226	0.053	-0.083	0.483
147	좋아하고 싫어하는 것의 구분이 뚜렷하다	0.029	0.155	0.448	0.025	0.287	0.141	-0.077	0.032	-0.056	0.361
132	궁금한 것을 참지 못한다	0.329	0.138	0.403	0.010	-0.036	0.209	0.120	0.026	-0.074	0.374
23	공상을 많이 한다	0.357	0.172	0.359	0.001	0.185	-0.175	0.242	-0.010	-0.241	0.471
158	자신의 직감에 따라 행동한다	0.199	0.190	0.339	0.185	0.261	-0.003	-0.003	-0.009	0.059	0.342
10	낙서를 잘 한다	0.139	-0.005	0.333	-0.014	0.104	-0.124	-0.124	0.099	-0.096	0.214

문 항		요인1	요인2	요인3	요인4	요인5	요인6	요인7	요인8	요인9	공통분
<요인 4> 관계적 개방성											
128	웃으며 즐겁게 생활한다	0.143	0.076	0.092	0.685	-0.071	0.103	0.235	-0.041	-0.035	0.582
146	긍정적으로 생각한다	0.094	0.091	0.071	0.613	-0.139	0.067	0.048	-0.003	0.018	0.448
26	주변 사람들에게 기쁨과 즐거움을 준다	0.183	-0.006	0.055	0.608	0.063	-0.138	0.009	0.057	0.061	0.442
32	사교적이다	0.066	0.069	-0.143	0.580	0.243	-0.074	0.022	0.133	-0.045	0.468
136	사람에 대한 믿음이 있다	0.064	0.010	0.153	0.516	0.003	0.028	0.335	0.061	0.094	0.448
12	낙천적이다	0.098	0.034	0.071	0.488	-0.022	0.029	-0.061	0.163	-0.149	0.325
103	대인관계가 원만하다	-0.036	0.139	0.081	0.487	0.082	0.003	0.005	0.432	0.083	0.478
35	개방적이고 열린 마음을 갖고 있다	0.212	-0.044	0.013	0.461	0.064	0.059	0.000	0.062	0.046	0.305
135	재미있는 생각을 많이 한다	0.338	0.095	0.329	0.448	0.072	-0.179	0.170	0.16	0.120	0.516
114	진취적이며 적극적으로 생각한다	0.391	0.048	0.070	0.440	0.039	0.347	-0.077	0.048	0.108	0.506
142	위기 대처 능력이 있다	0.356	0.217	0.092	0.406	0.091	0.056	0.007	-0.072	0.035	0.399
77	솔직하다	0.005	0.012	0.164	0.350	0.101	0.170	0.168	0.001	0.107	0.236
<요인 5> 자기주장성											
22	자기주장이 강하다	0.292	0.096	0.209	-0.015	0.530	0.023	-0.067	0.130	-0.055	0.448
49	고집이 세다	0.195	0.165	0.291	-0.182	0.468	0.153	-0.042	0.026	-0.096	0450
76	자기가 의도한 대로 사람을 이끌려고 한다	0.044	0.041	0.210	0.203	0.431	0.003	-0.084	0.121	0.256	0.369
33	성공에의 욕구가 강하다	0.005	0.071	0.088	0.179	0.419	0.121	0.149	-0.042	0.097	0.273
<요인 6> 노력											
116	열심히 노력한다	0.256	0.137	0.035	0.104	0.012	0.531	0.197	0.107	0.093	0.464
138	일에 대한 욕심이 많다	0.150	0.047	0.168	0.121	0.216	0.376	0.072	0.033	0.102	0.354
97	최대의 효과를 거두려고 노력한다	0.113	0.221	0.063	0.103	0.194	0.355	0.129	0.122	0.244	0.403

문 항		요인1	요인2	요인3	요인4	요인5	요인6	요인7	요인8	요인9	공통분
<요인 7> 사려성											
131	생각을 깊이한다	0.389	0.232	0.084	0.014	0.157	0.141	0.486	-0.001	0.072	0.511
50	상대방을 배려한다.	-0.056	-0.057	-0.077	0.379	-0.037	0.078	0.465	0.082	0.068	0.417
18	다른 사람의 말을 주의 깊게 잘 듣는다	0.015	-0.004	-0.116	0.206	-0.098	0.102	0.393	0.012	-0.052	0.238
151	감정이 풍부하다	0.124	0.043	0.296	0.230	0.026	-0.008	0.385	0.192	0.108	0.373
24	문제가 발생했을 때 고민을 많이 한다	0.044	0.025	0.072	0.002	0.261	-0.034	0.301	-0.027	-0.085	0.188
<요인 8> 표현적 교류											
93	다른 사람과 토론하기를 좋아한다	0.067	0.153	0.056	0.102	0.019	0.067	0.065	0.588	0.059	0.406
94	다양한 사람을 알고 있다	0.017	0.213	0.100	0.271	-0.048	0.099	0.041	0.579	-0.095	0.494
109	자기 생각을 남에게 표현하기를 좋아한다	0.113	0.143	0.099	0.201	0.210	-0.021	0.071	0.482	0.219	0.423
85	활발하고 활동적이다	0.059	0.166	-0.024	0.431	0.138	0.040	-0.089	0.355	0.017	0.378
<요인 9> 실용성 추구											
105	실생활에 도움이 되는 일을 한다	0.112	0.263	-0.004	0.066	0.019	0.042	0.002	0.133	0.511	0.371
107	생활을 편리하고 풍요롭게 만들려고 한다	0.178	0.330	-0.038	0.047	0.021	0.083	-0.002	0.019	0.489	0.397
153	불편한 부분이 있으면 개선하려고 노력한다	0.260	0.046	0.050	0.017	-0.005	0.076	0.113	0.107	0.382	0.313
요인 분산		15.52	5.563	5.033	4.947	2.404	2.264	2.162	2.139	2.012	45.31
요인 분산 비율		0.342	0.122	0.111	0.109	0.053	0.049	0.048	0.047	0.044	

요인 6에는 '열심히 노력한다', '일에 대한 욕심이 많다'의 내용이 포함되어 있어 이 요인을 '노력'으로 명명하였다.

요인 7에는 '생각을 깊이 한다', '다른 사람의 말을 주의 깊게 잘 듣는다', '문제가 발생했을 때 고민을 많이 한다'의 내용이 포함되어 있어 이 요인을 '사려성'으로 명명하였다.

요인 8에는 '자기 생각을 남에게 표현하기를 좋아한다', '다른 사람과 토론하기를 좋아한다', '다양한 사람을 알고 있다'의 내용이 포함되어 있어 이 요인을 '표현적 교류'로 명명하였다.

요인 9에는 '실생활에 도움이 되는 일을 한다', '생활을 편리하고 풍요롭게 만들려고 한다'의 내용이 포함되어 있어 이 요인을 '실용성 추구'로 명명하였다.

<표 9> 일상적 창의성 암묵 이론적 구조의 요인별 신뢰도 (Cronbach's α)

번호	요인명	문항수	α 계수	평균	표준편차
1	독창적 유연성	45	.7534	4.9955	.6706
2	모험적 자유추구	15	.7547	5.0364	.6934
3	탈규범적 독립성	13	.7706	5.0181	.6957
4	관계적 개방성	12	.7722	4.6815	.7319
5	자기주장성	4	.7796	4.7797	.8441
6	노력	3	.7795	4.6690	.9360
7	사려성	5	.7859	4.7212	.7129
8	표현적 교류	4	.7801	4.7209	.8623
9	실용성 추구	3	.7996	4.5583	.9638

일상적 창의성 암묵 이론적 구조의 요인별 신뢰도는 <표 9>에 제시되어 있다. 모두 .7 이상의 비교적 높은 신뢰도를 보이고 있다.

일상적 창의성 암묵 이론적 구조의 요인 간 상관 행렬을 보면 가장 높은 것과 낮은 것을 제외하면 0.2~0.4로 작지 않은 상관을 보였다.

<표 10> 일상적 창의성 암묵 이론적 구조의 요인 간 상관 행렬

	요인1	요인2	요인3	요인4	요인5	요인6	요인7	요인8	요인9
(1) 독창적 유연성	1.0000								
(2) 모험적 자유추구	.5990	1.0000							
(3) 탈규범적 독립성	.5813	.4668	1.0000						
(4) 관계적 개방성	.4245	.3376	.3037	1.0000					
(5) 자기 주장성	.4286	.3473	.4826	.2281	1.0000				
(6) 노력	.4455	.3533	.2860	.2827	.2842	1.0000			
(7) 사려성	.3328	.2584	.2386	.3965	.1697	.3018	1.0000		
(8) 표현적 교류	.2849	.4436	.2398	.4472	.2383	.2304	.2537	1.0000	
(9) 실용성 추구	.2945	.4471	.1355	.1914	.1820	.2183	.1206	.2038	1.0000

② 전문적 창의성의 암묵 이론적 요인 구조

적절성 평가를 거쳐 뽑은 전문적 창의성 124문항에 대한 요인분석 결과 11개의 요인까지의 누적 설명 분산이 75.2%이고 스크리 검사 결과를 참고하여 우선 11개의 요인을 취하기로 잠정 결정하였다(<표 11> 참고). 요인의 수를 11로 지정하고 요인 분석 했을 때 최종해(final solution)에 대한 해석도 가장 적절한 것으로 판단되어 요인의 수를 11개로 지정하고 실행한 요인 분석 결과를 채택하였다. 이때 해석 가능한 요인은 10개가 산출되었다. 최종해를 참고로 요인계수가 아주 낮게 나오거나 해석이 불가능한 26개의 문항(부록 4에서 문항번호 3, 38, 44, 55, 59, 61, 65, 67, 74, 79, 95, 102, 103, 111, 115, 135, 142, 144, 151, 158, 160, 161, 164, 168, 170, 171)을 제외하고 남은 문항은 총 98문항이다. 이

90

10개의 요인은 전체 공통 분산 중 73%를 설명한다.

<표 11> 전문적 창의성의 기초 요인 분석(고유치)

	요 인													
	1	2	3	4	5	6	7	8	9	10	11	12	13	14
고유치 Eigenvalue	21.248	4.625	2.623	2.079	1.794	1.664	1.450	1.345	1.275	1.193	1.157	1.008	1.002	0.945
고유치 차이 Difference	16.623	2.001	0.544	0.285	0.130	0.213	0.105	0.070	0.081	0.035	0.149	0.006	0.056	0.067
분산 비율 Proportion	0.395	0.086	0.048	0.038	0.033	0.030	0.027	0.025	0.023	0.022	0.021	0.018	0.018	0.017
누적 분산 비율 Cumulative	0.395	0.481	0.530	0.568	0.602	0.633	0.659	0.684	0.708	0.730	0.752	0.771	0.789	0.807

<표 12>는 전문적 창의성 암묵 이론적 구조의 요인 계수 행렬이다. 요인 1에는 '기발하고 특이한 발상을 많이 한다', '전문 분야에서 남들이 하지 못하는 것을 한다', '남들과 다른 감각이 있다', '독창적인 생각을 한다' 등의 문항들이 포함되어 있어 이 요인을 '전문적 독창성'으로 명명하였다.

요인 2에는 '자기 발전적인 사고방식을 갖고 있다', '자기가 옳다고 생각하는 일을 한다', '틀에 얽매이지 않고 자유스럽게 사고한다', '자신의 일에 대한 열정과 신념이 있다' 등의 문항들이 포함되어 있어 이 요인을 '개방적 신념'으로 명명하였다.

요인 3에는 '주변 사람들의 믿음과 지지가 있었다', '주변에 조언해 주는 사람들이 많다', '사람들과 어울리기를 좋아한다', '지적 교류를 주고받는 친구들이 많다' 등의 문항이 포함되어 있어 이 요인을 '사회적 지지'로 명명하였다.

요인 4에는 '사물을 세심하게 관찰한다', '사소한 것도 지나치지 않고 관심을 갖는다’, ‘한 분야에서 지속적인 관심을 갖고 있다’ 등의 문항이 포함되어 있어 이 요인을 ‘탐구적 관심’으로 명명하였다.

요인 5에는 ‘자기주장이 강하다’, ‘자기가 하고 싶은 일만 한다’, ‘자기가 옳다고 생각하면 남을 별로 개의치 않는다’ 등의 문항이 포함되어 있어 이 요인을 ‘자기주장성’으로 명명하였다.

요인 6에는 ‘결단력이 있다’, ‘당당하다’ 등의 문항이 포함되어 있어 이 요인을 ‘결단력’으로 명명하였다.

요인 7에는 ‘다양한 분야에 접근한다’, ‘책을 많이 읽는다’ 등의 문항이 포함되어 있어 이 요인을 ‘흥미다양’으로 명명하였다.

요인 8에는 ‘변화에 능동적으로 대처한다’, ‘현실 적응력이 뛰어나다’ 등의 문항이 포함되어 있어 이 요인을 ‘변화 대처’로 명명하였다.

요인 9에는 ‘성취욕이 강하다’, ‘남에게 지기 싫어한다’ 등의 문항이 포함되어 있어 이 요인을 ‘성취욕’으로 명명하였다.

요인 10에는 ‘공상을 많이 한다’, ‘고민이 많다’ 등의 문항이 포함되어 있어 이 요인을 ‘공상’으로 명명하였다.

<표 12> 전문적 창의성 요인계수 행렬

문 항		요인1	요인2	요인3	요인4	요인5	요인6	요인7	요인8	요인9	요인10	공통분
<요인1> 전문적 독창성												
140	개성을 표현할 수 있는 대담함이 있다	0.625	0.198	0.105	-0.047	0.118	0.048	0.094	-0.113	-0.042	-0.029	0.498
131	새롭고 신선한 것을 추구한다	0.598	0.038	-0.026	0.057	0.004	0.075	0.084	0.192	0.029	0.144	0.459
139	실행에 옮기는 용기가 있다	0.595	0.219	0.187	0.031	0.112	0.008	0.037	0.034	0.068	-0.056	0.463
93	남들과 다른 감각이 있다	0.576	0.197	0.085	0.141	0.065	0.114	0.069	0.121	0.122	-0.004	0.519
105	독창적인 생각을 한다	0.556	0.199	0.013	0.198	-0.026	0.043	-0.014	0.124	0.325	0.121	0.528
128	상상력이 뛰어나다	0.549	0.202	-0.049	-0.004	0.095	0.083	0.215	-0.009	-0.052	0.086	0.454
90	주관이 뚜렷하다	0.543	0.293	0.125	0.147	0.095	0.338	0.019	-0.042	-0.028	0.007	0.549
122	혁신적인 생각을 한다	0.535	0.226	0.104	0.130	0.083	0.070	0.043	0.069	-0.026	0.008	0.389
110	기발하고 특이한 발상을 많이 한다	0.528	0.282	0.169	0.211	0.103	0.070	0.053	0.147	0.007	0.046	0.482
136	타성에 젖지 않는 독특한 생각을 한다	0.521	0.138	0.101	0.159	0.089	0.158	0.071	0.192	0.032	0.079	0.415
138	남들이 할 엄두도 못 내는 일을 한다	0.517	0.071	0.062	0.165	0.298	-0.048	-0.063	-0.007	-0.180	-0.092	0.466
112	참신하고 새로운 아이디어가 많다	0.509	0.316	0.101	0.173	0.067	0.063	-0.017	0.053	0.049	0.196	0.473
162	탐구심이 강하다	0.509	0.215	0.062	0.042	0.094	0.097	0.166	-0.033	0.014	0.080	0.378
165	의지가 강하다	0.488	0.180	0.106	0.085	0.042	0.213	0.066	-0.015	0.007	0.128	0.364
98	뛰어난 무언가를 만들어 내는 능력 있음	0.474	0.106	0.101	0.189	0.106	0.029	-0.054	0.074	0.166	0.025	0.339
126	전문분야에서 최고라고 인정받는다	0.474	0.222	0.133	0.012	0.056	0.032	0.173	-0.077	0.054	-0.003	0.498
125	미지의 것에 대해 생각한다	0.464	0.127	0.112	0.199	-0.019	-0.086	0.155	0.163	0.151	0.024	0.437
108	호기심이 많다	0.451	0.065	-0.032	0.313	0.115	0.022	0.041	-0.045	0.268	-0.031	0.423
127	직접 경험을 통해 교훈을 얻는다	0.428	0.144	0.306	0.085	0.162	-0.016	0.059	0.102	-0.108	0.042	0.389
121	집념이 강하다	0.425	0.216	0.071	0.064	0.155	0.151	0.017	-0.075	0.200	0.050	0.357
147	능력을 발휘할 분야를 직업으로 갖음	0.409	0.197	0.143	0.077	0.030	0.059	0.343	0.042	0.175	-0.089	0.457

문 항		요인1	요인2	요인3	요인4	요인5	요인6	요인7	요인8	요인9	요인10	공통분
113	기존 관념을 거부한다	0.407	0.309	0.134	0.196	0.238	0.014	-0.026	0.071	0.024	0.018	0.386
118	다른 사람들의 생활에 변화를 준다	0.386	-0.049	0.381	-0.007	0.025	0.092	0.118	0.184	0.100	-0.081	0.406
89	끊임없이 노력한다	0.383	0.230	0.343	0.225	0.046	0.214	0.145	-0.131	-0.026	0.034	0.465
85	전문분야에서 남들이 하지 못하는 것 함	0.381	0.158	0.097	0.330	0.198	-0.051	0.009	0.053	0.127	-0.042	0.380
153	뚜렷한 인생의 목표를 가지고 있다	0.378	0.189	0.193	0.093	-0.050	-0.003	0.210	-0.046	0.241	-0.089	0.370
166	남들이 겪여보지 못한 특별한 경험을 함	0.377	0.014	0.108	0.145	0.148	0.066	0.229	0.202	0.014	0.201	0.380
137	문화, 예술, 경제적 가치가 있는 일 한다	0.362	0.129	0.330	0.099	0.112	-0.028	0.042	0.032	0.046	0.022	0.361
123	깊이 있게 생각한다	0.358	0.251	0.300	0.177	-0.042	0.065	0.018	-0.090	0.029	0.170	0.381
92	전문 분야와 관련된 지식을 겸비함	0.347	0.185	0.315	0.159	0.064	0.101	0.067	-0.211	0.162	0.082	0.377
156	돌아다니면서 보는 것을 좋아한다	0.328	-0.051	0.234	0.062	0.089	0.240	0.286	0.213	0.161	0.038	0.435
<요인2> 개방적 신념												
20	자신의 일에 대한 열정과 신념이 있다	0.241	0.665	0.058	0.140	0.035	0.159	0.040	-0.063	0.052	-0.065	0.570
11	생각이 자유롭다	0.201	0.625	-0.057	0.079	0.085	-0.005	0.034	0.186	-0.039	0.093	0.498
15	자기 발전적인 사고 방식을 갖고 있다	0.229	0.601	0.039	0.205	0.030	-0.081	0.025	0.027	-0.004	-0.047	0.473
17	개성이 강하다	0.213	0.598	-0.110	-0.079	0.129	-0.091	0.082	0.092	0.127	0.226	0.535
2	자신의 일을 사랑한다	0.168	0.547	0.057	-0.045	0.003	0.120	0.139	-0.062	0.159	0.072	0.403
21	일단 결정하면 끝까지 밀어붙인다	0.088	0.513	0.056	0.071	0.226	0.347	0.181	-0.082	-0.074	-0.134	0.523
18	자기가 옳다고 생각하는 일을 한다	0.167	0.497	-0.006	0.059	0.180	0.130	-0.017	0.027	0.210	0.107	0.393
24	카리스마가 있다	0.180	0.404	0.161	0.000	0.206	0.072	-0.005	-0.028	0.036	-0.034	0.291
23	집중력이 강하다	0.218	0.470	0.157	0.155	0.129	0.181	-0.031	-0.074	-0.088	0.048	0.436
14	자신의 생각과 느낌을 타인에게 잘 표현	0.046	0.461	0.174	0.201	0.032	0.021	-0.055	0.217	0.198	-0.082	0.397
27	느낀대로 말하고 표현한다	0.120	0.457	0.042	0.227	0.238	0.133	0.023	0.317	-0.033	-0.075	0.478
26	변화를 두려워하지 않는다	0.197	0.457	0.042	0.118	0.137	0.305	0.067	0.173	-0.072	-0.051	0.420
33	자신감이 강하다	0.211	0.454	0.112	0.039	0.190	0.179	0.067	0.075	-0.070	-0.109	0.461
12	시대의 흐름에 대한 안목이 있다	0.201	0.453	0.093	0.184	0.049	0.021	-0.026	0.222	0.149	0.070	0.380
16	엉뚱한 생각을 자주 한다	0.231	0.448	-0.083	-0.009	0.200	-0.054	0.109	0.217	-0.069	0.313	0.485

	문 항	요인1	요인2	요인3	요인4	요인5	요인6	요인7	요인8	요인9	요인10	공통분
31	틀에 얽매이지 않고 자유스럽게 사고함	0.255	0.431	-0.168	0.335	0.165	0.003	0.158	0.093	-0.069	0.028	0.521
41	예술적인 감수성이 있다	0.180	0.429	-0.010	0.262	0.243	-0.009	0.123	-0.089	0.170	0.150	0.542
62	자기 분야에서 전문가이다	0.284	0.419	0.131	0.161	0.044	0.198	0.034	-0.122	0.065	0.014	0.468
<요인3> 사회적 지지												
117	합리적으로 생각	0.012	-0.038	0.607	0.009	0.051	0.075	0.062	0.112	0.200	-0.052	0.469
119	주위 사람들이 적극적으로 지원을 해 줌	0.186	-0.052	0.570	-0.026	0.056	0.104	-0.073	0.165	-0.102	0.079	0.489
116	주변 사람들의 믿음과 지지가 있었다	0.137	-0.005	0.545	0.087	0.038	0.133	-0.023	-0.012	0.012	0.089	0.369
96	주변 사람들에게서 배울 점을 찾는다	0.206	0.043	0.498	0.082	-0.057	-0.056	-0.022	-0.012	-0.056	0.132	0.360
100	주변에 조언해 주는 사람들이 많다	0.003	-0.027	0.484	0.084	-0.012	-0.020	0.027	0.163	0.195	0.073	0.315
94	사람들과 어울리기를 좋아한다	-0.047	0.028	0.481	0.100	-0.060	-0.007	-0.084	0.024	-0.088	0.061	0.395
87	모든 일에 최선을 다한다	0.068	0.163	0.478	0.169	-0.105	0.088	0.149	0.001	-0.043	0.011	0.333
146	매사에 꼼꼼하다	-0.024	0.065	0.470	0.086	0.143	-0.005	0.178	-0.116	0.087	-0.115	0.352
155	논리적이다	0.124	-0.035	0.470	-0.044	0.061	0.054	0.221	0.036	0.047	0.040	0.308
159	대인관계가 원만하다	0.050	-0.012	0.413	-0.017	-0.136	0.114	0.332	0.006	-0.038	0.111	0.396
10	부지런하다	-0.013	0.130	0.399	-0.006	0.007	0.104	0.000	0.086	-0.020	-0.205	0.311
173	미래에 대비하여 철저히 준비한다	0.087	-0.007	0.385	0.161	0.116	0.064	0.280	-0.042	0.075	-0.110	0.307
63	몰입할 때와 그만 둘 때를 안다	0.089	0.272	0.374	0.080	0.003	0.008	0.009	-0.021	-0.027	-0.071	0.251
91	일을 맡으면 즐거운 마음으로 한다	0.318	0.279	0.356	0.167	-0.040	0.079	0.145	-0.045	-0.015	0.007	0.431
133	긍정적인 사고 방식을 갖고 있다	0.276	0.064	0.332	0.162	-0.143	0.043	0.075	0.095	0.266	-0.012	0.333
157	지적 교류를 주고 받는 친구들이 많다	0.159	0.028	0.327	0.100	0.094	0.022	0.306	0.144	0.024	0.147	0.294
<요인4> 탐구적 관심												
58	사물을 세심하게 관찰한다	0.190	0.092	0.111	0.545	0.094	0.154	0.035	-0.057	0.094	0.183	0.455
77	끊임없이 생각한다	0.140	0.148	0.084	0.509	0.162	-0.008	0.297	-0.051	0.077	0.095	0.443
86	사소한 것도 지나치지 않고 관심을 갖음	0.320	0.193	0.229	0.470	0.054	0.013	0.073	0.065	-0.071	-0.034	0.451
109	믿고 있는 것을 굽히지 않고 실천한다	0.257	0.151	0.139	0.396	0.149	0.221	-0.010	-0.008	0.116	-0.007	0.372
39	사고의 폭이 넓다	0.130	0.272	0.110	0.389	-0.050	0.077	0.139	0.147	-0.031	0.047	0.329
34	사물을 다른 시각으로 바라본다	0.322	0.344	0.032	0.381	0.124	-0.087	0.004	0.062	0.032	0.087	0.408

문 항		요인1	요인2	요인3	요인4	요인5	요인6	요인7	요인8	요인9	요인10	공통분
19	한 가지 일을 여러 각도에서 생각해 실행	0.138	0.322	0.155	0.337	0.056	0.032	0.087	0.195	0.057	0.053	0.337
78	한 분야에서 지속적인 관심을 갖고 있다	0.204	0.123	0.150	0.329	0.104	0.000	0.252	-0.059	0.090	-0.041	0.314
71	무에서 유를 창출해 낸다	0.275	0.180	0.168	0.306	0.226	0.109	0.035	0.159	-0.092	0.170	0.430
169	다양하고 폭 넓은 지식을 갖고 있다	0.209	0.029	0.180	0.300	-0.069	0.137	0.263	0.060	0.112	0.112	0.289
<요인5> 자기 주장성												
60	자기 중심 적이다	0.109	0.104	0.020	-0.081	0.600	0.040	0.039	-0.005	-0.024	0.052	0.403
57	고집이 세다	0.074	0.205	0.029	0.060	0.587	0.123	0.085	-0.102	0.229	0.082	0.498
73	불규칙한 생활을 한다	0.108	0.122	-0.002	0.125	0.530	0.027	-0.047	0.001	0.037	0.174	0.369
29	자기가 하고 싶은 일만 한다	0.121	0.112	-0.068	0.238	0.468	-0.071	-0.020	0.070	-0.007	-0.071	0.345
72	자기 주장이 강하다	0.342	0.362	0.046	0.004	0.377	0.197	0.137	-0.068	-0.028	0.058	0.485
68	옳다고 생각하면 남을 별로 개의치 않음	0.165	0.320	-0.033	0.105	0.363	0.359	0.125	0.093	0.032	-0.080	0.448
36	평범하지 않다	0.233	0.284	-0.016	0.089	0.340	-0.022	0.107	0.085	0.023	0.040	0.338
83	보통 사람들과 다른 사고방식을 지님	0.246	0.180	0.115	0.213	0.325	-0.060	0.028	0.189	0.091	0.013	0.345
<요인6> 결단력												
46	결단력이 있다	0.207	0.191	0.244	0.023	-0.038	0.607	0.094	0.082	0.139	0.075	0.552
47	추진력이 강하다	0.238	0.282	0.242	0.143	0.114	0.556	-0.054	0.031	0.192	0.018	0.597
52	당당하다	0.153	0.304	0.196	0.139	0.149	0.346	0.110	0.053	0.030	-0.071	0.469
<요인7> 흥미 다양												
148	다양한 분야에 접근한다	0.067	0.072	0.255	0.093	0.004	0.032	0.469	0.125	-0.055	0.010	0.328
150	책을 많이 읽는다	0.154	0.103	0.228	0.172	0.013	0.036	0.440	-0.020	-0.122	0.312	0.429
149	자신의 생각이나 이념에 따라 생활한다	0.257	0.261	0.045	0.197	0.073	0.022	0.406	-0.014	0.071	-0.100	0.365

문 항		요인1	요인2	요인3	요인4	요인5	요인6	요인7	요인8	요인9	요인10	공통분
<요인8> 변화 대처												
6	유머감각이 있다	0.070	0.135	0.165	-0.017	0.042	-0.035	0.057	0.557	-0.050	0.062	0.337
7	변화에 능동적으로 대처한다	0.202	0.324	0.057	0.055	-0.053	0.142	0.057	0.395	0.117	-0.042	0.355
9	현실 적응력이 뛰어나다	0.123	0.169	0.322	-0.030	-0.083	0.251	0.056	0.356	0.057	-0.130	0.393
<요인9> 성취욕												
101	성취욕이 강하다	0.327	0.294	0.110	0.058	0.143	0.116	0.035	-0.072	0.570	0.067	0.581
82	남에게 지기 싫어한다	0.093	0.093	0.132	0.133	0.222	0.142	-0.050	0.054	0.338	0.037	0.252
70	자기가 하는 일에 몰두한다	0.258	0.210	0.099	0.280	0.197	0.257	0.104	-0.029	0.333	0.015	0.402
<요인10> 공상												
42	공상을 많이 한다	0.273	0.117	-0.048	0.192	0.299	-0.036	0.124	0.059	0.032	0.473	0.466
51	고민이 많다	0.035	-0.019	0.177	0.297	0.183	0.048	0.022	-0.057	0.142	0.395	0.345
43	모험심이 강하다	0.272	0.301	0.073	0.089	0.312	0.116	-0.042	0.079	0.069	0.315	0.405
요인 분산		9.522	7.515	5.515	3.593	3.184	2.303	2.056	1.746	1.652	1.471	41.46
요인 분산 비율		0.229	0.181	0.133	0.086	0.076	0.055	0.049	0.042	0.039	0.035	

<표 13>은 전문적 창의성 암묵 이론적 구조의 요인별 신뢰도를 나타낸 것이다. 각 요인별 Cronbach's α 계수가 모두 0.8 이상으로 높은 신뢰도를 보이고 있다.

<표 14>는 전문적 창의성 암묵 이론적 구조의 요인 간 상관 행렬을 나타낸 것이다. 가장 높은 것과 낮은 것을 제외하면 0.3~0.5의 적지 않은 상관을 보이고 있다.

<표 13> 전문적 창의성 암묵 이론적 구조의 요인별 신뢰도 (Cronbach's α)

번호	요인명	문항수	α 계수	평균	표준편차
1	전문적 독창성	30	.8079	5.2696	.7698
2	개방적 신념	19	.8097	5.5788	.7600
3	사회적 지지	16	.8303	4.6990	.7022
4	탐구적 관심	10	.8134	5.2106	.7602
5	자기주장성	8	.8275	5.0571	.8256
6	결단력	3	.8188	5.2857	.9090
7	흥미다양	3	.8362	5.0272	.9715
8	변화대처	3	.8476	4.8010	1.0397
9	성취욕	3	.8377	5.2793	1.0742
10	공상	3	.8419	5.2245	.9560

<표 14> 전문적 창의성 암묵 이론적 구조의 요인 간 상관 행렬

	요인1	요인2	요인3	요인4	요인5	요인6	요인7	요인8	요인9
(1) 전문적 독창성	1.000								
(2) 개방적 신념	.661	1.000							
(3) 사회적 지지	.423	.291	1.000						
(4) 탐구적 관심	.657	.622	.477	1.00					
(5) 자기 주장성	.528	.610	.170	.468	1.000				
(6) 결단력	.510	.561	.441	.486	.400	1.000			
(7) 흥미 다양	.416	.360	.425	.465	.267	.289	1.000		
(8) 변화 대처	.348	.370	.335	.258	.151	.311	.251	1.000	
(9) 성취욕	.457	.433	.267	.354	.398	.389	.198	.190	1.000
(10) 공상	.448	.424	.209	.484	.470	.277	.289	.157	.388	1.000

(2) 일상적 – 전문적 창의성의 암묵 이론적 구조의 내용 비교

<표 15>는 일상적 – 전문적 창의성 암묵 이론의 요인과 기존 이론에서의 요인과의 비교를 나타낸 것이다. <표 15>는 이정은·이순묵(2001)에 제시되어 있는 것을 확장하여 보다 정교화, 세부화 시켜본 연구의 결과는 물론 암묵적 접근의 개척적 연구인 Sternberg(1995b, 1989)의 결과와 Runco & Bahleda(1986)의 결과, 그리고 다른 최근 연구들에서 나온 개념들과 비교하여 제시한 것이다. 표 오른쪽 끝의 재분류는 본 연구의 창의성 피라미드 모형에서 제시한 기본 3차원인 개인, 맥락, 문화의 하위 1, 2차 요소를 중심으로 재분류한 것이다.

<표 15> 일상적-전문적 창의성 암묵 이론의 요인과 기존 이론에서의 요인과의 비교

본 연구		창의성 암묵 이론에 관한 기존 연구						창의성에 관한 기존 이론	재분류
		이정은·이순묵 (2001)		Sternberg (1985b, 1989)		Runco·Bahleda (1986)			
일반인 전문적 창의성 암묵 이론	일반인 일상적 창의성 암묵 이론	창의적 업적을 남긴 인물	일반인 암묵 이론	전문가 암묵이론	일반인 암묵이론	(미술가) 일상적 창의성 암묵이론	(일반인) 일상적 창의성 암묵이론		
① 전문적 독창성	② 독창적 유연성		통찰력, 독창력	독창력, 새로운 아이디어	직관, 미학적 감각	기지가 있는		독창성: Barron(1989) Walberg (1989), Torrance(1989) Sinonton(1989), King·Anderson(1995)	개인 2차 (인지)
⑤ 자기주장성	⑤ 자기주장성		자기 주관, 자기주장					자신감, 자기 신뢰: Baron·Harrington(1981), Sternberg·Lubart(1991)	개인 2차 (정의)
② 개방적 신념	④ 관계적 개방성	조화 추구			유동성 방향 전환	개방적		개방성: Lingeman(1982), McCrae (1987), 송인섭·김혜숙(1999) 수용성: Hurt·Joseph(1977)	문화 1차
	③ 탈규범적 독립성	관습 탈피	관습 탈피	전통적 사고 탈출	사회 규범에 의문제기			관습탈피, 정형화된 작업 회피: Davis(1986), King·Anderson (1995)	개인 2차 (정의)

본 연구		창의성 암묵 이론에 관한 기존 연구						창의성에 관한 기존 이론	재분류
일반인 전문적 창의성 암묵 이론	일반인 일상적 창의성 암묵 이론	이정은 · 이순묵 (2001)		Sternberg (1985b, 1989)		Runco · Bahleda (1986)			
		창의적 업적을 남긴 인물	일반인 암묵 이론	전문가 암묵이론	일반인 암묵이론	(미술가) 일상적 창의성 암묵이론	(일반인) 일상적 창의성 암묵이론		
	② 모험적 자유 추구	모험 추구	적극성			활동적	활동적	모험추구: Lingeman(1982), Martindale(1989), Mellou(1996) Rimm · Davis(1982) 송인섭 · 김혜숙(1999) Sternberg · Lubart(1991)	개인 2차 (정의)
	⑥ 노력	성실, 노력						끈기와　　인내:　　Sternberg · Lubart(1995) 근면: Lingeman(1982) 열심히 함: Davis(1986) Rimm · Davis(1982)	개인 2차 (정의)
	⑨ 실용성 추구					유용한	상식적	지능의 실용적 측면: Sternberg · Lubart(1995)	문화 2차

본 연구		창의성 암묵 이론에 관한 기존 연구						창의성에 관한 기존 이론	재분류
일반인 전문적 창의성 암묵 이론	일반인 일상적 창의성 암묵 이론	이정은 · 이순묵 (2001)		Sternberg (1985b, 1989)		Runco · Bahleda (1986)			
		창의적 업적을 남긴 인물	일반인 암묵 이론	전문가 암묵이론	일반인 암묵이론	(미술가) 일상적 창의성 암묵이론	(일반인) 일상적 창의성 암묵이론		
	⑦ 사려성							Davis(1983), Simonton(1989), Torrance(1989), Sternberg (1985), Rimm & Davis(1982)	개인 2차 (정의)
	⑧ 표현적 교류								문화 2차
③ 사회적 지지		가족의 지지, 지적 교류						조직에서의 환경: Robinson & Stern(1997) 지원적 환경: Sternberg · Lubart(1995)	맥락 2차 문화 1차

본 연구		창의성 암묵 이론에 관한 기존 연구						창의성에 관한 기존 이론	재분류
일반인 전문적 창의성 암묵 이론	일반인 일상적 창의성 암묵 이론	이정은 · 이순묵 (2001)		Sternberg (1985b, 1989)		Runco · Bahleda (1986)			
		창의적 업적을 남긴 인물	일반인 암묵 이론	전문가 암묵이론	일반인 암묵이론	(미술가) 일상적 창의성 암묵이론	(일반인) 일상적 창의성 암묵이론		
④ 탐구적 관심 ⑦ 흥미다양			호기심 탐구 행동		탐구적	흥분 시키는		다양한 관심: Davis(1986) 호기심, 흥미다양: 송인섭 · 김혜숙(1999), Davis(1986), Perkins (1989) Sternberg(1985), Sternberg · Lubart(1991)	개인 2차 (정의)
⑥ 결단력								용감함, 직관적: Lingeman (1982)	개인 2차 (정의)
⑨ 성취욕								승인추구: Lingeman(1982) 끈기, 포기하지 않음: Torrance (1981), Martindale(1989)	개인 2차 (정의)

본 연구		창의성 암묵 이론에 관한 기존 연구						창의성에 관한 기존 이론	재분류
일반인 전문적 창의성 암묵 이론	일반인 일상적 창의성 암묵 이론	이정은 · 이순묵 (2001)		Sternberg (1985b, 1989)		Runco · Bahleda (1986)			
		창의적 업적을 남긴 인물	일반인 암묵 이론	전문가 암묵이론	일반인 암묵이론	(미술가) 일상적 창의성 암묵이론	(일반인) 일상적 창의성 암묵이론		
⑩ 공상							상상력 풍부	상상적: Lingeman(1982) Osborn(1963), Sternberg(1985) 혼자만의 시간 필요로 함: Davis (1986)	개인 2차 (정의)
⑧ 변화 대처									개인 2차 (정의)

본 연구에서 일상적 창의성과 전문적 창의성의 암묵적 구조는 3개 정도의 요인에서만 중복되고 나머지는 그렇지 않다. 중복되는 요인은 독창성과 자기주장성, 개방성을 포함한 요인들이다. 전문적 창의성에서만 도출된 요인들은 사회적지지, 탐구적 관심, 흥미 다양, 결단력, 성취욕, 공상, 변화 대처 등이다. 전문적 창의성에서 도출된 요인들은 보다 적극적이고 진취적인 성향에 관련된 요인(결단력, 성취욕)과 주변 인물들의 적극적인 지지, 그리고 전문적 능력 요인에 관한 것들이 많았다.

일상적 창의성에서만 도출된 요인들은 탈규범적 독립성, 모험적 자유추구, 노력, 실용성 추구, 사려성, 표현적 교류 등이다. 일상적 창의성에서 도출된 요인들은 타인에 대한 배려 측면의 요인들(표현적 교류, 관계적 개방성 등)이 많았고 일상생활에서의 실용성 추구와 노력에 관한 요인이 포함되어 있었다.

본 연구에서 제시한 창의성의 피라미드 모형에 의한 재분류를 중심으로 살펴보면 주로 개인 차원의 2차 요소 중 정의적인 요소에 포함되는 요인들이 많았다. 일상적 창의성의 경우, 자기주장성, 탈규범적 독립성, 모험적 자유추구, 노력 등이 있었고 전문적 창의성의 경우, 자기 장성, 탐구적 관심, 흥미 다양, 결단력, 성취욕, 공상, 변화 대처 등이 정의적인 요소에 해당되는 것들이었다. 개인의 인지적, 정의적인 측면에 해당되는 요인들이 주로 많았으나 전문적 창의성의 경우, 사회적지지 요인은 맥락의 2차 요소와 문화 1차 요소에 해당되는 것이어서 창의성에 있어서 전문 영역과 맥락의 중요성을 일반인들이 인식한 결과라고 할 수 있다. 또한 일상적 창의성의 경우도 관계적 개방성 차원은 문화 1차 요소에 가까운 요인이고 실용성 추구와 표현적 교류는 문화 2차 요소에 해당되는 요인이라고 할 수 있다. 이는 일상적 창의성이 부모, 친구, 교사 등 타인과의 교류를 중요시하며, 각 영역의 실용적 측면에서 인정받는 창의성으로 일반인들이 인식하고 있다는 것을 알 수 있다.

즉 일상적 창의성과 전문적 창의성 모두 개인의 성향, 능력뿐만 아니라 창의성 발현에 맥락, 문화의 측면이 중요하다는 것을 암묵 이론적 구조에서 밝혀 주고 있는 것이다.

V. 연구 2: 일상적 창의성 척도 개발

1. 일상적 창의성 특성 규정과 조작적 정의

일상적 창의성 척도(Everyday Creativity Scale)는 기존의 창의성 검사와 관련된 연구들 그리고 일상적 창의성에 관한 암묵 이론적 구조를 알아본 본 연구를 토대로 연구자가 제작하였다. 일상적 창의성 암묵 이론적 구조에서 밝혀진 요인들은 총 9개로 독창적 유연성, 모험적 자유추구, 탈규범적 독립성, 관계적 개방성, 자기주장성, 노력, 사려성, 표현적 교류, 실용성 추구 등이다. 또한 이론적 배경에서 개인의 인지적, 인성적 측면에서 밝힌 선행 연구들의 요인들을 참고로 일상적 창의성 요인을 확정하였다.

연구자가 참고한 창의성 검사 및 이론들은 <표 16>에 제시되어 있다. 이들 검사들과 이론들을 기초로 하여 일상적 창의성 요인으로 독창적 유연성, 대안적 해결력, 모험적 자유추구, 이타적 자아 확신, 관계적 개방성, 개성적 독립성, 탐구적 몰입 등 7개를 정하였다. 각 요인별 개념적 정의와 조작적 정의는 <표 17>에 제시되어 있다.

<표 16> 일상적 창의성 요인 추출 근거

일상적 창의성의 하위 요인	기존 이론
1. 독창적 유연성	독창성: King & Anderson(1995), Lingman(1982), Barron(1989), simonton(1989), Torrance(1989), Walberg(1989), Gruber& Davis(1989), Mellou(1996), Rimm & Davis(1982)
2. 대안적 해결력	지능의 실용적 측면: Sternberg & Lubart(1995) 지략이 풍부: Lingeman(1982)
3. 모험적 자유추구	모험추구: Davis(1983, 1986), Lingeman(1982), Martindale(1989), Sternberg(1985b), Sternberg & Lubart(1991), 송인섭·김혜숙(1999), 하주현(1999), Mellou(1996)
4. 이타적 자아확신	자신감/자기신뢰: Barron & Harrington(1981), Davis(1983, 1986), Lingeman(1982), Sternberg & Lubart(1991) 자기 확신: 하주현(1999)
5. 관계적 개방성	개방성: Lingeman(1982), McCrae(1987), Sternberg & Lubart(1991), 송인섭·김혜숙(1999), 하주현(1999) 수용성: Hurt & Joseph(1977)
6. 개성적 독립성	독립성: Barron & Harrington(1981), Davis(1983, 1986) 하주현(1999), Rimm & Davis(1982) 혼자서 일하기를 좋아함: Torrance(1981)
7. 탐구적 몰입	집중: Sternberg & Lubart(1991), Simonton(1989), Mellou(1996) Barron(1989), Hennessey & Amabile(1989), Walberg (1989), 호기심: Davis(1986), Sternberg(1985), Sternberg & Lubart(1991), 송인섭·김혜숙(1999)

<표 17> 일상적 창의성 하위 요인별 개념적 정의와 조작적 정의

요인	개념적 정의	조작적 정의
독창적 유연성	융통성 있는 사고를 바탕으로 일상생활을 유지하는 데 필요한 참신하고 독특한 아이디어를 생성하는 능력	°주변에 있는 것들을 사용해 특별한 것을 만든다. °전혀 어울릴 것 같지 않은 것들을 결합해 뭔가를 만든다. °하나의 지식을 얻으면 응용하여 다른데 적용해 본다. °사물을 본래의 용도와 다르게 사용할 수 있는 방법을 찾아본다. °남들이 생각해 내지 못하는 기발하고 특이한 발상을 많이 한다.
대안적 해결력	문제에 직면했을 때 여러 가지 실현 가능한 대안을 생각하고 적절히 해결하는 능력	°해결하기 어려운 일에 닥쳤을 때 여러 가지 대안을 생각해 본다. °한 가지 일을 여러 각도에서 생각해 보고 실행한다.
모험적 자유추구	다양한 경험과 자유를 추구하려는 경향	°틀에 얽매이지 않고 자유스럽게 사고한다. °자유로운 분위기를 좋아한다. °여러 가지 다양한 경험을 해보려고 한다.
이타적 자아확신	다른 사람을 이해하며 그들과 공존하는 범위 내에서 자신의 잠재력을 확신하는 경향	°자신의 잠재력에 대한 믿음이 강하다. °주변 사람들에게 즐거움을 준다. °세상에 꼭 필요한 사람이라고 생각한다.
관계적 개방성	새로운 경험이나 생각을 기꺼이 수용하려는 경향	°여러 명이 함께 하는 일이 있을 때 협조하려고 노력한다. °더 나은 아이디어라면 내 생각과 다르더라도 받아들인다. °나와 다른 가치관을 가진 사람들과도 잘 어울린다.
개성적 독립성	다른 사람의 생각이나 평가에 개의치 않고 혼자서 일을 하려는 경향	°남에게 얽매이는 것이 싫다. °남들과 똑같은 방식과 행동을 싫어한다.
탐구적 몰입	주변의 사물이나 현상에 대해 관심을 갖고 흥미 있는 일에 몰입하려는 경향	°내가 좋아하는 일은 시간 가는 줄 모르고 한다. °흥미 있는 일은 다른 일을 제쳐두고라도 꼭 해내고야 만다. °새로운 기능의 물건에 대해 관심이 많다.

2. 일상적 창의성 척도의 문항 제작

일상적 창의성 하위 요인별 개념적 정의와 조작적 정의를 바탕으로 각 요인별 6문항씩 총 42문항을 제작하였다. 요인별 문항은 일상적 창의성 암묵 이론적 구조에서 추출된 문항을 바탕으로 타당성 있고 요인을 대표할 만한 문항으로 일반인들에게 친숙한 내용으로 선정하였다.

일상적 창의성 예비 검사 문항들에 관한 내용 타당도는 창의성 관련 박사 학위 소지자 3인에게 제시하여 타당성을 검증 받았다.

3. 예비검사 실시

1) 연구 방법

(1) 연구 대상 및 자료 수집 절차

일상적 창의성 예비 검사를 총 380명의 대학생에게 수업 중 실시하였다. 이중 무선적으로 응답한 반응이 많은 설문이나 불성실하게 응답한 설문 15명을 제외한 총 365명의 자료를 사용하였다. 피험자에 대한 지역별 분포는 <표 18>과 같다. 일상적 창의성 예비 검사는 총 42문항으로 구성되어 있고 각 문항은 5점 척도로 이루어졌다. 이 검사는 2002년 3월 중에 실시되었다.

<표 18> 일상적 창의성 예비검사 피험자 지역별 분포

성별 \ 지역	서울 (Sa대)	경기 (Os대)	강원 (Ka대)	충청 (Su대)	평균 연령	계
남	49	51	36	38	23.5	174
여	42	39	46	64	22.7	191
계	91	90	82	102	23.1	365

(2) 자료 분석 방법

탐색적 요인 분석을 위해 SAS 8.12판을 사용하였다. 총 336명의 자료가 요인 구조를 확인하는데 이용되었다. 공통요인 분석에서 공통 분산의 초기치는 다중상관자승치(multiple squared correlation, SMC)를 사용하였고 요인의 추출은 주축분해법(principal axis factoring)을, 요인의 회전은 Varimax법을 이용하였다.

2) 결 과

일상적 창의성 예비 척도 42문항에 대한 요인 분석 결과, 7개의 요인까지의 누적 설명 분산이 94.18%이고 scree 검사 결과, 요인 7 이후의 고유치 감소가 둔화되어 7개의 요인을 취하기로 결정하였다. 또 요인수를 지정하고 요인분석한 후의 최종해(final solution)에 대한 해석도 요인의 수가 7개 일 때가 가장 적절한 것으로 판단되었다. 이 중 해석 가능성을 고려하여 요인으로 묶이기 어려운 6개의 문항(부록 7에서 *한 문항: 9, 13, 28, 29, 37, 42번 문항)은 제외하였다.

<표 19> 일상적 창의성 예비 척도의 기초 요인 분석(고유치)

	요인						
	1	2	3	4	5	6	7
고유치 Eigenvalue	8.6159	2.5057	1.8731	1.0848	0.7922	0.7497	0.7151
고유치 차이 Difference	6.1101	0.6326	0.7883	0.2925	0.0425	0.0346	0.1891
분산 비율 Proportion	0.4967	0.1445	0.1080	0.0625	0.0457	0.0432	0.0412
누적 분산 비율 Cumulative	0.4967	0.6412	0.7491	0.8117	0.8574	0.9006	0.9418

<표 20> 일상적 창의성 예비 척도의 요인계수 행렬

문 항	요인1	요인2	요인3	요인4	요인5	요인6	요인7	공통분
<요인1> 독창적 유연성								
20 어울릴 것 같지 않은 것을 결합해 만든다	0.72157	0.04162	0.08732	0.11407	0.06649	0.11839	0.12986	0.57833
21 생활에 도움이 되는 것을 만들어 본다	0.69948	0.09487	0.00046	-0.13777	0.02563	0.00984	0.12278	0.53308
34 본래 용도와 다르게 사용하는 방법 찾기	0.69464	0.08072	0.13757	0.11202	0.08070	-0.05764	0.05100	0.53804
17 똑같은 재료를 다양한 형식으로 표현한다	0.69469	0.11635	0.13683	0.18041	0.07275	0.01519	-0.02792	0.55363
3 흔히 보는 것으로 특별한 것을 만든다	0.64718	0.09488	-0.02797	0.10239	0.01968	0.06425	0.09576	0.45279
36 기발하고 특이한 발상을 한다	0.61266	0.11949	0.11480	0.18138	-0.01055	0.02313	0.19832	0.47568
35 하나의 사물을 보고 여러 가지 상상하기	0.48463	0.30906	0.17638	0.07451	0.12933	0.01980	0.05069	0.38673
18 하나의 지식을 응용하여 다른데 적용	0.47542	0.29829	0.13611	0.31818	0.03985	0.00247	-0.09349	0.44509
<요인2> 대안적 해결력								
11 나만의 방법으로 참신하게 변화시킨다	0.29170	0.54561	0.08707	0.29209	0.01580	0.00676	0.05596	0.47910
10 여러 가지 대안을 생각해 본다	0.09063	0.46073	0.06676	0.22705	0.15575	0.01180	0.07649	0.31942
1 한 가지 일을 여러 각도에서 생각한다	0.14676	0.46073	0.15322	0.09926	0.14708	0.11250	-0.09382	0.31023
12 당연하다고 생각하는 것에 의문 갖기	0.27423	0.45495	0.06390	0.00855	0.03846	0.23766	0.11149	0.35672
2 TV프로와 관련된 여러 가지 생각이 남	0.11534	0.42595	0.07267	-0.05581	0.04563	0.05621	0.13403	0.22633
<요인3> 모험적 자유추구								
27 새로운 시도를 많이 한다	0.39111	0.19981	0.55038	0.10038	0.20996	0.20000	-0.04701	059218
23 여행, 혼자만의 시간을 갖는 것이 두렵다(R)	0.14875	0.09077	0.52961	-0.14955	0.01988	0.11800	0.19785	0.38667
24 여러 가지 다양한 경험을 하기	0.17379	0.27326	0.48902	0.00195	0.26581	0.11340	0.22689	0.47900
26 틀에 얽매이지 않는 자유스런 사고	0.12619	0.06984	0.47960	0.22010	0.13569	0.39044	0.05071	0.47269
39 자유로운 분위기를 좋아한다	-0.04089	0.04948	0.38897	0.21389	0.25016	0.34309	0.12545	0.39719

	문 항	요인1	요인2	요인3	요인4	요인5	요인6	요인7	공통분
<요인4> 이타적 자아확신									
32	이 세상에서 꼭 필요한 사람이라고 생각	0.16767	0.07555	0.07772	0.56259	0.10868	0.01320	0.02324	0.36889
33	매사를 긍정적으로 생각하고 받아들이기	0.09476	0.08077	0.07886	0.44079	0.40343	0.09864	-0.02179	0.38897
7	가까운 주변 사람들에게 즐거움을 준다	0.23974	0.04843	-0.01006	0.42088	0.19236	-0.00544	0.32708	0.38107
17	나 자신의 잠재력에 대한 믿음이 강하다	0.22943	0.30277	0.13476	0.37746	0.14960	0.05563	0.11325	0.34324
25	나로 인해 남이 행복하게 되는 것은 기쁨	0.12958	0.09709	-0.02781	0.36492	0.25077	-0.14539	0.14523	0.26528
8	내가 하고 싶은 일을 할 수 있을 것이다	0.05080	0.16375	0.08262	0.35282	0.19029	0.17101	0.07574	0.23189
<요인5> 관계적 개방성									
41	다른 사람과 어울리고 협조하려고 한다	0.03343	0.10520	0.15743	0.23654	0.54915	-0.09552	-0.05544	0.40667
40	내 생각과 다르더라도 받아들인다	0.08703	0.19005	0.05614	0.05077	0.53649	0.12777	-0.05717	0.35683
15	남이 나에 대해 아는 것이 싫다(R)	-0.01431	0.00140	-0.08026	0.08105	0.53553	-0.00680	0.11193	0.31258
16	친구들은 나에게 도움을 청할 때가 있다	0.02589	0.17481	0.09373	0.27691	0.34472	0.07162	0.28350	0.32102
38	모일이 있으면 적극적으로 참여한다	0.06421	0.04110	0.23823	0.30572	0.33156	0.04711	0.24352	0.32748
31	나와 다른 사람들과 잘 어울리지 못한다(R)	0.08127	0.12497	0.16207	0.06241	0.31972	0.02343	0.03343	0.15627
<요인6> 개성적 독립성									
14	간섭이나 구속받는 것을 싫어한다	0.08512	0.09474	0.17625	-0.03069	0.05712	0.72009	0.16796	0.59822
6	남에게 얽매이는 것을 싫어한다	0.01579	0.13050	0.09887	-0.01036	-0.00085	0.69484	0.07646	0.51571
30	남들과 똑같은 방식과 행동을 싫어한다	0.05367	0.29208	0.37596	0.16533	-0.06508	0.39513	0.03640	0.41855
<요인7> 탐구적 몰입									
22	흥미 있는 일은 꼭 해내고야 만다	0.20543	0.13939	0.26345	0.20389	0.05220	0.15493	0.48192	0.43158
4	새로운 기능의 제품을 보면 사고 싶다	0.15503	-0.03710	0.05251	0.02863	-0.01267	0.06731	0.42536	0.21460
5	좋아하는 일은 시간 가는 줄 모르고 한다	0.07399	0.18746	0.16881	0.08148	0.06232	0.09571	0.37590	0.23010
요인분산		4.40291	2.48266	2.31418	2.05663	2.01117	1.82093	1.22484	16.3369
요인분산 비율		0.26950	0.15196	0.14165	0.12588	0.12310	0.11146	0.07497	

: R표시는 역채점 문항

일상적 창의성 예비 척도의 요인별 Cronbach의 신뢰도 계수 α는 <표 21>에 제시되어 있다. <표 21>에서 7개의 요인 척도의 신뢰도 범위는 .71에서 .76으로 비교적 양호하게 나타났다.

<표 21> 일상적 창의성 예비 척도의 요인별 신뢰도

번호	요인명	문항수	α 계수	평균	표준편차
1	독창적 유연성	8	.7476	3.1550	.6637
2	대안적 해결력	5	.7360	3.4524	.5647
3	모험적 자유추구	5	.7156	3.5823	.6346
4	이타적 자아확신	6	.7413	3.8528	.5221
5	관계적 개방성	6	.7570	3.6767	.5113
6	개성적 독립성	3	.7690	3.8885	.6912
7	탐구적 몰입	3	.7572	3.9832	.6510

<표 22>는 일상적 창의성 예비 척도의 요인들 간의 상관을 나타내는 행렬로, 아주 큰 값과 아주 작은 값을 제외하면 대체로 0.2에서 0.4 사이의 상관값을 보인다. 이는 각 요인들이 어느 정도의 상관은 있지만 뚜렷하게 변별된다는 것을 알 수 있다. 이중 독창적 유연성과 대안적 해결력은 .45로 비교적 높은 데 이 두 요인이 인지적 요소임을 감안하면 어느 정도 예상된 상관값이라 할 수 있다. 또 이타적 자아 확신과 관계적 개방성도 .5의 비교적 높은 상관을 보이는 데 이 두 요인이 타인과 관계를 맺고 유지하는 요소를 공통적으로 포함하고 있기 때문에 상관이 높게 나온 것이다.

<표 22> 일상적 창의성 예비 척도의 요인 간 상관 행렬

	요인1	요인2	요인3	요인4	요인5	요인6	요인7
(1) 독창적 유연성	1.000						
(2) 대안적 해결력	.455	1.000					
(3) 모험적 자유추구	.390	.404	1.000				
(4) 이타적 자아확신	.416	.403	.355	1.000			
(5) 관계적 독립성	.229	.326	.400	.517	1.000		
(6) 개성적 독립성	.183	.340	.414	.169	.150	1.000	
(7) 탐구적 몰입	.332	.266	.396	.319	.230	.263	1.000

4. 일상적 창의성 검사의 교차 타당화

1) 연구 방법

(1) 분석 자료

일상적 창의성의 요인 구조 확인을 위해 총 361명의 피험자가 설문에 응답하였다. 이 중 불성실한 응답이나 무선적으로 응답한 자료 14명은 제외하고 나머지 347명의 자료가 이용되었다. 이들은 수업 중 일상적 창의성 검사와 이후 적극적 타당화를 위한 자료인 TTCT, Gough 척도, GIFFI(Ⅱ) 자료를 함께 제시받았다. 이 검사들은 2002년 3월 중에 실시되었다. 일상적 창의성 본 검사에 참여한 피험자 분포는 <표 23>과 같다.

<표 23> 일상적 창의성 본 검사 피험자 분포

성별＼지역	서울 (So대)	서울 (Ko대)	경기 (Os대)	충청 (Su대)	평균 연령	계
남	41	49	37	38	25.4	165
여	49	45	56	32	22.9	182
계	90	94	93	70	24.1	347

교차 타당화의 모형은 예비 검사의 탐색적 요인분석에서 나온 일상적 창의성의 요인구조이다. 탐색적 요인 분석 후 타 문항과 의미 유사성이 크거나 요인 해석이 불가능한 문항을 제외한 총 36문항이 선정되었다. 이 문항들은 부록 8에 제시되어 있다.

(2) 자료 분석 방법

교차 타당화를 위하여 일상적 창의성 척도에 대해 확인적 요인 분석(confirmatory factor analysis)을 실시하였다. 총 7개의 요인을 상정하였다. 확인적 요인 분석에서 각 문항은 한 개의 요인에만 관계되도록 하였으며, 잔차 간의 상관은 영이고 모든 요인들 간에는 상호 상관이 존재하는 모형을 설정하여 분석하였다. 확인적 요인분석은 Windows LISREL 8.12판을 이용하였다. 우선적으로 측정변수들 간에 약한 다변량 정규분포를 가정하여 척도 개발에 적절한 방법인 일반최소자승법(generalized least square method)으로 분석을 해 보았으나 수렴이 되지 않아 Shapiro-Wilks의 정규분포 가능성 검증(normality test)을 한 결과, 분석에 포함된 많은 변수들이 정규분포에서 이탈되어 있음을 알 수 있었다. 따라서 개별 측정 변수의 정규분포를 가정할 수 없을 때 이용하는 비가중최소자승법(unweighted least square method)으로 계산하였다. 모형과 경험적 자료 간의 전반적인 부합 정도를 나타내는 전반적 합치도(overall fit muasure)로는 다변량 정규 분포가 위배되어도 크게 영향 받지 않는 기초 부합치(GFI), 조정부합치(AGFI), 표준부합치(NFI)를 이용하였고 분석 자료는 공분산 행렬을 이용하였다.

2) 결 과

일상적 창의성 모형에 대해 확인적 요인 분석을 실시한 결과로부터 얻은 세 가지 전반적 합치도들이 아래의 <표 24>에 제시되어 있다. <표 24>에서 보듯이 GFI, AGFI, NFI는 모두 수용할 만한 기준인 .80을 넘는 좋은 합치도를 보이고 있다.

<표 24> 일상적 창의성 척도의 전반적 합치도

	GFI	AGFI	NFI	NNFI	RMSEA	RMR
7요인 모형	0.89	0.87	0.83	0.91	0.052	0.073

또한 36개 문항들의 7개 요인에 대한 요인계수 추정치(<표 25> 참조))의 고정지수(T-value)가 모두 절대치 2.0을 넘는 유의한 값을 나타냈다. 이 결과들로 비추어 보면, 설정한 모형이 적절한 것으로 판명될 수 있다. 이 모형에 대한 확인적 요인분석에 사용된 36개 측정 변수의 공변량 행렬은 부록 9에 제시되어 있다.

<표 25> 일상적 창의성 척도의 요인 계수 추정치와 다중상관제곱치

문 항	요인1	요인2	요인3	요인4	요인5	요인6	요인7	공통분
<요인1> 독창적 유연성								
18 어울릴 것 같지 않은 것을 결합해 만든다	1.00	--	--	--	--	--	--	0.27
19 생활에 도움이 되는 것을 만들어 본다	0.85	--	--	--	--	--	--	0.17
30 본래 용도와 다르게 사용하는 방법 찾기	1.20	--	--	--	--	--	--	0.32
17 똑같은 재료를 다양한 형식으로 표현한다	0.67	--	--	--	--	--	--	0.08
3 흔히 보는 것으로 특별한 것을 만든다	0.80	--	--	--	--	--	--	0.20
32 기발하고 특이한 발상을 한다	0.67	--	--	--	--	--	--	0.12
31 하나의 사물을 보고 여러 가지 상상하기	0.70	--	--	--	--	--	--	0.18
16 하나의 지식을 응용하여 다른데 적용	0.77	--	--	--	--	--	--	0.18
<요인2> 대안적 해결력								
10 나만의 방법으로 참신하게 변화시킨다	--	1.00	--	--	--	--	--	0.19
9 여러 가지 대안을 생각해 본다	--	1.48	--	--	--	--	--	0.38
1 한 가지 일을 여러 각도에서 생각한다	--	1.49	--	--	--	--	--	0.30
11 당연하다고 생각하는 것에 의문 갖기	--	0.78	--	--	--	--	--	0.12
2 TV프로와 관련된 여러 가지 생각이 남	--	0.68	--	--	--			0.05
<요인3> 모험적 자유추구								
25 새로운 시도를 많이 한다	--	--	1.00	--	--	--	--	0.11
21 여행, 혼자만의 시간을 갖는 것이 두렵다(R)	--	--	2.54	--	--	--	--	0.36

문 항		요인1	요인2	요인3	요인4	요인5	요인6	요인7	공통분
22	여러 가지 다양한 경험을 하기	--	--	2.52	--	--	--	--	0.42
24	틀에 얽매이지 않는 자유스런 사고	--	--	3.00	--	--	--	--	0.52
34	자유로운 분위기를 좋아한다	--	--	2.53	--	--	--	--	0.37
<요인4> 이타적 자아확신									
28	이 세상에서 꼭 필요한 사람이라고 생각	--	--	--	1.00	--	--	--	0.23
29	매사를 긍정적으로 생각하고 받아들이기	--	--	--	0.94	--	--	--	0.24
7	가까운 주변 사람들에게 즐거움을 준다	--	--	--	0.63	--	--	--	0.09
15	나 자신의 잠재력에 대한 믿음이 강하다	--	--	--	0.89	--	--	--	0.22
23	나로 인해 남이 행복하게 되는 것은 기쁨	--	--	--	0.88	--	--	--	0.25
8	내가 하고 싶은 일을 할 수 있을 것이다	--	--	--	0.95	--	--	--	0.29
<요인5> 관계적 개방성									
36	다른 사람과 어울리고 협조하려고 한다	--	--	--	--	1.00	--	--	0.41
35	내 생각과 다르더라도 받아들인다	--	--	--	--	0.85	--	--	0.28
13	남이 나에 대해 아는 것이 싫다(R)	--	--	--	--	0.54	--	--	0.10
14	친구들은 나에게 도움을 청할 때가 있다	--	--	--	--	0.67	--	--	0.19
33	모임이 있으면 적극적으로 참여한다	--	--	--	--	0.69	--	--	0.20
27	다른 사람들과 잘 어울리지 못한(R)	--	--	--	--	0.96	--	--	0.42

문 항		요인1	요인2	요인3	요인4	요인5	요인6	요인7	공통분
<요인6> 개성적 독립성									
12	간섭이나 구속받는 것을 싫어한다	--	--	--	--	--	1.00	--	0.32
6	남에게 얽매이는 것을 싫어한다	--	--	--	--	--	1.24	--	0.45
26	남들과 똑같은 방식과 행동을 싫어한다	--	--	--	--	--	0.86	--	0.20
<요인7> 탐구적 몰입									
20	흥미 있는 일은 꼭 해내고야 만다	--	--	--	--	--	--	--	0.45
4	새로운 기능의 제품을 보면 사고 싶다	--	--	--	--	--	--	--	0.40
5	좋아하는 일은 시간 가는 줄 모르고 한다	--	--	--	--	--	--	--	0.30

주) 요인 계수의 모든 고정지수(T-value)는 2.0 이상임
    R] 표시는 역채점 문항

5. 일상적 창의성 검사의 적극적 타당화

1) 연구 방법

(1) 분석 자료

적극적 타당화의 자료는 일상적 창의성 요인 구조 확인에 사용된 347명의 자료이다. 일상적 창의성 척도 외에 TTCT, Gough 척도, GIFFI(II) 자료가 포함되어 있다.

토렌스의 창의적 사고력 검사(Torrance Test of Creative Thinking: TTCT)는 도형검사와 언어검사로 이루어졌는데 중 본 연구에서는 도형 검사 중 일부만 사용하였다. TTCT 도형 검사 A형은 그림구성, 불완전 그림완성(10문항), 직선(30문항)의 3가지 활동으로 구성되어 있다. 이 중 직선(30문항)을 사용하였는데 검사 시간은 10분이다. 채점은 1992년에 개정된 간단 채점 방식을 이용하여 이루어졌다. 이 검사의 측정요인은 유창성, 독창성, 제목의 추상성, 정교성, 성급한 폐쇄에 대한 저항, 창의적 강점 등이다. 본 연구에서는 독창성, 유창성, 정교성 3가지 항목에 대해 채점했다. 독창성 요인은 문제 자극에 대해 독특하거나 비일상적인 반응을 산출하는 능력이고 유창성은 문제 자극을 의미 있는 방식으로 사용하여 해석 가능한 반응들로 많이 산출해 내는 능력이다. 그리고 정교성은 제시된 자극 도형에 대하여 아이디어를 발전시키고, 아름답게 꾸미고 정교하게 하는 능력이다.

Gough 척도는 Gough와 Heilbrun(1983)이 ACL(Adjective Check List) 안에 포함한 Creative Personality Scale이다. 이 척도는 성인에게 알맞은 창의성 척도로서 매우 높은 내적 일치도와 타당도를 보이고 있다(Davis, 1986). 이 척도는 자신에게 해당되는 적당한 형용사를 체크하는 것으로 모두 30문항으로 구성되어 있고 이중 18개는 정적 문항으로 12개는 부적 문항으로 이루어져 있다. 정적 문항은 유능한, 영리한, 신뢰하는, 자기중심적인, 유머감이 풍부한, 개인주의적인, 비공식적인, 통찰력이 있는, 지적인, 폭넓은 관심, 발명적인, 독창적인, 사려가 깊은, 지략이 풍부한, 자신을 신뢰하는, 섹시한, 속물적인, 관습에 얽매이지 않는 등이다. 부적 문항은 의심이 많은, 가장하는, 평범한, 보수적인, 관습적인, 불만인, 정직한, 한정된 관심, 예의가 바른, 진지한, 겸손한 등이다. 이 검사는 평가의 용이함 때문에 많은 연구에서 이용되고 있다. Gough 척도는 부록 10에 제시되어 있다.

Rimm과 Davis(1976)가 개발한 GIFFI Ⅱ는 비교적 실시가 간편하고 다른 검사에 비해 높은 신뢰도와 타당도를 가지고 있다(Rimm & Davis, 1980). GIFFI(Ⅱ)는 고등학생 이상을 대상으로 만든 5점 척도로 이 검사에 의해 평가되는 창의적 인성 요인은 독립성, 자기신뢰, 위험감수, 에너지, 모험심, 호기심, 사려성, 유머감각, 예술적 관심, 그리고 창의적 활동의 경력과 광범위한 관심과 취미를 자기평가하도록 되어 있다. GIFFI(Ⅱ) 척도는 부록 13에 제시되어 있다.

(2) 자료 분석 방법

적극적 타당화의 분석 자료는 이들 척도가 포함된 자료이며 요인분석은 SAS 6.12판을 이용하였고 상관 분석 및 다중 회귀분석을 위해서는 SPSS 10.0판을 이용하였다. 일상적 창의성 척도는 이미 위의 연구에서 요인 분석 및 교차 타당화가 이루어졌다. 여기서는 Gough 척도와 GIFFI(Ⅱ) 척도 모두 따로 공통요인분석을 하였다. 모든 공통요인분석에서 공통분산의 초기치는 다중상관자승치(multiple squared correlation, SMC)를 사용하였고, 요인의 추출은 주축분해법(principal axis factoring)을, 요인의 회전은 Varimax법을 이용하였다.

2) 결 과

(1) 일상적 창의성 척도의 하위요인과 TTCT와의 관계

적극적 타당화를 위한 일상적 창의성 척도의 신뢰도는 .90으로 높게 나타났다. 각 요인별 신뢰도는 <표 26>과 같다.

<표 26> 일상적 창의성 최종 검사 요인별 신뢰도

번호	요인명	문항수	α 계수	평균	표준편차
1	독창적 유연성	8	.8490	3.2411	.6039
2	대안적 해결력	5	.6138	3.5443	.4946
3	모험적 자유추구	5	.7295	3.5907	.5966
4	이타적 자아확신	6	.6824	3.8923	.5142
5	관계적 개방성	6	.6861	3.7500	.5135
6	개성적 독립성	3	.6795	3.8833	.6496
7	탐구적 몰입	3	.6446	3.8714	.6960

TTCT에 대한 반응은 2명의 평정자(창의성을 연구하는 대학원생)에 의해 3개의 항목(독창성, 유창성, 정교성)상에서 평가되었다. 3개 항목의 평정자 간 신뢰도는 <표 27>과 같다.

<표 27> TTCT에 대한 3개 항목의 평정자 간 신뢰도

TTCT 하위 항목	독창성	유창성	정교성
신뢰도	.832	.956	.810

평정자 간 신뢰도 분석 결과 3가지 항목 모두에서 .80 이상의 높은 상관관계를 보여 신뢰도가 높게 나타났다.

TTCT를 이용한 확산적 사고 측정치는 독창성, 유창성, 정교성 3개 항목 각각의 점수를 표준 점수로 변환한 후 사용하였고 TTCT 총점은 3가지 하위 척도를 T-점수로 변환한 후 평균한 값이다.

일상적 창의성과 TTCT 간의 상관은 <표 28>과 같다.

일상적 창의성 하위 요인과 TTCT 요인들과는 '독창적 유연성'과 '대안적 해결력' 외에는 유의한 상관이 거의 없는 것으로 나타났다. 일상적 창의성의 '독창적 유연성'과 '대안적 해결력'이 능력요인을 나타내는 것이므로 TTCT의 독창성, 유창성과 상관이 가정되나 일상적 창의성에서의 요인은 이들 순수한 독창성, 유창성과는 다른 의미를 내포하고 있는 것이므로 약한 상관이 나타난 것으로 볼 수 있다. 이러한 결과를 볼 때 일상적 창의성은 기존의 확산적 사고와는 다른 차원의 창의적 특성을 나타내는 것이라는 점을 알 수 있다.

약한 상관이지만 TTCT의 독창성, 유창성과 일상적 창의성의 독창적 유연성과 대안적 해결력 두 요인에 상관을 보이는 것은 이 두 요인이 인지적 측면을 나타내는 것을 생각할 때 TTCT 검사가 확산적 사고 즉, 인지 능력을 측정하는 검사이므로 그 타당성을 인정받는 결과라고 할 수 있다.

<표 28> 일상적 창의성과 TTCT 하위 요인 간의 상관

	독창성	유창성	정교성	TTCT 총점
일상적 창의성 총점	.129*	.125*	-.030	.100
1. 독창적 유연성	.119*	.122*	.003	.111
2. 대안적 해결력	.144*	.123*	.000	.122*
3. 모험적 자유추구	.036	.085	-.034	.036
4. 이타적 자아확신	.095	.091	-.045	.061
5. 관계적 개방성	.113	.080	-.044	.066
6. 개성적 독립성	.040	.028	-.078	-.010
7. 탐구적 몰입	.044	.036	-.025	.023

*; p<.05

(2) 일상적 창의성 척도의 하위요인과 Gough 척도 요인과의 상관

원래 Gough 척도는 단일 차원으로 가정하였으나 신뢰도와 요인 분석 결과를 토대로 본 연구에서는 '창의성'과 '순응성' 2개의 차원으로 구분하여 사용하였다. 이는 Gough 척도를 사용한 이정은 (2001)의 연구와 동일한 결과이다. '창의성' 요인으로 묶인 문항은 5, 6, 7, 14, 15, 16, 21, 22, 24, 26, 27, 29번 등 12개 문항이고 '순응성' 요인으로 묶인 문항은 4, 8, 11, 12, 17, 23, 25, 28, 30번 등 9개 문항이다(부록 10 참고).

Gough 척도의 요인 계수 행렬은 부록 11에 기초 요인 분석은 부록 12에 제시되어 있다.

<표 29> Gough 척도 요인별 신뢰도(Cronbach's α)

번호	요인명	문항수	α 계수	평균	표준편차
1	창의성	12	.7634	1.3009	.2354
2	순응성	9	.5791	1.5063	.2274

Gough 척도 요인별 신뢰도는 <표 29>와 같다. '창의성' 요인의 신뢰도는 .76으로 비교적 높으나 '순응성' 요인은 .57로 낮은 편이다.

이들 '창의성', '순응성' 두 요인과 일상적 창의성 하위 요인들 간의 상관을 계산하였다. <표 30>은 Gough 척도의 요인과 일상적 창의성 요인과의 상관 행렬표이다.

Gough 척도의 '창의성' 요인과 일상적 창의성 척도의 하위 요인과는 비교적 높은 정적 상관을 보였다. 특히 '독창적 유연성'과 '대안적 해결력' 요인과는 .5에 가까운 상관을 보였는데 이는 이들 두 요인이 일상적 창의성의 인지적 요인으로 Gough 척도의 '창의성' 요인과 매우 비슷한 특성을 보이는 것을 알 수 있다. 그러나 '순응성' 요인과는 대체로 부적인 상관관계를 보였으나 관계적 개방성 차원과는 약간의 의미 있는 정적 상관을 보였다. 또 개성적 독립성 차원과는 약간의 의미 있는 부적 상관을 보였다. 이는 일상적 창의성과 순응성 차원과의 관련 가능성을 시사하는 것이라고 볼 수 있다.

<표 30> Gough 척도의 요인과 일상적 창의성 요인과의 상관

	Gough 척도	
	창의성	순응성
일상적 창의성 총점	.544***	-.010
1. 독창적 유연성	.500***	-.044
2. 대안적 해결력	.485***	-.005
3. 모험적 자유추구	.367***	-.097
4. 이타적 자아확신	.426***	.042
5. 관계적 개방성	.242***	.158***
6. 개성적 독립성	.259***	-.154***
7. 탐구적 몰입	.202***	-.019

***; p<.001

(3) 일상적 창의성 척도의 하위요인과 GIFFI(Ⅱ) 척도 요인과의 상관

GIFFI(Ⅱ) 척도를 요인 분석 한 결과 총 7개의 요인이 산출되었다. GIFFI(Ⅱ) 척도의 요인 계수 행렬은 부록 14에 기초 요인 분석 표는 부록 15에 제시되어 있다. GIFFI(Ⅱ) 척도의 전체 신뢰도는 .92로 매우 높은 신뢰도를 보였다. 또한 각 요인별 신뢰도를 살펴보면 .7 이상의 비교적 높은 신뢰도를 보였다. 각 요인별 신뢰도는 <표 31>에 제시되어 있다.

<표 31> GIFFI(Ⅱ) 검사 요인별 신뢰도

번호	요인명	문항수	α 계수	평균	표준편차
1	창의적 글쓰기	10	.8660	2.9914	.7730
2	창의적 활동	7	.7642	2.9714	.7620
3	모험심, 위험 감수	11	.7744	3.2662	.5674
4	발명, 호기심	7	.7789	2.7526	.6610
5	유머감, 자기 확신	7	.7367	3.2546	.5590
6	에너지, 과제 시도	10	.7824	3.4046	.5321
7	창의적 활동 경력	3	.7198	2.8012	1.0638

Rimm과 Davis(1976)가 밝힌 창의성 인성 요인을 참고로 본 연구자가 7개 요인에 대한 요인명을 부여하였다.

GIFFI(Ⅱ) 척도의 요인과 일상적 창의성 요인과의 상관은 <표 32>에 제시되어 있다. GIFFI(Ⅱ) 척도의 요인들과 일상적 창의성 하위 요인들과는 모두 비교적 높은 정적 상관을 보였다. 특히 GIFFI(Ⅱ) 척도 총점과 일상적 창의성 총점과는 .7의 높은 상관을 보였으며 나머지 요인들과도 .5 이상의 비교적 높은 상관을 보였다. 이는 일상적 창의성 척도가 창의적 특성을 잘 반영하는 척도라는 것을 보여주는 결과이다. GIFFI(Ⅱ) 척도는 창의성의 인성요인뿐만 아니라 창의적 활동 및 경력에 관한 요인도 있는데 이와도 비교적 의미 있는 정적 상관을 보여 일상적 창의성이 미래의 창의적 활동으로 이어질 것을 예측할 수 있다. 또한 독창적 유연성과는 GIFFI(Ⅱ) 척도의 거의 모든 요인과 .5 이상의 높은 상관을 보여 일상적 창의성의 인지적 특성과 GIFFI(Ⅱ) 척도의 요인들과 상관이 높음을 시사해 주고 있다. GIFFI(Ⅱ) 척도의 인성적 요인들 즉 모험심/위험

감수, 발명/호기심, 유머감/자기신뢰, 과제 시도 등과 일상적 창의성 요인들과의 상관은 전반적으로 .5 이상의 상관을 보여 일상적 창의성 척도의 특히 인성 측면을 잘 반영해 주고 있는 척도라는 것을 알 수 있다.

<표 32> GIFFI(Ⅱ) 척도의 요인과 일상적 창의성 요인과의 상관

	GIFFI 총점	1. 창의적 글쓰기	2. 창의적 활동	3. 모험심, 위험감수	4. 발명, 호기심	5. 유머감, 자기신뢰	6. 에너지, 과제 시도	7. 창의적 활동 경력
일상적 창의성 총점	.707***	.534***	.427***	.629***	.573***	.683***	.689***	.241***
1. 독창적 유연성	.637***	.513***	.455***	.489***	.647***	.596***	.625***	.161**
2. 대안적 해결력	.531***	.478***	.373***	.419***	.477***	.512***	.455***	.181**
3. 모험적 자유추구	.500***	.416***	.254***	.556***	.321***	.460***	.504***	.190**
4. 이타적 자아확신	.523***	.357***	.247***	.508***	.387***	.586***	.458***	.225***
5. 관계적 개방성	.395***	.225***	.106	.380***	.177**	.401***	.363***	.275***
6. 개성적 독립성	.308***	.253***	.164**	.364***	.176**	.295***	.426***	.029
7. 탐구적 몰입	.361***	.196**	.292***	.289***	.207***	.298***	.464***	.041

; p<.01, *; p<.001

Ⅵ. 연구 3: 일상적 창의성과 개별성
-관계성 및 심리·사회적 적응과의 관계

1. 일상적 창의성과 개별성-관계성

1) 조사 대상자 및 자료 분석 방법

일상적 창의성과 개별성-관계성과의 관계를 알아보기 위해 총 305명의 피험자가 연구에 참여하였다. 이중 불성실한 응답을 하였거나 무선적으로 답한 25명의 자료를 제외한 280명의 자료가 이용되었다. 이들은 일상적 창의성 척도와 개별성-관계성 척도 외에 심리·사회적 적응을 알아보기 위한 검사 5개(사회적 적응 척도, 자기 존중감 척도, 생활 만족감 척도, 고독감 척도, 대인 불안 척도)를 함께 제시받았다. 피험자들은 수업 중에 설문지에 응답하였다. 검사에 참여한 피험자들의 분포는 <표 33>에 제시되어 있다. 이 검사는 2002년 4월초에 실시되었다.

<표 33> 일상적 창의성과 하위 검사에 참여한 피험자 분포

성별＼지역	서울 (E여대)	서울 (Ko대)	경기 (Da대)	충청 (Ho대)	평균 연령	계
남	·	40	32	50	22.3	122
여	79	32	25	22	21.4	158
계	79	72	57	72	21.8	280

개별성-관계성 척도는 김동직(1999)이 타당화한 것으로 총 30

문항으로 구성되어 있고 개별성 척도의 하위 요인으로 주장성, 독립성, 자율성을 관계성 척도의 하위 요인으로 친밀성, 공감성, 친화성을 보고하고 있다. 개별성-관계성 척도는 부록 16에 제시되어 있다.

본 연구에서는 원 척도를 요인분석 한 결과 요인이 2개로 묶였고 요인 계수가 낮거나 요인 내용상 타당하지 않은 문항 7개는 제외하였다. 이 문항들은 김동직(1999)의 연구에서 24문항으로 축약한 척도에서 배제된 문항들과 거의 동일한 것이었다. 따라서 요인 분석 결과를 토대로 개별성 8문항, 관계성 15문항을 척도로 사용하였다. 개별성-관계성 척도의 요인 계수 행렬은 부록 17에 제시되어 있고 기초 요인 분석표는 부록 18에 제시되어 있다. 개별성-관계성 척도의 신뢰도는 <표 34>에 제시한 것과 같이 .7 이상으로 비교적 높은 신뢰도를 보였다.

<표 34> 일상적 창의성 척도와 개별성-관계성 척도의 신뢰도

척도	문항수	α 계수	평균	표준편차
관계성	15	.7873	3.6097	.4842
개별성	8	.7371	3.0170	.5587
일상적 창의성	36	.9054	3.6324	.6860

개별성-관계성 척도의 요인 분석은 SAS 6.12판을 이용하였다. 공통요인분석에서 공통분산의 초기치는 다중상관자승치(multiple squared correlation, SMC)를 사용하였고, 요인의 추출은 주축분해법(principal axis factoring)을, 요인의 회전은 Varimax법을 이용하였다. 일상적 창의성 척도와의 상관 분석, 변량 분석 및 다중회귀분석을 위해서는 SPSS 10.0판을 이용하였다.

2) 결 과

(1) 일상적 창의성 척도와 개별성-관계성 척도의 상관 분석

일상적 창의성 척도의 하위요인과 개별성-관계성 척도와의 상관을 알아보았다. <표 35>에서 보여지듯이 일상적 창의성 총점과 개별성, 관계성 모두 유의미한 정적 상관을 보였다. 개별성과는 .438의 상관을 보였고 관계성과는 .552의 상관을 보여 일상적 창의성은 개별성, 관계성 모두에 비교적 높은 정적 상관관계가 있음을 알 수 있다. 또한 일상적 창의성 하위 요인 중 관계적 개방성을 제외한 모든 요인들이 개별성과 유의미한 상관을 보였고 관계성과는 모든 하위 요인들이 유의미한 상관을 보였다.

<표 35> 개별성-관계성 척도와 일상적 창의성 척도의 상관관계

	개별성	관계성
일상적 창의성 총점	.438***	.552***
1. 독창적 유연성	.379***	.284***
2. 대안적 해결력	.394***	.334***
3. 모험적 자유추구	.488***	.361***
4. 이타적 자아확신	.287***	.472***
5. 관계적 개방성	.077	.639***
6. 개성적 독립성	.388***	.158**
7. 탐구적 몰입n	.242***	.340***

; p<.01, *; p<.001

특히 관계성과는 이타적 자아확신 요인과 관계적 개방성 요인이 높은 정적 상관을 보였고 개별성과는 모험적 자유추구 요인이 높은 정적 상관을 보였다. 이는 일상적 창의성이 개별성, 관계성 둘 다를 설명할 만한 하위 요인들로 구성되어 있음을 알 수 있는 결과이다.

(2) 개별성-관계성에 대한 일상적 창의성의 상대적 설명력

일상적 창의성을 고려했을 때 개별성-관계성 각각에 대한 상대적 설명력의 차이를 좀 더 분명하게 알아보기 위하여 중다회귀분석(stepwise 방식)을 실시하였다.

개별성의 경우, 일상적 창의성의 요인 중 모험적 자유추구가 23.8%를 설명하고, 독창적 유연성이 3.1%, 관계적 개방성이 2%, 개성적 독립성이 1%, 대안적 해결력이 1%를 설명해 주고 있다. 관계성의 경우, 관계적 개방성이 38.2%를 설명해 주고, 이타적 자아확신이 1.6%를 개성적 독립성이 0.9%를 각각 설명해 주고 있다. 특히 관계적 개방성과 개성적 독립성 요인이 둘 다 개별성-관계성을 유의미하게 설명해 주고 있는 것으로 나타났다.

<표 36> 일상적 창의성 하위 요인이 개별성-관계성에 미치는 효과(단계적 회귀분석)

		SR2	누적 SR2	β	T
개별성	3. 모험적 자유추구	.238	.238	.356	5.358***
	1. 독창적 유연성	.031	.269	.121	1.835***
	5. 관계적 개방성	.023	.292	-.183	-3.284**
	6. 개성적 독립성	.019	.311	.148	2.537***
	2. 대안적 해결력	.012	.323	.153	2.211**
관계성	5. 관계적 개방성	.382	.382	.542	10.163***
	4. 이타적 자아확신	.016	.398	.191	3.275***
	6. 개성적 독립성	.009	.406	-.103	-2.000**

; p<.01, *; p<.001

(3) 일상적 창의성 상하 집단에 따른 개별성-관계성의 차이

본 연구에서는 일상적 창의성이 높은 사람이 개별성과 관계성이 모두 높은 지를 알아보고자 하였다. 이를 위해 일상적 창의성 상위 25%, 하위 25%로 나누어 상하 집단을 구성하였다. <표 37>은 일상적 창의성 상하 집단 구성과 변량 분석 결과이다.

전체적으로 봤을 때 일상적 창의성이 높은 집단이 개별성과 관계성 점수가 모두 높았고 이는 통계적으로 유의미했다. 개별성 점수의 평균 차이를 보면 일상적 창의성 상 집단의 경우 3.31, 일상적 창의성 하 집단의 경우 2.75로 상 집단이 의미 있게 높은 점수를 나타냈다. 또한 관계성 점수의 평균 차이를 보면 일상적 창의성 상 집단의 경우 3.70, 일상적 창의성 하 집단의 경우 3.13으로 유의미한 차이를 보였다. 따라서 일상적 창의성이 높은 사람이 개별성과 관계성 모두 높음을 알 수 있다.

<표 37> 일상적 창의성 상·하 집단 분리에 따른 집단 구성과 변량 분석 결과

	일상적 창의성 상 집단	일상적 창의성 하 집단	전체	F
사례수 (비율)	71 명 (상위 25%)	76 명 (하위 25%)	280 명	
평균	149.26(6.82)	113.34(9.11)	130.69(19.7)	
	Mean(SD)	Mean(SD)	Mean(SD)	
개별성	3.31(0.56)	2.75(0.48)	3.02(0.59)	40.616***
관계성	3.70(0.44)	3.13(0.35)	3.41(0.49)	72.663***

***; p<.001

2. 일상적 창의성과 심리·사회적 적응

1) 측정 도구 및 자료 분석 방법

일상적 창의성과 심리·사회적 적응의 관계를 알아보기 위한 자료는 위의 개별성-관계성 연구에 사용된 280명의 자료이다. 피험자들은 일상적 창의성 검사와 개별성-관계성 검사 외에 사회적 적응 척도와 심리적 적응 척도들을 동시에 제시받았다.

사회적 적응 척도는 정원식, 김호권(1992)에 의해 제작된 성격 진단 검사로서 「미네소타 카운슬링 검사(Minnesota Counseling Inventory)」를 기초로 하여 여러 가지 성격 특성을 적응적 측면에서 진단하기 위해 제작된 것이다. 측정하는 요인은 ① 사회성 Ⅰ(가족관계), ② 사회성 Ⅱ(친구), ③ 대응성(Conformity), ④ 적응성(Adjustment to reality), ⑤ 명랑성(Mood), ⑥ 정서적 안정성(Emotional Stability), ⑦ 지도성(Leadership)의 7가지이고 총 288문항으로 구성되어 있다. 본 연구에서는 그 중 적응도(Adjustment to reality) 척도만을 사용하였다. 이 척도는 현실에 어떻게 적응하고 있는가 하는 것을 제시해 준다. 특히 어떤 현실적인 어려움이 있을 때 그것을 극복하기 위한 노력을 하는가 그렇지 않으면 그 현실을 회피하는가 하는 것을 나타낸다.

사회적 적응 척도는 요인 분석 후 사용하였는데 공통요인 분석에서 SMC를 사용하였고 요인의 추출은 주축분해법을 요인 회전은 Varimax법을 이용하였다. 통계처리는 SAS 8.12판을 사용하였다.

사회적 적응 척도는 전체 50개의 문항으로 구성되어 있으나, 본 연구에서는 요인 분석 후 요인으로 묶인 40개 문항만이 측정에 사용되었다. 피험자들은 각 문항에 '그렇다'와 '아니다'로 반응하게 되는데 채점 시에는 부적응적인 반응만을 합하여 개인의 적응도 점수를 계산한다. 그러므로 원 척도에서는 점수가 낮을수록 적응도가 높음을 의미하나 본 연구에서는 부적응적인 반응들을 역산하여 총점을 산출, 점수가 높을수록 적응도가 높음을 의미한다.

사회 적응성 검사는 부록 19에 제시되어 있고 부록 20과 21에는 사회 적응성 검사의 요인 계수 행렬과 기초 요인 분석표가 제시되어 있다.

본 연구에서 심리적 적응을 측정하는 도구들은 김동직(1999)의 연구에서 적응의 서로 다른 측면을 의미하는 긍정적 지표와 부정적 지표로 심리적 적응을 측정한 것을 받아들여 긍정적 지표로 자기 존중감과 생활 만족감 척도를, 부정적 지표로는 고독감과 대인불안 척도를 사용하였다.

자기 존중감은 10문항으로 구성된 Rosenberg(1965)의 질문지를 사용해 4점 척도로 측정하였다. 5문항은 긍정적인 내용으로 표현되고 있으며, 5문항은 부정적인 내용으로 표현되고 있다. 자기 존중감 척도는 부록 23에 제시되어 있다.

생활 만족감은 Diener, Emons, Larsen & Griffin(1985)이 개발한 5문항의 'Satisfaction With Life Scale'을 사용하여 5점 척도로 평가하게 하였다. 생활 만족감 척도는 부록 24에 제시되어 있다.

고독감은 Russell(1996)이 개발한 'UCLA Loneliness Scale(Version 3)'을 사용하였다. 이 척도는 고독감을 표현하는 9개의 문항과 소속감, 우정, 동료애, 친밀감 등을 표현하는 11개의 문항을 4점 척도로 평가하게 되어 있다. 고독감 척도는 부록 25에 제시되어 있다.

대인불안은 Leary(1983)의 'Interaction Anxiousness Scale'을 사용하였다. 이 척도는 15문항으로 구성되어 있는데, 일대일의 대인관계 상황이나 많은 사람이 모이는 사교적 상황에서 개인이 느끼는 불안의 정도를 5점 척도로 평가하게 하는 것이다. 대인불안 척도는 부록 22에 제시되어 있다.

심리·사회적 적응을 측정하는 각 척도별 신뢰도는 다음과 같다.

<표 38>의 척도별 신뢰도를 보면 Cronbach's α 계수가 모두 .8 이상으로 나타나 신뢰도가 높은 척도임을 알 수 있다.

<표 38> 심리·사회적 적응 척도별 신뢰도

척도	사회적 적응 척도	심리적 적응 척도			
		자기 존중감	생활 만족감	대인불안	고독감
Cronbach's α	.8660	.8004	.8304	.8835	.9154

사회적 적응의 요인 분석은 SAS 6.12판을 이용하였다. 공통요인분석에서 공통분산의 초기치는 다중상관자승치(multiple squared correlation, SMC)를 사용하였고, 요인의 추출은 주축분해법(principal axis factoring)을, 요인의 회전은 Varimax법을 이용하였다.

일상적 창의성 척도와 심리·사회적 적응 척도들 간의 상관 분석 및 중다회귀분석을 위해서는 SPSS 10.0판을 이용하였다. 중다회귀분석은 stepwise 방식을 이용하였다.

2) 결 과

일상적 창의성과 심리·사회적 적응 척도들과의 상관은 <표 39>에 제시되어 있다. <표 39>에 제시된 바와 같이 일상적 창의성 척도는 심리·사회적 적응 척도들과 모두 유의미한 상관을 보였다. 일상적 창의성 총점과 사회적 적응 척도는 의미 있는 상관을 보이긴 하였으나 .2 정도의 비교적 낮은 정적 상관을 보였다. 이는 일상적 창의성이 사회적 적응과 어느 정도 관련성이 있음을 시사하는 것이다. 일상적 창의성 하위 요인 중 이타적 자아 확신 요인과 관계적 개방성 요인이 사회적 적응과 상관이 있는 것으로 나타났다.

　　일상적 창의성과 심리적 적응 척도들과의 상관을 보면 자기 존중감 척도와의 .37의 비교적 높은 정적 상관을 보였고 대인 불안과는 -.3의 부적 상관을 보였다. 생활 만족감과는 .2의 정적 상관을 고독감과는 -.19의 부적 상관을 보였다. 심리적 적응 척도들 중 긍정적 지표들과는 정적 상관을 부정적 지표들과는 부적 상관을 보여 일상적 창의성이 심리적 적응 정도와는 밀접한 관련이 있는 것을 알 수 있다.

　　일상적 창의성 하위 요인과 심리적 적응 척도들과의 상관을 살펴보면 특히 이타적 자아확신 요인과 관계적 개방성 요인이 긍정적 지표인 자기 존중감과 생활 만족감과 비교적 높은 상관을 보이고 있으며 부적 지표인 대인불안과 고독감도 비교적 높은 부적 상관을 보여주고 있다. 이는 일상적 창의성 하위 요인 중 이타적 자아확신과 관계적 개방성 요인이 심리적 적응 정도를 상당부분 설명해 주는 요인이라고 할 수 있다.

<표 39> 일상적 창의성 하위 요인과 심리·사회적 적응 척도들
과의 상관

	사회적 적응 척도	심리적 적응 척도			
		자기존중감	생활만족감	대인불안	고독감
일상적 창의성 총점	.218***	.377***	.213**	-.303**	-.191**
1. 독창적 유연성	.088	.170*	.139*	-.136	.026
2. 대안적 해결력	.083	.244***	.112	-.240**	-.153*
3. 모험적 자유추구	.183***	.184***	.209**	-.246***	-.148*
4. 이타적 자아확신	.290***	.533***	.222**	-.259***	-.190**
5. 관계적 개방성	.210***	.434***	.207**	-.337***	-.388***
6. 개성적 독립성	.126*	.161*	.057	-.111	-.027
7. 탐구적 몰입	.065	.037	-.006	-.129	-.146*

*; p<.05, **; p<.01, ***; p<.001

일상적 창의성을 고려했을 때 심리·사회적 적응 척도들에 대한 상대적 설명력의 차이를 분명하게 알아보기 위해 중다회귀분석 (stepwise 방식)을 실시하였다. 일상적 창의성 하위 요인을 예언 변인으로 한 중다회귀분석 결과는 <표 40>에 제시되어 있다.

이 중 자기 존중감 척도의 경우 '이타적 자아확신' 요인의 설명량 이 28%, '관계적 개방성'과 '탐구적 몰입' 설명량이 각각 1%로 나 타났다. 이 회귀모형의 설명력은 32%로 나머지 적응 척도들의 회 귀 모형에 비해 상당히 높은 설명력을 나타내고 있다. 이는 일상적 창의성 척도가 자기 존중감을 의미 있게 설명해 준다는 것을 나타 내는 결과라고 할 수 있다. 나머지 적응 척도들과의 결과는 일상적 창의성의 한 두 요인만이 유의하게 설명해 주고 있고, 나머지 요인 의 추가적인 설명력은 모두 유의하지 않게 나타났다.

<표 40> 일상적 창의성 하위 요인이 심리·사회적 적응에 미치는 효과(단계적 회귀분석)

		SR2	누적 SR^2	β	t
사회적 적응	4. 이타적 자아확신	0.743	0.743	0.273	4.727[***]
심리적 적응	자기 존중감				
	4. 이타적 자아확신	0.284	0.284	0.465	6.167[***]
	5. 관계적 개방성	0.018	0.303	0.183	2.470[**]
	7. 탐구적 몰입	0.019	0.322	-0.146	-2.380[**]
	생활 만족감				
	4. 이타적 자아확신	0.049	0.049	0.222	3.236[**]
	대인불안				
	5. 관계적 개방성	0.114	0.114	-0.294	-4.326[***]
	2. 대안적 해결력	0.024	0.138	-0.161	-2.369[**]
	고독감				
	5. 관계적 개방성	0.150	0.150	-0.388	-5.976[***]

[**]; p<.01, [***]; p<.001

이 결과를 보면 심리적 적응의 부정적 지표인 대인 불안과 고독감의 경우 일상적 창의성의 관계적 개방성 요인이 부적으로 설명해 주는 것을 알 수 있다. 또한 사회적 적응과 심리적 적응의 긍정적 지표인 자기 존중감과 생활 만족감의 경우 일상적 창의성의 이타적 자아확신 요인이 유의미하게 설명해 주고 있다. 즉, 일상적 창의성 요인 중 이타적 자아확신과 관계적 개방성 요인이 심리·사회적 적응에 특히 중요하게 작용하고 있는 것을 알 수 있다.

Ⅶ. 논의 및 결론

본 연구는 일상적 창의성에 대한 일반인의 암묵 이론적 구조를 토대로 명시적 이론에 접근한 일상적 창의성 척도를 개발하고 이와 개별성-관계성과 심리·사회적 적응의 관계를 보고자 하는 것이다.

먼저 창의성에 관한 피라미드 모형을 제안하였는데 밑면을 이루는 기본 3차원인 개인(Person), 맥락(context), 문화(Culture)의 상호 작용과 탄력적인 과정(Process) 차원을 거쳐 산출물(Product)을 내게 된다.

이를 통해 본 연구에서는 창의성을 '개인이 특정 맥락을 포함한 문화적 배경 안에서 공인된 새롭고 유용한 산출물을 내는 사고와 활동'으로 정의하였다.

이를 토대로 본 연구에서는 전문적 창의성과 일상적 창의성을 다음과 같이 정의했다.

전문적 창의성은 개인의 능력, 인성과 문화, 맥락의 상호 작용을 바탕으로 한 그들의 전문 영역에서 사회 문화적으로 인정받을 만한 새롭고 가치 있는 유용한 산출물을 만들어내는 능력과 활동으로 정의한다. 일상적 창의성은 제반 사태나 문제를 새롭고 독특한 방법으로 해결해가며 개인의 자아실현과 적응 능력을 신장시켜 주는 것으로, 일상생활에 유용하고 적절한 사적인 산출물을 내는 사고와 활동으로 정의한다.

일상적 창의성 암묵 이론적 구조는 독창적 유연성, 모험적 자유 추구, 탈규범적 독립성, 관계적 개방성, 자기주장성, 노력, 사려성, 표현적 교류, 실용성 추구 등 9개의 요인으로 나타났다. 이에 반해 전문적 창의성 암묵 이론적 구조는 전문적 독창성, 개방적 신념, 사회적지지, 탐구적 관심, 자기주장성, 결단력, 흥미 다양, 변화대처,

성취욕, 공상 등 10개의 요인으로 나타났다.

이러한 암묵 이론적 구조를 살펴볼 때 일반인들이 생각하는 창의성의 두 유형이 확연히 구분되는 것을 알 수 있다. 이러한 구분은 하위 요인들에서도 살펴볼 수 있는데 전문적 창의성과 일상적 창의성에 공통적으로 포함된 독창성 요인의 경우, 일상적 창의성의 경우 융통성과 관련된 문항들이 다수 포함되어 있었고 전문적 창의성의 경우 전문적인 능력과 지식적인 측면이 많이 포함되어 있었다.

전문적 창의성의 경우 신념, 성취욕, 결단력 등 성공을 위한 정의적 요소들이 많이 포함되어 있었고 또한 사회적지지 요인이 추출되어 한 분야에서 탁월한 창의성을 발휘하기 위해서는 환경적, 사회적인 측면이 중요함을 시사해 주고 있다.

이에 반해 일상적 창의성은 타인과의 원만한 관계 유지와 교류, 타인을 배려하고 사려 깊게 생각하는 요소 등이 포함되어 있어 적응적인 삶을 살기 위한 필요조건으로서의 역할을 하고 있는 것으로 생각된다.

이러한 암묵 이론적 구조는 다분히 한국적인 문화적 배경 안에서 추출된 것이므로 이를 토대로 일상적 창의성 척도를 제작하였다.

기존의 연구들에서 추출된 요인들과 일상적 창의성 암묵 이론적 구조에서 추출된 요인들의 공통적인 요소를 중심으로 독창적 유연성, 대안적 해결력, 모험적 자유추구, 이타적 자아확신, 관계적 개방성, 개성적 독립성, 탐구적 몰입 등 7개의 요인을 상정하였다.

확인적 요인분석을 통해 7 요인 모형이 적절함을 밝혔고 적극적 타당화를 위해 TTCT, Gough 척도, GIFFI(Ⅱ)와의 상관을 보았다.

TTCT와는 그다지 높은 상관을 보이지 않았으나 독창적 유연성, 문제 해결력 요인과는 유의미한 정적 상관을 보여 일상적 창의성 척도의 인지적인 측면과는 상관이 있음을 나타내 주었다. 그리고 Gough 척도의 창의성 요인, GIFFI(Ⅱ)와는 높은 상관을 보여 본 연구자가 제작한 일상적 창의성 척도의 타당성을 확보하였다.

일상적 창의성과 개별성－관계성의 상관을 보면 일상적 창의성 총점과 개별성과는 .43, 관계성과는 .55의 높은 상관을 보였다. 이는 일상적 창의성이 높은 사람이 개별성, 관계성도 높음을 나타내 주는 것이다. 이를 뒷받침하는 연구로 중다회귀분석, 변량 분석을 통해 일상적 창의성이 높은 사람들이 개별성, 관계성이 모두 높음을 밝혀내었다. 이는 그동안 창의적인 사람의 모순적인 인성 특성을 밝힌 많은 연구들(Tardif & Sternberg, 1988; Maslow, 1954; Csikszenmihalyi, 1996)을 다른 측면에서 정리해 주는 결과라고 할 수 있다. 즉 창의적인 사람들의 독립적, 혁신적이며 자기주장적인 특성 즉 개별적인 성향과 협동적이고 타인을 배려하고 외향적인 특성 즉 관계적인 성향이 사실은 모순적인 특성이 아닌, 독립적으로 한 개인 내에 존재할 수 있는 개념들이며, 일상적 창의성이 높은 사람들은 이 두 가지 특성이 모두 높다는 것이다.

또한 개별성－관계성이 높을 때 일상적 창의성 수준을 높일 수 있을 것이라는 가능성과 교육적 시사점을 제공해 주고 있는 결과라고 할 수 있다. 내집단 성원 간의 대인관계에서 배타적인 우리주의를 지향하는 한국사회가 정보화 시대로의 진입과 서구 문화의 유입으로 인해 개별 지향적인 성향을 수용하는 과정에서 개별성－관계성이 상충되거나 상호 배타적으로 작용함 없이 능동적으로 상호 보완적인 형태로 개인 내에 존재할 수 있으며 이를 위해 적극적으로 노력해야 함을 시사한다.

일상적 창의성과 심리·사회적 적응의 관계를 알아 본 연구에서는 일상적 창의성 총점과 심리·사회적 적응 척도 모두와 유의미한 상관을 보였다. 특히 심리적 적응 척도 중에서 긍정적 지표인 자기 존중감과 생활 만족감에서는 유의미한 정적 상관을, 부정적 지표인 대인불안과 고독감에서는 유의미한 부적 상관을 보여 일상적 창의성이 높은 사람이 심리적 적응도가 높음을 보여 주었다. 또 중다회귀분석 결과에서도 일상적 창의성이 사회적 적응 및 심리적 적응 척도들을 유의미하게 설명해 주고 있는 것으로 나타났다.

이는 일상적 창의성이 타인과의 조화로운 관계 속에서 독창적인 능력을 나타내며 자기 신뢰, 확신, 개성적, 개방적인 특성과 이타적이며 관계 지향적인 특성을 포함하고 있으므로 심리·사회적으로 적응적인 삶을 살 것이라는 가설을 지지해 주는 결과라고 할 수 있다. 이는 창의적인 사람이 정신적으로 건강하고 적응적이라는 기존의 연구들(Cropley, 1990; Anthony, 1987; Krystal, 1988)과 일치된 결과로 본 연구에서 논의하고 있는 일상적 창의성은 특히 자아실현적인 요소와 삶에 있어서 적응적인 측면을 포함하고 있으므로(Richards, 1999; Cropley, 1990) 특히 심리·사회적 적응과 높은 상관을 나타낸 것이라고 할 수 있다.

일상적 창의성이 높은 사람이 심리·사회적으로 적응을 잘 한다는 결과는 향후 학교 교육에서 전문적이고 뛰어난 창의적인 인물 양성에만 치우칠 것이 아니라 일상적 창의성을 높일 수 있는 제반 여건이나 환경을 마련해 주어 보다 적응적인 삶을 살 수 있도록 해야 한다는 중요한 시사점을 제공해 주는 것이라고 할 수 있다.

본 연구의 한계점에 대한 진술을 통해 후속 연구를 위한 대안 혹은 해결책을 모색해 보고자 한다.

첫째, 일상적 창의성에 대한 일반인의 암묵 이론적 구조를 밝혀 보기 위한 연구에서 적절성 평가를 통해 많은 문항들이 제외되었다. 이는 우리나라 사람들이 생각하는 일상적 창의성의 핵심적인 중심 내용을 추출하고 문항 수준에서의 타당성을 높이는 데는 기여하였으나, 적절성 평가 기준에 미달된 문항들이 다수 제외됨으로써 일상적 창의성의 주요 요소를 설명할 수 있는 잠재력 있는 항목들이 제외되었을 가능성을 배제할 수 없다. 따라서 일상적 창의성의 주요 요인에 대한 추가 작업을 고려해 봄으로써 보다 타당성 있는 암묵 이론적 구조를 추출할 수 있을 것이라 본다.

둘째, 본 연구에서 일상적 창의성 척도 구성 시 개인 차원에서 인지적 측면과 인성적 측면을 모두 고려하였으나 최근의 다차원적 접근에 비추어 볼 때 환경이나 산출물을 평가하는 측면이 빠져 있다. 앞으로 좀 더 보완된 척도 구성이 필요할 것이다.

셋째, 본 연구에서 일상적 창의성 외에 창의성 유형으로 상정한 전문적 창의성에 대한 영역 특수적인 차원에서의 연구가 필요하리라 본다. 전문적 창의성은 기존의 연구에서 논의된 예술적 창의성, 과학적 창의성 등을 포괄하는 개념으로 제시되었기 때문에 각 하위 창의성 별로 각기 다른 요인과 구조가 존재하리라 생각된다. 본 연구에서는 일상적 창의성과 대비되는 개념으로 개괄적인 암묵 이론적 구조만을 파악했으므로 이에 대한 보완적인 연구가 필요할 것이다.

넷째, 일상적 창의성 척도 제작과 하위 변인과의 관계 연구 시 대학생 대상으로 설문 조사를 했기 때문에 표집 대상의 제한성으로 일반화하기에는 다소 무리가 있다. 따라서 지역 및 인구 비례를 고려한 다양한 표집을 통하여 본 측정 도구를 표준화할 필요성이 있다고 본다. 또한 일상적 창의성 척도가 일반인들에게 적합한 도구로 개발되었으나, 앞으로 중고생, 아동용 척도로 개발하여 학교 적응과 관련된 시사점을 찾아보아야 할 것이다.

다섯째, 한국 상황에서 개별성－관계성 구조와 일상적 창의성의 관계를 살펴보았는데 이는 전통적인 집단주의 의식과 개인주의적 성향이 혼재된 한국의 대학생들을 대상으로 이루어진 연구이다. 이와는 다른 문화 상황에도 적용 가능한지 비교 문화적인 연구를 하는 것도 매우 의미 있을 것이다.

여섯째, 본 연구에서는 일상적 창의성과 개별성－관계성 구조와의 관계만을 살펴보았는데 전문적 창의성과 개별성－관계성 구조와는 어떤 관계를 가지는지 추후 연구되어야 할 과제가 될 것이다. 물론 전문적 창의성은 하위 여러 창의성 유형으로 나누어지기 때문에 그 각각의 독특한 영역별로 연구가 진행되어야 할 것이다.

일곱째, 본 연구에서 일상적 창의성과 심리·사회적 적응의 상관을 보는데 사용한 척도들 외에 다른 기준을 사용한 보다 적절한 다양한 척도들과의 상관도 고려해 보아야 할 것이다. 심리·사회적 적응을 재는 일반적인 기준이 존재한다기보다는 연구자에 따라 적합한 척도를 구성해서 사용하기 때문에 일상적 창의성과 적응의 관계를 확실히 파악하기 위해 보다 타당한 다른 척도들과의 연구도 필요할 것이다.

<h1 align="center"><참고 문헌></h1>

강성희, 이재연(1992). 아동의 적응에 있어서 사회적 지지와 사회적 문제해결 기술의 스트레스 완충 효과에 대한 연구. 아동학회지, 13(2), 175-188.

강소연(1995). 창의성의 유형화와 그 적용 가능성에 관한 연구. 연세대학교 대학원 박사학위 논문.

권영민(1995). 대인간 인지 문제 해결 훈련이 아동의 적응 행동에 미치는 효과. 성심여자대학교 대학원 석사 학위 논문.

김나(1998). 창의성에 있어서 지능과의 관계구조에 관한 연구-Sternberg의 암시적 이론을 중심으로-. 고려대학교 대학원 석사학위 논문.

김남성(1998). 교육심리학. 서울: 교육과학사.

김동직(1999). 문화적 맥락에서 본 개별성-관계성과 심리적 적응의 관계. 고려대학교 대학원 박사학위 논문.

김동직. 한성열(1998). 개별성-관계성 척도의 제작과 타당화 연구. 한국심리학회지: 사회 및 성격. Vol. 12, No.1, 71-93.

김봉소(1976). 청년기의 자기 개념, 사회적 태도 및 적응에 관한 일 연구. 경북대학교 박사학위 논문.

김영채(1996). 창의성 연구의 반성과 탐구적 질문법. 인지와 창의성의 심리학, 김재은 교수 정년 기념 논문집, 169-193.

김인자 역(1984). 적응심리. Atsater, E. Psychology of Adjustment. 서울: 정민사.

김재은(1987). 한국인의 사회적 성격. 인문논집 제32집. 고려대학교.

김재은(1995). 인지와 창의성의 심리학. 서울: 창지사.

김정은(1997). 주말부부 어머니의 결혼 적응과 아동의 사회적 적응과의 관계. 고려대학교 대학원 석사학위 논문.

김혜숙(1999). 다원적 접근에 기초한 창의성 진단 측정 도구의 제작 및 타당화 연구, 숙명여자대학교 대학원 박사학위 논문.

문정화, 하종덕(1999). 또 하나의 교육 창의성. 서울: 학지사.

박동진, 허경조(1988). 대학생을 위한 창의력 개발 프로그램. 충북대 학생 생활연구, 1집.

박경란(2000). 우리주의 문황에서 개인주의적 성향을 가진 사람들이 지각한 사회적 지지와 소외. 중앙대학교 대학원 석사학위 논문.

서봉연 역(1976). 성격과 적응. Lazarus, R. S. Personality and Adjustment. 서울: 익문사.

송인섭·김혜숙(1999). 창의성 개념 정립을 위한 탐색적 연구 — 암시적 창의성 이론을 중심으로 — . 교육심리연구. Vol. 13. No.3, pp.93-117.

양수정·이순묵(1999). 지적 능력의 암묵 이론적 구조와 기능: 학업지능과 실용지능을 중심으로. 한국심리학회지: 일반. Vol. 18, No.1. 17-47.

이수원, 이헌남(1993). 한국인의 인정에 대한 사회심리학적 이해. 한국심리학회 학술발표논문집.

이순묵(1990). 공변량 구조 분석. 성원사.

이순묵(2000). 요인분석의 기초. 교육과학사.

이인순(1994). 사회관계와 창의성. 안동전문대 논문집 Vol. 16.

이정은(2001). 암묵적 접근 방법에 의한 창의성 측정도구의 개발 및 타당화. 성균관 대학교 대학원 석사학위 논문.

이정은·이순묵(2001). 창의성에 대한 일반인의 암묵 이론과 실제로 창의적인 사람들의 특성에 기초한 요인 구조 탐색 및 비교. 한국심리학회지: 산업 및 조직. Vol. 14, No.3, 1-24.

임선화(1987). 자녀가 지각한 부모의 양육태도와 자녀의 자아개념 및 사회적 적응과의 관계. 숙명여자대학교 석사학위 논문.

임웅(1995). Sternberg의 암시적 지능 이론에 대한 타당화 연구. 고려대학교 대학원 석사학위 논문.

전경원(2000). 생활 속의 창의성 교육. 서울교육 160. p.40-42.

전경원(2001). 동서양의 하모니를 위한 창의학. 학문사.

정원식, 김호권(1992). 성격진단검사, 코리안테스팅 센타.

조긍호(1996). 문화 유형과 타인 이해 양상의 차이. 한국심리학회지. Vol. 15, No.1, 104-139.

조석희(1996). 창의성의 파라독스. 인지와 창의성의 심리학, 김재은 교수 정년기념 논문집, 67-110.

조은숙(1994). 현대인의 정신건강. 서울: 법문사.

조정하(2000). 창의성이 높은 학생의 학교 적응에 관한 연구. 전남대학교 대학원. 석사학위 논문.

차재호, 정지원(1993). 현대 한국 사회에서의 집합주의, 한국심리학회지: 사회, 7, 150-163.

최봉영(1994). 한국인의 사회적 성격. 서울: 느티나무.

최상진(1993). 한국인의 심정심리학: 정과 한에 대한 현상학적 이해. 한국심리학회 심포지움.

최인수(1998). 창의성을 이해하기 위한 여섯 가지 질문. 한국심리학회지: 일반. Vol. 17, No.1, 25-47.

154

최인수(1998). 창의적 성취와 관련된 제 요인들: 창의성 연구의 최근 모델인 체계모델을 중심으로. 미래유아교육학회지. Vol. 5, No.2, 133-166.

최일호, 최인수(2001). 새로운 생각은 어떻게 가능한가: 전문분야 창의성에 대한 학습과정 모형 접근. 한국심리학회지: 일반, 20(2), 409-428.

최재석(1965). 한국인의 사회적 성격. 서울: 개문사.

하대현 역(1991). 신 지능이론, 서울: 교문사, Sternberg, R. J. (1985a). Beyond the IQ: A Triarchic theory of human intelligence. New York: Cambridge University Press.

하대현(1997). 우리나라 아동의 지능 개념. 교육심리 연구 11(3), 245-269.

하주현(1999). 아동기에서 청년기까지의 창의적 인지와 창의적 인성의 발달 경향 연구. 성균관대학교 대학원 박사학위 논문.

한규석(1991). 집단주의-개인주의 이론의 현황과 그 전망. 한국심리학회지: 일반, 10, 1-19.

한규석·신수진(1999). 한국인의 선호가치 변화-수직적 집단주의에서 수평적 개인주의로, 한국심리학회지: 사회 및 성격, 13, 293-310.

한성열(1990). 한국 가족의 형태와 발달 과제. 한국심리학회 학술발표논문집.

한성열·이홍표(1995). 개인주의-집단주의와 지각된 소외감의 관련성 연구. 한국심리학회지: 사회문제. Vol. 2. No.1, 113-129.

황정규(1984). 인간의 지능. 민음사.

Allport, G. W. (1961). Pattern and Growth in Personality. N. Y. : Hott Rinehar and Wiston.

Amabile, T. M(1990). Within you, without you: The social psychology of creativity, and beyond. Chapter in M. A. Runco & R. S. Albert(eds.), Theories of creativity (pp.61-91), Newbury park, CA: Sage Publications.

Amabile, T. M(1996). Creativity in context: Update to the social psychology of creativity. Colorado: Westview Press.

Amabile, T. M. (1996). Creativity in context(2nd. ed.): Update to "The Social Psychology of Creativity". Boulder, Colorado: Westview Press.

Amabile. T. M. (1983). The social psychology of creativity. New York: Springer-Verlag.

Amabile. T. M. (1989). Growing up creative: Nurturing a lifetime of creativity. Buffalo, N. Y. : Creative Education Foundation.

Amabile. T. M. (1995). The personality of creativity. In. Joyce, M, Isaksen, S., Puccio, G, Davidson, F., & Coppage, C. (Eds.), An introduction to creativity, (pp.71-75). Acton, Massachusetts: Copley Publishing Co.

Angyal, A. (1951). Neurosis and treatment: A holistic theory. New York: Wiley.

Anthony, E. J. (1987). Risk, vulnerability and resilience: An overview. In E. J. Anthony & B. J. Cohen(Eds.), The invulnerable child(pp.3-48). New York: Guilford.

Arlin, P. K. (1975). Cognitive development in adulthood: A

156

fifth stage? Developmental Psychology, 11, 602-606.

Armbruster, B. B. (1989). Metacognition in Creativity. Handbook of creativity. Plenum Press: New York and London, 177-182.

Atkinson, T., Liem, R., & Liem, J. H. (1986). The social costs of unemployment: Implicaltions for social support. Journal of Health and Social Behavior. 27, 317-331.

Ausubel, C. D. (1954). Theory and Problems of Adolescent Development. N. Y. : Grunes Scratton.

Bakan, D. (1966). The duality of human existence. Boston: Beacon Press.

Banaji, M. R., & Prentice, D. A. (1994) The self in social contexts. Annual Review of Psychology, 45, 297-332.

Barron, F. (1963). Creativity and Personal Freedom. N. Y. : Van Nostrand co.

Barron, F. (1965). The psynology of creativity. In New Directions in psychology, II. NY: Holt, Rinehart and Winston.

Barron, F. (1969). Creative person and creative process. New York: Holt, Rinehart & Winston.

Barron, F. (1989). Putting creativity to work. The nature of creativity. Cambridge University Press, 76-98.

Barron, F. (1968). Creativity and personal freedom. New York: Van Nostrand.

Barron, F., & Harrington, D. M. (1981). Creativity, intelligence, and personality. Annual Review of Psychology, 32.

439-476.

Baumeister, R. F. (1987). How the self became a problem: A psychological review of historical research. Journal of Personality and Social Psychology, 52, 163-176.

Bem, S. L. (1974). The measurement of psychological androgyny. Journal of Consulting and Clinical Psychology, 42, 155-162.

Berscheid, E. (1994). Interpersonal relationships. Annual Review of Psychology, 45, 79-129.

Billings, A. G., Crookite, R. G., & Moos, R. H. (1983). Social-environmental factors in unipolar depression: Comparisons of depressed patients and nondepressed controls. Journal of Abnormal psychology, 92, p.119- 133.

Bloom, B. S. (1963). Report on creativity research by the examiner's office of the University of Chicago. In C. W. Taylor & F. Barron(Eds.), Scientific creativity: Its recognition and development(pp.251-264). New York: Wiley.

Blos, P. (1979). Developmental issues. New York: International Universities Press.

Boden, M. (1992). The creative mind: Myths and mechanisms. New York: Basic Books.

Bowlby, J. (1969). Attachment. New York: Basic Books.

Bowlby, J. (1973). Attachment and loss, Vol. 2. Attachment. New York: Basic Books.

Brewer, M. B., & Gardner, W. (1996). Who is this "We"?: Levels

158

of collective identity and self representations. Journal of Personality and Social Psychology, 71, 83-93.

Brown, S. D., & Health., L. (1984). Coping with critical life events: An integrate cognitive-behavioral model for research and practice.

Bruner, J. S. (1962). The creative surprise. In: Gruber, H. E., Terrell, G., Wertheimer, M(Eds.): Contemporary approaches to creative thinking. New York: Atherton Press.

Cagle, M. C. (1985). A General Abstract-Concrete Model of Creative Thinking. Journal of Creative Behavior, 19.

Capan, G. (1974). Support systems and community mental health, New York: Behavioral Publications, 1-40.

Chan, David W., Chan, Lai-kwan. (1999). Implicit theories of creativity: Teachers' perception of student characteristics in Hong Kong. Creativity Research Journal Vol. 12(3), 185-195.

Choi, Sang-Chin & Choi, Soo-Hyang. (1990). "We-ness" The korean discourse of collectivism. Individualism and collectivism: Psychocultural perspectives from east and west, Korean Psychological Association.

Cobb, S. (1976). Social Support as a Moderator of life Stress. Psychosomatic Medicine, Vol. 38, 300-314.

Cobb, S. (1979). Social support and Health through the life course. In M. W. Riley(Ed.) Aging from birth to death(pp.93-106). Boulder Co. : West view Rosenberg, M. (1981). The self-concept: social product and social force. In M. Rosenberg & R. H. Turner(Eds.), Social psychology sociological perspectives(pp.593-625), New York. Basic Books.

Cohen, S. & Hoberman, H. M. (1983). Positive event and social supports as buffers of life stress change. Journal of Applied Social Psychology, 13, 99-125.

Cohen, S., & Syme, S. L. (1985). Social support and Health. Florida: Academic Press.

Cohen, S., & Wills, T. A. (1985). Stress, social support, and the buffering hypothesis. Psychological Bulletin, 98. 310-357.

Cole, L. (1959). Psychology of Adolescence, (5th ed.). N. Y. : Holt Rimehart and Winston.

Compas, B. E. (1987). Coping with stress during childhood and adolescence. Psychological Bulletin, 101(3), 393-403.

Cropley, A. J. (1995). Kreativitaet und Erziehung. 김선역. 집문당.

Cropley, A. J., (1990). Creativity and Mental Health In Everyday Life. Creativity Research Journal, 3(3), pp.167-178.

Crow, L. D., & Crow, A. (1956). Adolescent Development and Adjustment. Mcgrow-Hill.

Crystal, D. S., Chen, C., Fuligni, A. J., Stevenson, H. W., Hsu, C. C., Ko, H. J., Kitamura, S. & Kimura, S. (1994). Psychological maladjustment and academic achievement: A cross-cultural study of Japanese, Chinese, and American high school students. Child Development, 65(3), 738-753.

Csikszentmihalyi, M. & Getzels, J. W. (1970). Concern for

discovery: An attitudinal component of creative production. Journal of Personality, 38, 91-105.

Csikszentmihalyi, M. & Getzels, J. W. (1971). Discovery-oriented behavior and originality of creative products: A study with artists. Journal of Personality and Social Psychology, 19, 47-52.

Csikszentmihalyi, M. (1988). Society, culture, and person: A systems view of creativity. In R. J. Sternberg(Ed), The nature of cerativity(pp.325-339). Cambridge University Press.

Csikszentmihalyi, M. (1989). Society, culture, and person: a systems view of creativity. The nature of creativity. Cambridge University Press, 325-339.

Csikszentmihalyi, M. (1996). Creativity: Flow and the psychology of discovery and invention. New York: Harper Collins.

Cushman, P. (1990). Why the self is empty: Toward a historically situated psychology. American Psychologist, 45, 599-611.

Davis, G. A. & Rimm, S. (1976). GIFT an instrument for the identification of creativity. Journal of Creative Behavior, 10, 178-182.

Davis, G. A. & Rimm, S. (1980). Five years of international research with GIFT: an instrument for the identification of creativity. Journal of Creative Behavior, 14, 35-46.

Davis, G. A. & Rimm, S. (1982). (GIFFI) I and II: instrument for identifying reactive potential in the junior and senior highschool. Journal of Creative Behavior, 16,

50-57.

Davis, G. A. (1986). Creative is forever. Dubuque, Iowa: Kendall/Hunt.

Deci, E. L. & Ryan, R. M. (1987). The support of autonomy and the control of behavior. Journal of Personality and Social Psychology, 53, 1024-1037.

Diener, E., Emmons, R. A., Larsen, R. J., & Griffin, S. (1985). The Satisfaction With Life Scale: A measure of global life satisfaction. Journal of Personality Assessment, 49, 71-75.

Dillon, J. T. (1982). Problem finding and solving. Journal of Creative Behavior, 16(2), 97-111.

Dolinger, S. J., Preston, L. A., O'Brien, S. P., & DiLalla, D. L. (1996). Individuality and relatedness of the self: An autobiographic study. Journal of Personality and Social Psychology, 71, 1268-1278.

Drevdahl, J. E. (1956). Factors of importance for creativity. Journal of Clinical Psychology, 12, 107-111.

Dunkel-Schetter, C., & Bennett, T. L. (1990). Differentiating the cognitive and behavioral aspects of social support. In B. R. Sarason., I. G. Sarason., G. R. Pierce(Eds.) Social support: An interactional view, 267-296. New York: John Wiley.

Feldhusen, J. F. (1986). A conception of giftedness. In R. J. Sternberg(Ed.), Conceptions of giftedness, pp.112-127. New York: Cambridge University Press.

Feldhusen, J. F. (1995). Creativity: A Knowledge Base,

162

Metacognitive Skills, and personalities Factors. Journal of Creative Behavior, 29(4), 255-268.

Feldhusen, J. F., & Goh, B. E. (1995). Assessing and accessing creativity: An integrative review of theory, research, and development. Creativity Research Journal, 8, 231-247.

Feldman, D. H. (1989). Creativity: Dreams, insights, and transformations. The nature of creativity. Cambridge University Press, 271-297.

Finke, R. A. Ward, T. B., & smith, S. M(1992). Creative cognition; Theory, research, and applications. Cambridge; MIT Press.

Folkman, S., & Lazarus, R. S. (1980). An analysis of coping in a middle aged community sample. Journal of Health and Social Behavior, 21, p.219-239.

Gardner, H. (1993). Creating minds: An anatomy of creativity seen through the lives of Freud, Einstein, Picasso, Stravinsky, Eliot, Graham and Gandhi. New York: Basic Book.

Gates, A. I. (1970). Educational Psychology, (3rd ed.). N. Y. : Macmillan Co.

Gates, S. L. (1986). Education leadership. New York: Basic Books Co.

Getzels, J. W. & Csikszentmihalyi, M. (1976). The creative vision: A longitudinal study of problem finding in art. New York: Wiley.

Getzels, J. W. (1975). Problem-finding and the inventiveness of solutions. Journal of Creative Behavior, 9, 12-18.

Getzels, J. W., Jackson, P. W. (1962), Creativity and intelligence. New York: Wiley.

Glaser, R. (1984). Education and thinking, The role of knowledge. American Psychologist, 39, 93-104.

Gough, H. G. & Heilbrun, A. B. (1983). The Adjective Check List: manual. Consulting Psychologists Press.

Gough, H. G. (1979). A creative personality scale for the adjective checklist. Journal of Personality and Social Psychology, 37, 1398-1405.

Gowan, J. C., Demos, G. D., Torrance, E. P. (1967). Creativity; Its Educational Implications. New York: John Wiley & Sons.

Grim. C. & Torrance, E. P. (1977). Race and sex bias in interpreting creativity test results of children, The Journal of Creative Behavior, 11, 212.

Grossman, H. J. (1977). Manual on terminology and classification in mental retardation. Washington, D. C. : American Association on Mental Deficiency.

Gruber, H. E. & Davis, S. N. (1989). Inching our way up Mount Olympus: the evolving-systems approach to creative thinking. The nature of creativity. Cambridge University Press, 243-270.

Gudykunst, W. B., Yoon, Y. C., & Nishida, T. (1987). The Influence of Individualism-Collectivism On Perceptions of Communication In Ingroup and Outgroup Relationships Communication Monographs, Vol 54, 295-306.

Guilford, J. P. (1967). The nature of human intelligence. New

York: Mcgraw-Hill.

Guisinger, S., & Blatt, S. J. (1994). Individuality and relatedness: Evolution of a fundamental dialectic. American Psychologist, 49, 104-111.

Gupta, A. K. (1981). Sex differences in creativity: Some fresh evidence. The Journal of Creative Behavior, 15, 269.

Hallman, R. J. (1974). Human relations and creativity, Journal of Creative Behavior, 8, 157-165.

Harrington, D. M., Block, J. H., & Block, J. (1987). Predicting creativity in preadolescence from divergent thinking in early childhood. Journal of Personality, 43, 434-454.

Heinelt, G. (1974). Kreative Lehrer-kreative Schueler. Freiburg: Herder.

Helgeson, V, S. (1994). Relation of agency and communion to well-being: Evidence and potential Explanations. Psychological Bulletin, 116, 412-428.

Helgeson, V. S. (1993). Implications of agency and communion for patient and spouse adjustment to a first coronary event. Journal of Personality and Social Psychology, 64, 807-816.

Heller, K. & Swindle, R. W., & Dusenbury, L. (1986). Component social support process: Comments and integratio- Psychology, 54, 466-470.

Helson, R. (1980). The creative personality. In K. Gronhaug & G. Kauffmann(Eds.), Innovation: a cross-disciplinary perspective(pp.29-64). Oslo, Norway: Norwegian University press.

Hennessey, B. A & Amabile, T. M. (1989). The role of the environent in creativity. The nature of creativity. Cambridge University Press, 11-38.

Herzberg, D, S., Hammen, C, B., Dorli D., & Shannon E. (1999). Attachment cognitions predict perceived and enacted social support during late adolescence. Journal of Adolescent Research, 14(4), 387-404.

Higgins, E. T. (1996). The "Self Digest": Self-knowledge serving self-regulatory functions. Journal of Personality and Social Psychology, 71, 1062-1083.

Hofsted, G. (1980). Culture's Consequences Beverly Hills, CA. Sage.

Hofstede(1995). Culture and Organizations: Software of the mind. 세계의 문화와 조직. 차재호, 나은영 역, 학지사.

Hogan, R. (1983). A socioanalytic theory of personality. In M. M. Page(Ed.), Nebraska Symposium on Motivation, 1982(pp.55-89).

Holland, J. L. (1959). Some limitations of teacher ratings as predictors of creativity. Journal of Educational Psychology. 50, 219-223.

House, J. S. (1981). Work stress and social support, Massachusetts, Addison-Wesley Publishing Co, 31.

Hui, C. H., & Triandis, H. C. (1986). Individualism-Collectivism: A study of cross-cultural researchers. Journal of Cross-Cultural Psychology, Vol. 17, 225-248.

Hurt, H. T. & Joseph, K. (1977). Scales for the measurement of innovativeness. Human Communication Research, 4.

58-65.

Isaksen, S. G., & Parnes, S. J. (1985). Curriculum planning for creative thinking and problem solving. Journal of Creative Behavior, 19(1), 1-29.

Isaksen, S. G., Puccio, G. J. & Treffinger, D. J. (1993). An Ecological approach to creativity research: profiling for creative problem solving. Journal of Creativity Behavior, 31(3), 212-226.

Janos, P., & Robinson, N. (1985). Psychological development in intellectually gifted children. In F. Horowitz & M. O'Brien(Eds.) The gifted and talented: Developmental perspectives. Washington. DC: American Psychological Association. 149-195.

Johnson-Laird, P. N. (1989). Freedom and constraint in creativity. The nature of creativity. Cambridge University Press, 202-219.

Jose, P. E., D'Anna, C. A., Cafasso, L. L., Bryant, F. B., Chiker, V., Gein, N. & Zhezmer, N. (1998). Stress and coping among Russian and American early adolescents. Developmental Psychology, 34(4), 757-769.

Kagitcibasi, c. (1994). A critical appraisal of individualism-collectivism: Toward a new formulation. In U. Kim, H. C. Triandis, c. Kagitcibasi, S-C. Choi, & G. Yoon (Eds.), Individualism and collectivism: Theory, method, and application(pp.52-65). London: Sage.

Kazdin, A. E. (1993). Adolescent mental health: Prevention and treatment programs. American Psychologist, 48,

127-141.

Keachie, M., & Doyle, C. L. (1966). Psychology. Addison-Wesley Publishing Co, Inc.

Kershner, J. R. & Ledger, G. K. (1985). Effect of sex., intelligence, and style of thinking on creativity: A comparison of gifted and average children. Journal of Personality and Social Psychology, 48, 1033-1040.

King, N. & Anderson, N. (1995). Innovation and Change in Organizations. New York: Routledge.

Kirton, M. J. (1976). Adaptor and Innovators: A Description and Measure. Journal of Applied Psychology, 61(5), 622-629.

Kirton, M. J. (1987). Adaptors and Innovators: Cognitive Style and Personality. In S. G. Isaksen(Ed.), Frontiers of creativity Research: Beyond the Basics(pp.282-304). New York: Bearly Limited.

Kokot, S. J. & Colman, J. (1997). The Creative Mode of being. The Journal of Creative Behavior, 31(3), 212- 226.

Krystal, H. (1988). On some roots of creativity. Psychiatric clinics of North America, 11, 475-491.

Lakey, B., & Cassady, P. B. (1990). Cognitive process in perceived social support. Journal of Personality and Social Psychology, 59, 337-343.

Langley, P & Jones, J. (1989). A computational model of scientific insight. The nature of creativity. Cambridge University Press, 177-201.

Lazarus, R. S. & Folkman, S. (1984). Stress, appraisal and coping. New York: Springer Publishing.

Lazarus, R. S. (1969). Patterns of Adjustment and Human Effectiveness. New York: McGraw-Hill.

Lazarus, R. S. (1976). Patterns of adjustment(3rd ed.). New York: McGrpw-Hill.

Lazarus, R. S. (1981). The Stress and coping paradigm. In C. E. Eisdorfer. D. Cohen, A. Kleiman & P. Maxim(Eds.), Models for Clinical Psychopathology, p.177-214. New York: S. P. Medical & Scientific Books.

Lazarus., R. S, & Lanuier, R. (1978). Stress-related transactions between person and environment. In L. T. Pervin & M. Levis(Eds.), Perspectives in Interactional Psychology, p.237-328, New York, Plenum.

Lazarus., R. S., & Cohen J. B. (1977). Environmental Stress. In I. Altman & J. F. Wohlwill(Eds.), Human behavior and the environment: Current theory and research, p.89-127. New York: Plenum.

Lazarus., R. S., & Folkman, S. (1984). Coping and adaptation. In W. D. Gentry(Eds.), The handbook of behavior medicine, New York: Guilford, p.282-325.

Leary, M. R. (1983). Social anxiousness: The construct and its measurement. Journal of Personality Assessment, 47, 66-75.

Lim, Woong., Plucker, Jonathan A. (2001). Creativity through a Lens of Social Responsibility: Implicit Theories of Creativity with Korean Samples. Journal of Creative

Behavior, v35 n2 115-130.

Lingemann, L. S. (1982). Assessing creativity from a diagnostic perspective: The creative attribute profile.

Mackinnon, D. W. (1960). the highly effective individual. Teachers College Record, 61, 367-378.

Mackinnon, D. W. (1962). The personality correlates of creativity: A study of American architects. In G. S. Nielson(Ed). Proceedings of the Fourteenth International.

Mackworth, N. H. (1965). Originality. American Psychologist, 20, 51-66.

Markus, H. R., & Cross, S. (1990). The interpersonal self. In L. A. Pervin(Ed.), Handbook of Personality: Theory and Research(pp.576-608). New York: Guilford Press.

Markus, H. R., & Wurf, E. (1987). The dynamic self-concept: A social psychological perspective. Annual Review of Psychology, 38, 299-337.

Martindale, C. (1989). Personality, situation, and creativity, In J. A. Glover, R. R. Ronning, & C. R. Reynolds(Eds.), Handbook of creativity(pp.233-244). New York: Plenium Press.

Maslow, A. H. (1954). Motivation and personality. New York: Haper & Row.

Maslow, A. H. (1959). Creativity in self-actualizing people. In H. H. Anderson(Ed.), Creativity and its cultivation (pp.83-95). New York: Haper & Brothers.

Maslow, A. H. (1971). The Father Reaches of Human Nature

In 박아청(1988).

Maslow. A. H. (1963). The creative attitude. The Structurist No.3, 4-10.

McAdams, D. P., & Constantian, C. A., (1983). Intimacy and affiliation motives in daily living: An experience sampling analysis. Journal of Personality and Social Psychology, 45, 851-861.

McCrae, R. R. (1987). Creativity, divergent thinking, and openess to experience, Journal of Personality and Social Psychology, 52, 1258-1265.

Mellow, E. (1996). The two-conditions view of creativity. Journal of Creativity, 30(2).

Moorehouse, M. J. (1991). Linking maternal employment patterns to motherchild activities and children's school competence. Developmental Psychology, 27(2), 295-303.

Mumford, D. D., & Gustafson, S. B. (1988). Creativity syndrome: Integration, application and innovation, Psychological Bulletin, 103, 27-43.

Nabi, K. S. (1979). Personality and self: The creativity discussion. Indian Psychological Review. 18, 5-8.

Naroll, R. (1983). The moral order Bervely Hills, CA. Sage.

Okuda, S. M., Runco, M. A., & Berger, D. E. (1991). Creativity and the finding and solving of real-world problems. Journal of Psychoeducational Assessment, 9, 45-53.

Osborn, A. F. (1963). Applied Imagination, Principles and

procedures of creative problem-solving. NY: Charles Scribner's Sons.

Perkins, D. N. (1989). The possibility of invention. The nature of creativity. Cambridge University Press, 362-385.

Pesut, D. J. (1990). Creative thinking as a self regulatory metacognitive process-A model for education, training, and research. Journal of Creative Behavior, 24, 105-110.

Puccio, Gerard J., Chimento, Melanie D. (2001). Implicit theories of creativity: Laypersons' perceptions of the creativity of adaptors and innovators. Perceptual & Motor Skills, Vol 92(3, pt1), 675-681.

Rabkin, J. G., & Struening, E. L. (1979). Life events, stress, and illness. Science, 194. 1013-1020.

Raina, T. N. (1980). Sex differences in creativity in India: A second look. The Journal of Creative Behavior, 14, 218.

Rathus, S. A., & Nevid, J. S. (1995). Adjustment and growth (6th ed.). Fort Worth: Harcourt Brace College Publishers.

Richards, R. (1999). Everyday Creativity. Encyclopedia of Creativity. Volume 1. Academic Press.

Richardson, A. G. (1986). Sex differences in creativity among a sample of Jamaican adolescents. The Journal of Creative Behavior, 20, 147.

Rogers, C. R. (1962). Toward a theory of creativity In S. J, NY; Scriboner's.

Rogers. C. R. (1961). On becoming a person: A therapist's view of psychotherapy. Boston: Houghton Mifflin.

Rosenberg, M. (1965). Society and the adolescent self-image. Princeton, NJ: Princeton University Press.

Rotenberg, K. J. (1997). Loneliness and the perception of the exchange of disclosure. Journal of Social and clinical Psychology, 16, 259-276.

Runco, M. A., & Bahleda, M. D. (1986). Implicit theories in Artistic, Scientific, and Everyday Creativity. Journal of creative Behavior, 20(2), 93-98.

Runco, M. A., & Okuda, S. M. (1988). Problem discovery, divergent thinking and the creative process. Journal of Youth and Adolescence, 17(3), 211-220.

Runco, M., & Richards, R. (Eds.). (1997). Eminent creativity, everyday creativity, and health. Greenwich, CT: Ablex.

Runco, Mark A., Johnson, Diane J., Bear, Patricia K. (1993). Parents' and teachers' implicit theories of children's creativity. Child Study Journal v23 no2, 91-113.

Russell, D. W. (1996). UCLA Loneliness Scale(Version 3): Reliability, validity and factor structure. Journal of Personality Assessment, 66, 20-40.

Sampson, E. E. (1981). Cognitive psychology as ideology. American Psychologist, 36, 730-743.

Sampson, E. E. (1988). The debate on individualism: Indigenous psychologies and their role in personal and social functioning. American Psychologist, 43, 15-22.

Sapp, D. D. (1992). The point of creative frustration and the creative process: A new look at an old model. Journal of Creative Behavior, 26.

Sarason, B. R., Pierce, G. R., shearin, E. N., & Sarason, I. G. (1991). Perceived social support and working models of self and actual others. Journal of Personality and Social Psychology, 60, 273-287.

Sarason, Levine, Basham, (1983). Assessing Social support the Social Support Questionnaire, Journal of Personality, Vol. 44, No.1. p.127.

Schaefer, C., Coyne, J. C., & Lazarus, R. S. (1981). The health-related functions of social support, Journal of Behavior Medicine, Vol. 4, 381-406.

Schaffer, L. F. (1936). The Psychology of Adjustment. Houghton Mifflin.

Schuler, R. S., & Jackson, S. E(1987). Linking competitive strategies with human resource management practices. Academy of management Executive, 1, 207-219.

Shaffer, L. F., (1956). The Psychology of Adjustment. Boston: Houghton Mifflin Co.

Simonton, D. K. (1989). Creativity, leadership, and chance. The nature of creativity. Cambridge University Press, 386-426.

Srull, T. K., & Wyer, R. S. (1989). Person Memory and judgment. Psychological Review, 96, 58-83.

Sternberg, R. J. & Lubart, T. I. (1991). An investment theory of creativity and its development. Human Development, 34. 1-32.

Sternberg, R. J. & Lubart, T. I. (1995). Defying the crowd. New York: The Free Press.

Sternberg, R. J. & Lubart, T. I. (1996). Investing in Creativity. American Psychologist, July.

Sternberg, R. J. (1985b). Implicit Theories of intelligence, creativity, and wisdom. Journal of Personality & Social Psychology, 49(3). 607-627.

Sternberg, R. J. (1989a). Intelligence, Wisdom, and Creativity: Their Natures and Interrelationships. Intelligence, 119- 145.

Sternberg, R. J. (1989b). A three-facet model of creativity. The nature of creativity. Cambridge University Press, 125-147.

Sternberg, R. J. (1993). The concept of 'giftedness': a pentagonal implicit theory. The origins and development of high ability Wiley, Chichester(Ciba Foundation Symposium 178) p.5-21.

Sternberg, R. J. (1999). A propulsion model of types of creative contributions. Review of General Psychology, 3, 83-100.

Storr, A. (1972). The dynamics of creation. New York: Atheneum. symptomatology: Determinants of suicidal behavior in children. Journal of the American Academy of Child Psychiatry, 21, 178-186.

Tardif, T. Z. & Sternberg, R. J. (1988). What do we know about creativity? In R. J. Sternberg, The nature of creativity(pp.429-440). Cambridge: Cambridge University.

Tardif, T. Z. & Sternberg, R. J. (1989). What do we know about creativity? The nature of creativity. Cambridge University press, 429-440.

Taylor, C. W. (1988). Various approaches to and definitions of creativity. In R. J. Sternberg(Ed.), The nature of creativity(pp.429-440). Cambridge: Cambridge University.

Taylor, I. A. (1959). The nature of the creative process. In P. Smith(Ed), Creativity: An examination of the creative process. New York: Hastings House.

Tesluk, P. E., Farr, J. L., & Kelin, S. R. (1997). Effect of system's culture and climate on person's creativity, Journal of Creative Behavior, 31(1), 27-41.

Thoits, P. A. (1982). Conceptual, Methodological, and theoretical problems in studying social support as a buffer against life stress. Journal of Health and Social Behavior, 23. 145-159.

Thoits, P. A. (1985). Social support and psychological well-being: Theoretical possibilities. In I. G. Sarason & B. R. Sarason(Eds.), Social support: Theory, Research, and Applications(pp.51-72). The Hague, The Netherlands: Martinus Nijhof.

Torrance, E. P. (1959). Explorations in creative thinking in the early school years. VIII: IQ and creativity in school achievement. Minneapolis: Bureau of Educational Research. University of Minnesota.

Torrance, E. P. (1972). Can we teach children to think creative? Journal of Creative Behavior, 9. 182-195.

Torrance, E. P. (1966a). A strange road to the truth. Contemporary Psychology. 11, 22-26.

Torrance, E. P. (1966b). Torrance tests of creative thinking:

Directions manual and scoring guide(Figural test booklet A). Scholastic Testing Service. Inc.

Torrance, E. P. (1974). Torrance tests of creative thinking: Directions manual and scoring guide(Verbal test booklet A). Scholastic Testing Service. Inc.

Torrance, E. P. (1977). Creativity in the classroom: What research says to the teacher. Washington D. C: National Education Association.

Torrance, E. P. (1981). Non-test of identifying the creative gifted. In J. C. Gowan, J. Khatena, and E. P. Torrance(Eds.), Creativity: Its educational implications. Dubuque, IA: Kendal/Hunt.

Torrance, E. P. (1989). The nature of creativity as manifest in its testing. The nature of creativity. Cambridge University Press, 43-75.

Trafimow, D., Triandis, H. C., & Goto, S. G. (1991). Some tests of the distinction between the private and collective self. Journal of Personality and Social Psychology, 60, 649-655.

Triandis, H. C. (1994). Culture and Social behavior, McGraw-Hill.

Triandis, H. C., Leung, K., Villareal, M. J., & Clack, F. L. (1985). Allocentric Versus Idiocentric Tendencies Covergent and Discriminant Validation. Journal of Research In Personality, Vol. 19. 395-415.

Triandis, H.C., Bontempo. T., & Marcelo, J. (1988). Individualism and Collectivism: Cross-cultural perspectives on self-ingroup relationships. Journal of Personality and Social

Psychology, 54, 2, 323-338.

Unsworth, K. (2001). Unpacking Creativity. Academy of Management Review, 26, 289-297.

Veron, P. E. (1989). The nature-nature problem in creativity. In J. A. Glover, R. R. Ronning, and C. R. Reynolds (Eds.), Handbook of Creativity, (pp.93-110). New York: Plenum Press.

Voss, J. F. & Means, M. L. (1989). Toward a Model of creativity Based upon problem solving in the social sciences. Handbook of creativity. Plenum Press: New York and London, 399-410.

Wakefield, J. F. (1985). Towards creativity; Problem finding in a divergent-thinking exercise. Child Study Journal, 15, 265-270.

Wakefield, J. F. (1986). Creativity and TAT blank card. Journal of Creative Behavior, 20(2), 127-133.

Wakefield, J. F. (1988). Cognitive skills and vocational interests, AREA paper, New Orleans.

Wakefield, J. F. (1991). The outlook for creativity tests. Journal of Creative Behavior, 25, 184-193.

Walberg, H. J. (1989). Creativity and talent as learning. The nature of creativity. Cambridge University Press, 340-361.

Wehner, L., Csikszentmihalyi, M., & Magyari-Beck. I. (1991). Current approaches used in studying creativity: An exploratory investigation. Creativity Research Journal. 4, 261-171.

Wethington, E., & Kessler, R. C. (1986). Perceived support, received support, and adjustment to stressful life events. Journal of health and Social Behavior, 27, 78-89.

Wheaton, B. (1985). Models for the stress-buffering functions of coping resources. Journal of Health and Social Behavior. 26. 352-364.

Wicks-Nelson, R. & Israel, A. C. (1991). Behavior disorders of childhoods. NJ: Prentice-Hall.

Wilcox, B. L., & Venberg, E. M. (1985). Conceptual and theoretical dilemmas facing social support. In I. G. Sarason & B. R. Sarason(Eds), Social suport: Theory, research and applications(pp.3-20)

Williams, A. J., Poole, M. E., & Lett, W. R. (1977). The creativity self-concept relationship reviewed: An Australian longitudinal perspective. Australian Psychologist, 12, 313-317.

Woike, B. A. (1994). The use of differentiation and integration processes: Empirical studies of "separate" and "connected" ways of thinking. Journal of Personality and Social Psychology, 67, 142-150.

Woodman, R. (1981). Creativity as a Construct personality theory, Journal of Creativity Behavior, 15, 43-66.

Woodman, R. W. & Schoenfeldt, L. F. (1989). Individual Differences in Creativity: An Interactionist Perspective. Handbook of creativity. Plenum Press: New York and London, 77-92.

Woodman, R., Sawyer, J., & Griffin, R. (1993). Toward a theory of organizational creativity. Academy of Management Review, 18, 293-321.

Yau, C. (1991). An Essential Interrelationship, Health Self-Esteem and Productive Creativity. Journal of Creative Behavior. 25. 154-161.

Young, J. G. (1985). What is creativity? Journal of Creative Behavior, 19, 77-87.

부 록

일상적 창의성에 관한 개방형 질문지

　본 설문은 우리나라 사람들이 '창의성'에 대해 어떻게 생각하는지를 알아보고자 하는 것입니다. 여러분의 의견과 협조가 본 연구를 더욱 신뢰롭게 하는 바탕이 될 것입니다. 설문지의 응답 내용은 연구 목적 이외에 다른 용도로 사용되지 않을 것을 약속드립니다.

　소중한 시간을 할애해 주셔서 감사합니다.

고려대학교 대학원 교육학과
정은이 드림

학부/학과		성별		연령		대학명	

　※ 아래 글은 '일상적 창의성'에 관한 내용입니다. 잘 읽고 다음 물음에 답해 주세요.

　우리 주변에는 아주 창의적인 사람들이 많이 있습니다. 남들은 쓸모없다고 버리는 재료들을 모아 실용적인 물건을 자주 만드는 아저씨, 흔히 볼 수 있는 재료를 가지고 맛있고 새로운 요리를 개발해서 가족들을 기쁘게 하는 엄마, 새롭고 깜직한 아이디어로 동생의 생일 파티를 멋지게 만들어 주는 친구 등.

　이들은 역사에 길이 남을 창작품을 만들어 내는 것은 아니지만, 이러한 창의적인 사람들이 주변에 있어 우리들의 삶에 활력소를 제공해 줍니다.

\# 이러한 사람들이 바로 **일상적 창의성**을 지닌 사람들입니다.

* 여러분이 생각하는 '일상적 창의성'은 무엇입니까? 정의를 내려 주세요.

☞ 자, 여러분 주변에 있는 보통 사람들 중에서 가장 창의적이라고 생각하는 사람 하나를 떠올려 주십시오. 그리고 그 사람의 특성을 생각하면서 다음 질문에 답해 주시기 바랍니다.

1. 위의 인물이 창의적 성취를 이루고 그의 창의성을 집단에서 인정받기 위해서 중요한 것은 무엇일까요?

2. 위의 인물이 가지고 있다고 생각되는 성격 특성이나 사고방식을 적어 주십시오.

3. 위의 인물이 가지고 있다고 생각되는 두드러진 행동특성이나 습관을 구체적으로 적어 주십시오.

4. 위의 인물이 보통 사람들과는 다른 능력을 가지고 있다면 어떤 것이 있는지 적어 주십시오.

5. 위의 인물이 창의적인 성취를 이루기 위해 도움이 되는 경험은 무엇일까요?

6. 위의 인물이 창의적인 성취를 하기 위해 주변 환경(부모의 영향, 가정환경, 사회·학교의 영향, 선후배 친구 등)은 어떠해야 할 것 같습니까?

7. 위의 인물이 만들어 낸 창의적인 산출물 또는 결과물에는 어떤 것이 있을까요?

8. 창의성 향상에 꼭 필요한 조건이 있다면 그것은 무엇이라고
   생각하십니까?

9. 유명한 창의적인 인물과 우리 주변에서 볼 수 있는 창의적인
   인물과의 가장 큰 차이점은 무엇일까요?

<부록 2>

전문적 창의성에 관한 개방형 질문지

본 설문은 우리나라 사람들이 '창의성'에 대해 어떻게 생각하는지를 알아보고자 하는 것입니다. 여러분의 의견과 협조가 본 연구를 더욱 신뢰롭게 하는 바탕이 될 것입니다. 설문지의 응답 내용은 연구 목적 이외에 다른 용도로 사용되지 않을 것을 약속드립니다.

소중한 시간을 할애해 주셔서 감사합니다.

고려대학교 대학원 교육학과
정은이 드림

학부/학과		성별		연령		대학명	

※ 아래 글은 '전문적 창의성'에 관한 내용입니다. 잘 읽고 다음 물음에 답해 주세요.

우리가 알고 있는 유명인들 중에서 창의적이라고 손꼽히는 사람들이 많습니다. 이티, 쥬라기 공원 등 세계사에 길이 남을 명작을 감독한 스티븐 스필버그 감독 같은 사람도 그렇고 해리포터 시리즈를 지은 작가 조엔 롤링도 아주 뛰어난 상상력과 창의력의 소유자로 알려져 있습니다.

우리나라 문화 예술 과학 각 영역에서도 이러한 창의적인 인물들이 많습니다. 가수 서태지와 비디오 아티스트 백남준 씨가 대표적인 인물입니다.

\# 이러한 사람들이 바로 **전문적 창의성**을 지닌 사람들입니다.

* 여러분이 생각하는 '전문적 창의성'은 무엇입니까? 정의를 내려 주세요.

☞ 자, 여러분이 알고 있는 유명인 중 가장 창의적이라고 생각하는 사람 하나를 떠올려 주십시오. 그리고 그 사람의 특성을 생각하면서 다음의 질문에 답해 주시기 바랍니다.

1. 위의 인물이 창의적 성취를 이루고 그의 창의성을 사회에서 인정받기 위해서 중요한 것은 무엇이었을까요?

2. 위의 인물이 가지고 있다고 생각되는 성격 특성이나 사고방식을 적어 주십시오.

3. 위의 인물이 가지고 있을 거라고는 생각되는, 두드러진 행동특성이나 습관을 구체적으로 적어 주십시오.

4. 위의 인물이 보통 사람들과는 다른 능력을 가지고 있다면 어떤 것인지 적어 주십시오.

5. 위의 인물이 창의적인 성취를 이루기 위해 도움이 되었던 경험은 무엇이었을까요?

6. 위의 인물이 창의적인 성취를 하기 위해 주변 환경(부모의 영향, 가정환경, 사회? 학교의 영향, 선후배 친구 등)은 어떠했을 것 같습니까?

7. 이러한 유명인들의 창의적인 산출물 또는 결과물에는 어떤 것이 있을까요?

8. 창의성 향상에 꼭 필요한 조건이 있다면 그것은 무엇이라고 생각하십니까?

9. 유명한 창의적인 인물과 우리 주변에서 볼 수 있는 창의적인 인물과의 가장 큰 차이점은 무엇일까요?

<부록 3>

일상적 창의성에 관한 설문

<table>
<tr><td colspan="2">

　본 설문은 <u>일상적 창의성이 높은 사람들의 특성</u>에 대해 여러분들이 어떻게 생각하는지를 알아보고자 하는 것입니다. 여러분의 의견과 협조가 본 연구를 더욱 신뢰롭게 하는 바탕이 될 것입니다. 설문지의 응답 내용은 연구 목적 이외에 다른 용도로 사용되지 않을 것을 약속드립니다. 소중한 시간을 할애해 주셔서 감사합니다.

고려대학교 대학원 교육학과
정은이 드림

</td></tr>
</table>

학부/학과		성별		연령		대학명	

　* 일상적 창의성은 여러분 주변의 보통 사람들(친구, 선후배, 가족, 친척 등)이 갖고 있는 창의성을 말합니다. 일상적 창의성이 높은 사람들은 각 문항에 제시된 특성들을 어느 정도나 갖고 있는지 7점 척도에 ○ 표 해 주시기 바랍니다.

* 일상적 창의성이 높은 사람들은

번호	문항 내용	전혀아니다	아니다	아닌편이다	보통이다	그런편이다	그렇다	매우그렇다
1	일상생활에서 흔히 볼 수 있는 것들을 사용해 특별한 것을 만든다.	1	2	3	4	5	6	7
2	남과 다른 독특하고 독창적인 생각과 행동을 한다.	1	2	3	4	5	6	7
3	평범한 사물을 다른 각도에서 생각한다.	1	2	3	4	5	6	7
4	어떤 일을 할 때 준비를 철저히 잘 한다.	1	2	3	4	5	6	7
5	하찮은 것이라도 버리지 않고 다 모은다.	1	2	3	4	5	6	7
6	시간을 잘 활용한다.	1	2	3	4	5	6	7
7	다양한 분야에 관심이 많다.	1	2	3	4	5	6	7
8	남에게 의존하지 않는다.	1	2	3	4	5	6	7
9	경쟁심이 강하다.	1	2	3	4	5	6	7
10	낙서를 잘 한다.	1	2	3	4	5	6	7
11	다른 사람에게 이야기 하는 것을 좋아한다.	1	2	3	4	5	6	7
12	낙천적이다.	1	2	3	4	5	6	7
13	말재주가 뛰어나다.	1	2	3	4	5	6	7
14	자신이 하고 싶은 일만 한다.	1	2	3	4	5	6	7
15	평범한 것을 거부한다.	1	2	3	4	5	6	7
16	꼼꼼하고 계획적인 생활을 한다.	1	2	3	4	5	6	7
17	호기심이 많다.	1	2	3	4	5	6	7
18	다른 사람의 말을 주의 깊게 잘 듣는다.	1	2	3	4	5	6	7
19	인내심이 많다.	1	2	3	4	5	6	7
20	묵묵히 자기 일을 열심히 한다.	1	2	3	4	5	6	7
21	일을 잘 벌린다.	1	2	3	4	5	6	7

번호	문항 내용	전혀 아니다	아니다	아닌 편이다	보통이다	그런 편이다	그렇다	매우 그렇다
22	자기주장이 강하다.	1	2	3	4	5	6	7
23	공상을 많이 한다.	1	2	3	4	5	6	7
24	문제가 발생 했을 때 어떻게 해결할까 고민을 많이 한다.	1	2	3	4	5	6	7
25	여행을 많이 한다.	1	2	3	4	5	6	7
26	주변 사람들에게 기쁨과 즐거움을 준다.	1	2	3	4	5	6	7
27	모든 일에 최선을 다한다.	1	2	3	4	5	6	7
28	개인주의적이다.	1	2	3	4	5	6	7
29	내성적이다.	1	2	3	4	5	6	7
30	메모하는 습관이 있다.	1	2	3	4	5	6	7
31	침착하다.	1	2	3	4	5	6	7
32	사교적이다.	1	2	3	4	5	6	7
33	성공에의 욕구가 강하다.	1	2	3	4	5	6	7
34	남의 일을 자신의 일처럼 생각한다.	1	2	3	4	5	6	7
35	개방적이고 열린 마음을 갖고 있다.	1	2	3	4	5	6	7
36	당돌하다.	1	2	3	4	5	6	7
37	다른 사람과 잘 어울리지 못한다.	1	2	3	4	5	6	7
38	새롭고 참신한 생각을 한다.	1	2	3	4	5	6	7
39	주변 사람들이 인정해주고 격려한다.	1	2	3	4	5	6	7
40	자신이 하는 일에 대한 확신과 자신감이 있다.	1	2	3	4	5	6	7
41	일상생활에서 아주 작고 사소한 부분을 변화시킨다.	1	2	3	4	5	6	7
42	주변 사람들을 행복하게 만든다.	1	2	3	4	5	6	7

번호	문항 내용	전혀 아니다	아니다	아닌 편이다	보통이다	그런 편이다	그렇다	매우 그렇다
43	항상 자기가 옳다고 생각한다.	1	2	3	4	5	6	7
44	어떤 일을 할 때 끝까지 포기하지 않는다.	1	2	3	4	5	6	7
45	다양하고 폭넓은 사고를 한다.	1	2	3	4	5	6	7
46	사소한 것이라도 자신만의 방법으로 참신하게 만든다.	1	2	3	4	5	6	7
47	상대방의 일에 관심이 많다.	1	2	3	4	5	6	7
48	실천력이 강하다.	1	2	3	4	5	6	7
49	고집이 세다.	1	2	3	4	5	6	7
50	상대방을 배려한다.	1	2	3	4	5	6	7
51	많은 아이디어를 가지고 있다.	1	2	3	4	5	6	7
52	책을 많이 읽는다.	1	2	3	4	5	6	7
53	불편한 것들을 편리하게 만든다.	1	2	3	4	5	6	7
54	섬세하다.	1	2	3	4	5	6	7
55	순간적인 재치와 순발력이 있다.	1	2	3	4	5	6	7
56	당연하게 생각되는 것에 의문을 갖는다.	1	2	3	4	5	6	7
57	자신이 맡은 분야에 적극적으로 참여한다.	1	2	3	4	5	6	7
58	틀에 박힌 생각을 하지 않고 기존 관념을 깨는 생각을 많이 한다.	1	2	3	4	5	6	7
59	주변 친구나 선후배들에게 인정을 받는다.	1	2	3	4	5	6	7
60	항상 새로운 것을 찾는다.	1	2	3	4	5	6	7
61	혼자 있는 시간을 좋아한다.	1	2	3	4	5	6	7
62	리더쉽이 있다.	1	2	3	4	5	6	7
63	성격이 괴팍하다.	1	2	3	4	5	6	7
64	남들이 생각해 내지 못하는 것을 생각한다.	1	2	3	4	5	6	7

번호	문항 내용	전혀아니다	아니다	아닌편이다	보통이다	그런편이다	그렇다	매우그렇다
65	생각하는 것이 자유분방하다.	1	2	3	4	5	6	7
66	추진력이 있다.	1	2	3	4	5	6	7
67	새로운 것을 개발하는 능력이 있다.	1	2	3	4	5	6	7
68	상상력이 많다.	1	2	3	4	5	6	7
69	남들이 안 된다고 하는 일도 해 낸다.	1	2	3	4	5	6	7
70	스스로 문제 해결을 한다.	1	2	3	4	5	6	7
71	기발하고 독특한 아이디어를 많이 낸다.	1	2	3	4	5	6	7
72	자신의 선택에 대해 후회하지 않는다.	1	2	3	4	5	6	7
73	탐구 정신이 강하다.	1	2	3	4	5	6	7
74	손재주가 있다.	1	2	3	4	5	6	7
75	발명을 잘한다.	1	2	3	4	5	6	7
76	자기가 의도한 대로 사람을 이끌려고 한다.	1	2	3	4	5	6	7
77	솔직하다.	1	2	3	4	5	6	7
78	남들은 하기 어려운 일에 도전한다.	1	2	3	4	5	6	7
79	시간 관리에 철저하다.	1	2	3	4	5	6	7
80	편견과 인습에서 벗어난 행동을 많이 한다.	1	2	3	4	5	6	7
81	능률적으로 일을 한다.	1	2	3	4	5	6	7
82	자기만의 세계가 뚜렷하다.	1	2	3	4	5	6	7
83	남에게 얽매이는 것을 싫어한다.	1	2	3	4	5	6	7
84	남들과 약간 다르게 생각한다.	1	2	3	4	5	6	7
85	활발하고 활동적이다.	1	2	3	4	5	6	7
86	과감하게 일단 한번 해 본다.	1	2	3	4	5	6	7
87	엉뚱한 생각과 행동을 많이 한다.	1	2	3	4	5	6	7

번호	문항 내용	전혀아니다	아니다	아닌편이다	보통이다	그런편이다	그렇다	매우그렇다
88	일반 상식이 많다.	1	2	3	4	5	6	7
89	하고 싶은 일은 무슨 일이 있어도 한다.	1	2	3	4	5	6	7
90	쉽게 접하는 것에서 문제점을 찾아 개선한다.	1	2	3	4	5	6	7
91	개성이 강하다.	1	2	3	4	5	6	7
92	자기중심적이다.	1	2	3	4	5	6	7
93	다른 사람과 토론하기를 좋아한다.	1	2	3	4	5	6	7
94	다양한 사람을 알고 있다.	1	2	3	4	5	6	7
95	응용력이 뛰어나다.	1	2	3	4	5	6	7
96	자신만의 독특한 세계를 구축한다.	1	2	3	4	5	6	7
97	할 수 있는 한 최대의 효과를 거두려고 노력한다.	1	2	3	4	5	6	7
98	편리함과 특이함을 찾아내는 능력이 있다.	1	2	3	4	5	6	7
99	생각하는 시간이 많다.	1	2	3	4	5	6	7
100	여러 방면에 관심이 많다.	1	2	3	4	5	6	7
101	자유로운 분위기를 좋아한다.	1	2	3	4	5	6	7
102	재치와 유머가 있다.	1	2	3	4	5	6	7
103	대인관계가 원만하다.	1	2	3	4	5	6	7
104	한 가지 물건을 여러 가지 다른 용도로 사용한다.	1	2	3	4	5	6	7
105	실생활에 도움이 되는 일을 한다.	1	2	3	4	5	6	7
106	침착하지 못하고 산만하다.	1	2	3	4	5	6	7
107	생활을 편리하고 풍요롭게 만들어 삶의 질을 높인다.	1	2	3	4	5	6	7
108	자신의 일에 대한 열정을 가지고 있다.	1	2	3	4	5	6	7

번호	문항 내용	전혀아니다	아니다	아닌편이다	보통이다	그런편이다	그렇다	매우그렇다
109	자기 생각을 남에게 표현하기를 좋아한다.	1	2	3	4	5	6	7
110	다른 사람의 의견을 존중해 준다.	1	2	3	4	5	6	7
111	용기가 있다.	1	2	3	4	5	6	7
112	유행에 앞서가는 스타일을 좋아한다.	1	2	3	4	5	6	7
113	주변 사람들에게 인기가 많다.	1	2	3	4	5	6	7
114	진취적이며 적극적으로 행동한다.	1	2	3	4	5	6	7
115	불평불만이 많다.	1	2	3	4	5	6	7
116	열심히 노력한다.	1	2	3	4	5	6	7
117	사소한 것이라도 대단하게 생각한다.	1	2	3	4	5	6	7
118	앞일에 대해 예상하기를 좋아한다.	1	2	3	4	5	6	7
119	세상에 대해 비판적이다.	1	2	3	4	5	6	7
120	주변을 의식하지 않는다.	1	2	3	4	5	6	7
121	획일적이고 반복적인 일을 싫어한다.	1	2	3	4	5	6	7
122	모든 일을 완벽하게 처리하려고 한다.	1	2	3	4	5	6	7
123	여유가 많다.	1	2	3	4	5	6	7
124	기존의 것을 활용하여 물건을 잘 만든다.	1	2	3	4	5	6	7
125	남의 시선에 신경을 안 쓴다.	1	2	3	4	5	6	7
126	집착이 강하다.	1	2	3	4	5	6	7
127	성실하다.	1	2	3	4	5	6	7
128	웃으며 즐겁게 생활한다.	1	2	3	4	5	6	7
129	소신이 있다.	1	2	3	4	5	6	7
130	사물을 관찰하는 능력이 뛰어나다.	1	2	3	4	5	6	7
131	생각을 깊이 한다.	1	2	3	4	5	6	7

번호	문항 내용	전혀아니다	아니다	아닌편이다	보통이다	그런편이다	그렇다	매우그렇다
132	궁금한 것을 참지 못한다.	1	2	3	4	5	6	7
133	비슷하거나 똑같은 것을 싫어한다.	1	2	3	4	5	6	7
134	새로운 해결 방법을 잘 찾아낸다.	1	2	3	4	5	6	7
135	재미있는 생각을 많이 한다.	1	2	3	4	5	6	7
136	사람에 대한 믿음이 있다.	1	2	3	4	5	6	7
137	보통 사람들이 하는 것과 다른 방식으로 말하고 행동한다.	1	2	3	4	5	6	7
138	일에 대한 욕심이 많다.	1	2	3	4	5	6	7
139	남들보다 일처리가 빠르고 정확하다.	1	2	3	4	5	6	7
140	새로운 시각으로 사물을 본다.	1	2	3	4	5	6	7
141	생각한 것을 실제로 해 본다.	1	2	3	4	5	6	7
142	위기 대처 능력이 있다.	1	2	3	4	5	6	7
143	스스로 알아 가는데서 기쁨을 느낀다.	1	2	3	4	5	6	7
144	정해져 있는 것에서 이탈하는 행동을 많이 한다.	1	2	3	4	5	6	7
145	새로운 것 만들기를 좋아한다.	1	2	3	4	5	6	7
146	긍정적으로 생각한다.	1	2	3	4	5	6	7
147	좋아하는 것과 싫어하는 것의 구분이 뚜렷하다.	1	2	3	4	5	6	7
148	세상을 거꾸로 보려한다.	1	2	3	4	5	6	7
149	모든 일에 대하여 분석적이다.	1	2	3	4	5	6	7
150	사물을 구체적으로 세심하게 관찰한다.	1	2	3	4	5	6	7
151	감정이 풍부하다.	1	2	3	4	5	6	7
152	싫증을 잘 낸다.	1	2	3	4	5	6	7

번호	문항 내용	전혀 아니다	아니다	아닌 편이다	보통이다	그런 편이다	그렇다	매우 그렇다
153	생활에서 불편한 부분이 있으면 개선하려고 노력한다.	1	2	3	4	5	6	7
154	자기가 하는 일 이외에는 무관심하다.	1	2	3	4	5	6	7
155	미래 지향적으로 생각한다.	1	2	3	4	5	6	7
156	뭔가 한 가지에 푹 빠져 있을 때가 많다.	1	2	3	4	5	6	7
157	같은 내용이라도 여러 가지 형식으로 표현한다.	1	2	3	4	5	6	7
158	자신의 직감에 따라 행동한다.	1	2	3	4	5	6	7
159	관련성 없는 것들도 잘 연결시킨다.	1	2	3	4	5	6	7
160	항상 바쁘게 산다.	1	2	3	4	5	6	7
161	외모나 옷차림이 특이하다.	1	2	3	4	5	6	7
162	생각의 변화가 심하다.	1	2	3	4	5	6	7
163	재미있는 이야기를 잘 만들어 낸다.	1	2	3	4	5	6	7
164	갈등 상황에서 해결을 잘 한다.	1	2	3	4	5	6	7
165	황당한 말을 자주 한다.	1	2	3	4	5	6	7
166	독자적인 행동을 자주 한다.	1	2	3	4	5	6	7
167	잡기에 능하다.	1	2	3	4	5	6	7
168	예상치 못했던 일을 당했을 때 두려워하지 않는다.	1	2	3	4	5	6	7
169	예측할 수 없는 돌발적인 행동을 자주 한다.	1	2	3	4	5	6	7
170	자기 자신에 대해서 잘 알고 있다.	1	2	3	4	5	6	7
171	간섭이나 구속 받는 것을 싫어한다.	1	2	3	4	5	6	7
172	현실에 안주하지 않는다.	1	2	3	4	5	6	7

<부록 4>

전문적 창의성에 관한 설문

본 설문은 <u>전문적 창의성이 높은 사람들의 특성</u>에 대해 여러분들이 어떻게 생각하는지를 알아보고자 하는 것입니다. 여러분의 의견과 협조가 본 연구를 더욱 신뢰롭게 하는 바탕이 될 것입니다. 설문지의 응답 내용은 연구 목적 이외에 다른 용도로 사용되지 않을 것을 약속드립니다. 소중한 시간을 할애해 주셔서 감사합니다.

고려대학교 대학원 교육학과
정은이 드림

학부/학과		성별		연령		대학명	

* 전문적 창의성은 사회적으로 성공한 유명한 인물들(예; 서태지, 백남준 등)이 갖고 있는 창의성을 말합니다. 전문적 창의성이 높은 사람들은 각 문항에 제시된 특성들을 어느 정도나 갖고 있는지 7점 척도에 ○ 표 해 주시기 바랍니다.

* 전문적 창의성이 높은 사람들은

번호	문항 내용	전혀 아니다	아니다	아닌 편이다	보통이다	그런 편이다	그렇다	매우 그렇다
1	성실하다.	1	2	3	4	5	6	7
2	자신의 일을 사랑한다.	1	2	3	4	5	6	7
3	밝고 진취적이다.	1	2	3	4	5	6	7
4	침착하다.	1	2	3	4	5	6	7
5	박학다식하다.	1	2	3	4	5	6	7
6	유머감각이 있다.	1	2	3	4	5	6	7
7	변화에 능동적으로 대처한다.	1	2	3	4	5	6	7
8	메모를 잘 한다.	1	2	3	4	5	6	7
9	현실 적응력이 뛰어나다.	1	2	3	4	5	6	7
10	부지런하다.	1	2	3	4	5	6	7
11	생각이 자유롭다.	1	2	3	4	5	6	7
12	시대의 흐름에 대한 안목이 있다.	1	2	3	4	5	6	7
13	비관적이다.	1	2	3	4	5	6	7
14	자신의 생각과 느낌을 다른 사람에게 잘 표현한다.	1	2	3	4	5	6	7
15	현실에 안주하지 않는 자기 발전적인 사고방식을 갖고 있다.	1	2	3	4	5	6	7
16	엉뚱한 생각을 자주 한다.	1	2	3	4	5	6	7
17	개성이 강하다.	1	2	3	4	5	6	7
18	자기가 옳다고 생각하는 일을 한다.	1	2	3	4	5	6	7
19	한 가지 일을 여러 각도에서 생각해 보고 실행한다.	1	2	3	4	5	6	7
20	자신의 일에 대한 열정과 신념이 있다.	1	2	3	4	5	6	7

번호	문항 내용	전혀아니다	아니다	아닌편이다	보통이다	그런편이다	그렇다	매우그렇다
21	일단 결정하면 끝까지 밀어붙인다.	1	2	3	4	5	6	7
22	역사에 기록될만한 창조물을 만들어 낸다.	1	2	3	4	5	6	7
23	집중력이 강하다.	1	2	3	4	5	6	7
24	카리스마가 있다.	1	2	3	4	5	6	7
25	사전에 철저히 계획하여 밀고 나간다.	1	2	3	4	5	6	7
26	변화를 두려워하지 않는다.	1	2	3	4	5	6	7
27	느낀 대로 말하고 표현한다.	1	2	3	4	5	6	7
28	시간 관리를 잘한다.	1	2	3	4	5	6	7
29	자기가 하고 싶은 일만 한다.	1	2	3	4	5	6	7
30	남들이 하는 것을 잘 모방하여 자기 것으로 만든다.	1	2	3	4	5	6	7
31	틀에 얽매이지 않고 자유스럽게 사고한다.	1	2	3	4	5	6	7
32	인류에게 도움이 되는 일을 한다.	1	2	3	4	5	6	7
33	자신감이 강하다.	1	2	3	4	5	6	7
34	사물을 다른 시각으로 바라본다.	1	2	3	4	5	6	7
35	과묵하다.	1	2	3	4	5	6	7
36	평범하지 않다.	1	2	3	4	5	6	7
37	대다수의 사람들이 바람직하다고 생각하는 것을 한다.	1	2	3	4	5	6	7
38	실패를 딛고 일어선다.	1	2	3	4	5	6	7
39	사고의 폭이 넓다.	1	2	3	4	5	6	7
40	아무에게도 연락하지 않고 작업에만 열중한다.	1	2	3	4	5	6	7

번호	문항 내용	전혀아니다	아니다	아닌편이다	보통이다	그런편이다	그렇다	매우그렇다
41	예술적인 감수성이 있다.	1	2	3	4	5	6	7
42	공상을 많이 한다.	1	2	3	4	5	6	7
43	모험심이 강하다.	1	2	3	4	5	6	7
44	자신에 대한 믿음이 강하다.	1	2	3	4	5	6	7
45	다른 사람의 의견을 잘 수용한다.	1	2	3	4	5	6	7
46	결단력이 있다.	1	2	3	4	5	6	7
47	추진력이 강하다.	1	2	3	4	5	6	7
48	모임을 주도하는 편이다.	1	2	3	4	5	6	7
49	특별한 산출물이 있다.	1	2	3	4	5	6	7
50	지적 능력이 우수하다.	1	2	3	4	5	6	7
51	고민이 많다.	1	2	3	4	5	6	7
52	당당하다.	1	2	3	4	5	6	7
53	다른 사람들에게 존경받는다.	1	2	3	4	5	6	7
54	자기반성을 많이 한다.	1	2	3	4	5	6	7
55	자신의 생각과 일에 대한 자부심이 강하다.	1	2	3	4	5	6	7
56	다른 사람과 잘 어울리지 못한다.	1	2	3	4	5	6	7
57	고집이 세다.	1	2	3	4	5	6	7
58	사물을 세심하게 관찰한다.	1	2	3	4	5	6	7
59	인내심이 강하다.	1	2	3	4	5	6	7
60	자기중심적이다.	1	2	3	4	5	6	7
61	적극적이다.	1	2	3	4	5	6	7
62	자기 분야에서 전문가이다.	1	2	3	4	5	6	7

번호	문항 내용	전혀아니다	아니다	아닌편이다	보통이다	그런편이다	그렇다	매우그렇다
63	몰입할 때와 그만 둘 때를 안다.	1	2	3	4	5	6	7
64	타인의 눈에 띄는 것을 좋아한다.	1	2	3	4	5	6	7
65	과감하게 새로운 일에 도전한다.	1	2	3	4	5	6	7
66	자신이 속한 조직에 적응하려고 노력한다.	1	2	3	4	5	6	7
67	실패 했을 때 좌절하지 않는다.	1	2	3	4	5	6	7
68	자기가 맞다고 생각하면 남들이 뭐라고 해도 별로 개의치 않는다.	1	2	3	4	5	6	7
69	사회에 혁신적인 공헌을 한다.	1	2	3	4	5	6	7
70	자기가 하는 일에 몰입한다.	1	2	3	4	5	6	7
71	무에서 유를 창출해 낸다.	1	2	3	4	5	6	7
72	자기주장이 강하다.	1	2	3	4	5	6	7
73	불규칙한 생활을 한다.	1	2	3	4	5	6	7
74	대중들의 관심을 이끌어 낸다.	1	2	3	4	5	6	7
75	개인주의적이다.	1	2	3	4	5	6	7
76	세상을 삐딱하게 본다.	1	2	3	4	5	6	7
77	끊임없이 생각한다.	1	2	3	4	5	6	7
78	한 분야에 지속적인 관심을 갖고 있다.	1	2	3	4	5	6	7
79	하고 싶은 일은 어떻게 해서든 하고야 만다.	1	2	3	4	5	6	7
80	관용을 베푼다.	1	2	3	4	5	6	7
81	대다수의 사람들에게 인정받는다.	1	2	3	4	5	6	7
82	남에게 지기 싫어한다.	1	2	3	4	5	6	7
83	보통 사람들과 다른 사고방식을 지니고 있다.	1	2	3	4	5	6	7

번호	문항 내용	전혀아니다	아니다	아닌편이다	보통이다	그런편이다	그렇다	매우그렇다
84	사고의 틀을 깨는 것을 용납하는 사회적 분위기가 있었다.	1	2	3	4	5	6	7
85	자기의 전문 분야에서 남들이 생각하지 못하는 것을 한다.	1	2	3	4	5	6	7
86	작은 것이라도 그냥 지나치지 않고 관심을 갖고 본다.	1	2	3	4	5	6	7
87	모든 일에 최선을 다한다.	1	2	3	4	5	6	7
88	남들이 가는 보편적인 길을 거부하고 미개척 분야에 뛰어든다.	1	2	3	4	5	6	7
89	끊임없이 노력한다.	1	2	3	4	5	6	7
90	주관이 뚜렷하다.	1	2	3	4	5	6	7
91	일을 맡으면 즐거운 마음으로 한다.	1	2	3	4	5	6	7
92	전문 분야의 이론체계를 구축하고 그와 관련된 지식을 겸비하고 있다.	1	2	3	4	5	6	7
93	남들과 다른 감각이 있다.	1	2	3	4	5	6	7
94	사람들과 어울리기를 좋아한다.	1	2	3	4	5	6	7
95	잘 모르는 것이 있으면 주저 없이 질문한다.	1	2	3	4	5	6	7
96	주변 사람들에게서 배울 점을 찾는다.	1	2	3	4	5	6	7
97	다른 사람을 이해하려고 노력한다.	1	2	3	4	5	6	7
98	뛰어난 무언가를 만들어 내는 능력이 있다.	1	2	3	4	5	6	7
99	외향적이다.	1	2	3	4	5	6	7
100	주변에 조언해 주는 사람들이 많다.	1	2	3	4	5	6	7
101	성취욕이 강하다.	1	2	3	4	5	6	7
102	혼자 있는 시간이 많다.	1	2	3	4	5	6	7

번호	문항 내용	전혀아니다	아니다	아닌편이다	보통이다	그런편이다	그렇다	매우그렇다
103	활동적이다.	1	2	3	4	5	6	7
104	남을 이끄는 리더쉽이 있다.	1	2	3	4	5	6	7
105	독창적인 생각을 한다.	1	2	3	4	5	6	7
106	실패 했을 때 실패의 원인을 찾아본다.	1	2	3	4	5	6	7
107	폐쇄적이다.	1	2	3	4	5	6	7
108	호기심이 많다.	1	2	3	4	5	6	7
109	믿고 있는 진실을 끝까지 굽히지 않고 실천한다.	1	2	3	4	5	6	7
110	남들이 생각하지 못하는 기발하고 특이한 발상을 많이 한다.	1	2	3	4	5	6	7
111	실패의 경험이 많다.	1	2	3	4	5	6	7
112	참신하고 새로운 아이디어가 많다.	1	2	3	4	5	6	7
113	기존 관념을 거부한다.	1	2	3	4	5	6	7
114	스트레스에 효과적으로 대처한다.	1	2	3	4	5	6	7
115	실패를 두려워하지 않는다.	1	2	3	4	5	6	7
116	부모나 주변 사람들의 믿음과 지지가 있었다.	1	2	3	4	5	6	7
117	합리적으로 생각하고 행동한다.	1	2	3	4	5	6	7
118	다른 사람들의 생활에 변화를 준다.	1	2	3	4	5	6	7
119	주위 사람들이 적극적으로 지원을 해 준다.	1	2	3	4	5	6	7
120	사회 각 계층에 영향력을 미친다.	1	2	3	4	5	6	7
121	집념이 강하다.	1	2	3	4	5	6	7
122	혁신적인 생각을 한다.	1	2	3	4	5	6	7
123	깊이 있게 생각한다.	1	2	3	4	5	6	7

번호	문항 내용	전혀아니다	아니다	아닌편이다	보통이다	그런편이다	그렇다	매우그렇다
124	모든 조건이 잘 갖춰져 있었다.	1	2	3	4	5	6	7
125	미지의 것에 대해 생각한다.	1	2	3	4	5	6	7
126	자신의 전문 분야에서 최고라고 인정받는다.	1	2	3	4	5	6	7
127	직접 경험을 통해 교훈을 얻는다.	1	2	3	4	5	6	7
128	상상력이 뛰어나다.	1	2	3	4	5	6	7
129	가정이나 학교가 자유롭게 생각할 수 있는 분위기였다.	1	2	3	4	5	6	7
130	지도해 주고 본받을 만한 인생의 스승을 만났다.	1	2	3	4	5	6	7
131	새롭고 신선한 것을 추구한다.	1	2	3	4	5	6	7
132	경제적인 뒷받침이 있었다.	1	2	3	4	5	6	7
133	긍정적인 사고방식을 갖고 있다.	1	2	3	4	5	6	7
134	권위적이다.	1	2	3	4	5	6	7
135	생각하고 원하는 것은 무엇이든 하려고 한다.	1	2	3	4	5	6	7
136	타성에 젖지 않는 독특한 생각을 가지고 있다.	1	2	3	4	5	6	7
137	문화적, 예술적, 경제적 가치가 있는 일을 한다.	1	2	3	4	5	6	7
138	남들이 할 엄두도 못 내는 일을 한다.	1	2	3	4	5	6	7
139	실행에 옮기는 용기가 있다.	1	2	3	4	5	6	7
140	자신의 개성을 표현할 수 있는 대담함이 있다.	1	2	3	4	5	6	7
141	낙천적으로 산다.	1	2	3	4	5	6	7
142	유행에 따라 살지 않는다.	1	2	3	4	5	6	7

번호	문항 내용	전혀 아니다	아니다	아닌 편이다	보통 이다	그런 편이다	그렇다	매우 그렇다
143	돈이나 명예 등 사회적 성공을 추구하지 않는다.	1	2	3	4	5	6	7
144	혼자 있는 것을 좋아한다.	1	2	3	4	5	6	7
145	삶에 여유가 있다.	1	2	3	4	5	6	7
146	매사에 꼼꼼하다.	1	2	3	4	5	6	7
147	능력을 발휘할 수 있는 분야를 직업으로 갖고 있다.	1	2	3	4	5	6	7
148	다양한 분야에 접근한다.	1	2	3	4	5	6	7
149	자신의 생각이나 이념에 따라 생활한다.	1	2	3	4	5	6	7
150	책을 많이 읽는다.	1	2	3	4	5	6	7
151	안정보다는 변화를 지향한다.	1	2	3	4	5	6	7
152	경쟁 상대를 많이 의식한다.	1	2	3	4	5	6	7
153	뚜렷한 인생의 목표를 가지고 있다.	1	2	3	4	5	6	7
154	원칙에 따라 행동한다.	1	2	3	4	5	6	7
155	논리적이다.	1	2	3	4	5	6	7
156	돌아다니면서 보는 것을 좋아한다.	1	2	3	4	5	6	7
157	지적 교류를 주고받는 친구들이 많다.	1	2	3	4	5	6	7
158	고독을 이길 줄 아는 능력이 있다.	1	2	3	4	5	6	7
159	대인관계가 원만하다.	1	2	3	4	5	6	7
160	여행을 많이 한다.	1	2	3	4	5	6	7
161	끈기가 있다.	1	2	3	4	5	6	7
162	탐구심이 강하다.	1	2	3	4	5	6	7
163	괴팍하다.	1	2	3	4	5	6	7
164	개방적인 성격이다.	1	2	3	4	5	6	7

번호	문항 내용	전혀아니다	아니다	아닌편이다	보통이다	그런편이다	그렇다	매우그렇다
166	남들이 겪어보지 못한 다양하고 특별한 경험을 많이 했다.	1	2	3	4	5	6	7
167	신경질적이다.	1	2	3	4	5	6	7
168	자신과 같은 생각을 하는 사람들과 자주 만난다.	1	2	3	4	5	6	7
169	다양하고 폭넓은 지식을 갖고 있다.	1	2	3	4	5	6	7
170	괴짜이다.	1	2	3	4	5	6	7
171	비밀이 많다.	1	2	3	4	5	6	7
172	대인관계에 어려움이 많다.	1	2	3	4	5	6	7
173	미래에 대비하여 철저히 준비한다.	1	2	3	4	5	6	7

<부록 5>

일상적 창의성 적절성 평가 결과(평균 및 표준편차)

*: 평균 1.6 이상인 문항

문항번호	Mean	SD	문항번호	Mean	SD	문항번호	Mean	SD
*V1	1.64	.48	V31	1.37	.49	V61	1.57	.50
*V2	1.69	.46	*V32	1.67	.47	V62	1.47	.50
*V3	1.83	.38	*V33	1.60	.49	V63	1.22	.42
V4	1.29	.46	V34	1.40	.49	*V64	1.71	.46
V5	1.44	.50	*V35	1.88	.33	*V65	1.94	.23
V6	1.35	.48	*V36	1.60	.49	*V66	1.61	.49
*V7	1.76	.43	V37	1.18	.39	*V67	1.69	.46
V8	1.53	.50	*V38	1.74	.44	*V68	1.92	.28
V9	1.40	.49	V39	1.54	.50	*V69	1.64	.48
*V10	1.64	.48	*V40	1.78	.42	*V70	1.72	.45
V11	1.54	.50	*V41	1.72	.45	*V71	1.71	.46
*V12	1.65	.48	V42	1.54	.50	V72	1.53	.50
V13	1.40	.49	V43	1.31	.46	*V73	1.64	.48
V14	1.50	.50	*V44	1.60	.49	*V74	1.60	.49
V15	1.50	.50	*V45	1.69	.46	V75	1.51	.50
V16	1.29	.46	*V46	1.82	.39	*V76	1.61	.49
*V17	1.92	.28	*V47	1.71	.46	*V77	1.75	.44
*V18	1.67	.47	V48	1.54	.50	*V78	1.63	.49
V19	1.36	.48	*V49	1.63	.49	V79	1.35	.48
V20	1.40	.49	*V50	1.60	.49	*V80	1.71	.46
*V21	1.72	.45	*V51	1.72	.45	V81	1.53	.50
*V22	1.74	.44	*V52	1.68	.47	*V82	1.82	.39
*V23	1.89	.32	*V53	1.64	.48	*V83	1.87	.33
*V24	1.65	.48	V54	1.58	.50	*V84	1.89	.32
V25	1.50	.50	*V55	1.81	.40	*V85	1.75	.44
*V26	1.60	.49	*V56	1.72	.45	*V86	1.81	.40
V27	1.49	.50	*V57	1.82	.39	*V87	1.81	.40
V28	1.56	.50	*V58	1.85	.36	*V88	1.62	.49

문항번호	Mean	SD	문항번호	Mean	SD	문항번호	Mean	SD
V29	1.31	.46	V59	1.58	.50	*V89	1.74	.44
V30	1.56	.50	*V60	1.76	.43	*V90	1.62	.49
*V91	1.76	.43	*V121	1.74	.44	*V151	1.78	.42
V92	1.53	.50	V122	1.42	.50	V152	1.58	.50
*V93	1.64	.48	V123	1.67	.47	*V153	1.76	.43
*V94	1.74	.44	*V124	1.71	.46	V154	1.42	.50
*V95	1.76	.43	V125	1.57	.50	*V155	1.76	.43
*V96	1.75	.44	*V126	1.61	.49	*V156	1.79	.41
*V97	1.82	.39	V127	1.53	.50	*V157	1.67	.47
*V98	1.79	.41	*V128	1.75	.44	*V158	1.76	.43
*V99	1.87	.33	*V129	1.85	.36	*V159	1.83	.38
*V100	1.90	.30	*V130	1.74	.44	V160	1.50	.50
*V101	1.90	.30	*V131	1.81	.40	V161	1.44	.50
V102	1.56	.50	*V132	1.86	.35	*V162	1.69	.46
*V103	1.81	.40	*V133	1.78	.42	V163	1.56	.50
*V104	1.74	.44	*V134	1.75	.44	V164	1.56	.50
*V105	1.62	.49	*V135	1.72	.45	*V165	1.63	.49
V106	1.44	.50	*V136	1.68	.47	*V166	1.67	.47
*V107	1.72	.45	*V137	1.64	.48	V167	1.57	.50
*V108	1.87	.33	*V138	1.61	.49	V168	1.56	.50
*V109	1.71	.46	V139	1.36	.48	V169	1.54	.50
V110	1.69	.46	*V140	1.72	.45	V170	1.58	.50
*V111	1.71	.46	*V141	1.81	.40	*V171	1.87	.33
V112	1.44	.50	*V142	1.74	.44	*V172	1.79	.41
V113	1.54	.50	*V143	1.85	.36			
*V114	1.76	.43	*V144	1.68	.47			
V115	1.39	.49	*V145	1.74	.44			
*V116	1.62	.49	*V146	1.69	.46			
*V117	1.71	.46	*V147	1.67	.47			
*V118	1.74	.44	V148	1.54	.50			
V119	1.38	.49	*V149	1.61	.49			
V120	1.51	.50	*V150	1.69	.46			
문항번호	Mean	SD	문항번호	Mean	SD	문항번호	Mean	SD

<부록 6>

전문적 창의성 적절성 평가 결과(평균 및 표준편차)

*: 평균 1.6 이상인 문항

문항번호	Mean	SD	문항번호	Mean	SD	문항번호	Mean	SD
V1	1.53	.50	*V31	1.87	.34	*V61	1.83	.38
*V2	1.81	.40	V32	1.36	.49	*V62	1.85	.36
*V3	1.68	.47	*V33	1.89	.31	*V63	1.66	.48
V4	1.32	.47	*V34	1.79	.41	V64	1.38	.49
V5	1.40	.50	V35	1.15	.36	*V65	1.72	.45
*V6	1.60	.50	*V36	1.79	.41	V66	1.53	.50
*V7	1.89	.31	V37	1.28	.45	*V67	1.66	.48
V8	1.53	.50	*V38	1.85	.36	*V68	1.81	.40
*V9	1.72	.45	*V39	1.68	.47	V69	1.45	.50
*V10	1.60	.50	V40	1.45	.50	*V70	1.89	.31
*V11	1.91	.28	*V41	1.68	.47	*V71	1.62	.49
*V12	1.74	.44	*V42	1.85	.36	*V72	1.83	.38
V13	1.26	.44	*V43	1.77	.43	*V73	1.64	.49
*V14	1.66	.48	*V44	1.83	.38	*V74	1.66	.48
*V15	1.79	.41	V45	1.38	.49	V75	1.51	.51
*V16	1.89	.31	*V46	1.85	.36	V76	1.45	.50
*V17	1.91	.28	*V47	1.85	.36	*V77	1.79	.41
*V18	1.87	.34	V48	1.40	.50	*V78	1.74	.44
*V19	1.68	.47	V49	1.57	.50	*V79	1.91	.28
*V20	1.91	.28	V50	1.47	.50	V80	1.32	.47
*V21	1.72	.45	*V51	1.68	.47	V81	1.49	.51
V22	1.43	.50	*V52	1.87	.34	*V82	1.85	.36
*V23	1.70	.46	V53	1.38	.49	*V83	1.85	.36
*V24	1.62	.49	V54	1.49	.51	V84	1.53	.50
V25	1.47	.50	*V55	1.79	.41	*V85	1.83	.38
*V26	1.81	.40	V56	1.36	.49	*V86	1.77	.43
*V27	1.89	.31	*V57	1.74	.44	*V87	1.72	.45

문항번호	Mean	SD	문항번호	Mean	SD	문항번호	Mean	SD
V28	1.51	.51	*V58	1.81	.40	V88	1.57	.50
*V29	1.62	.49	*V59	1.74	.44	*V89	1.89	.31
V30	1.36	.49	*V60	1.64	.49	*V90	1.85	.36
*V91	1.85	.36	*V121	1.87	.34	*V151	1.77	.43
*V92	1.64	.49	*V122	1.77	.43	V152	1.40	.50
*V93	1.87	.34	*V123	1.74	.44	*V153	1.77	.43
*V94	1.60	.50	V124	1.26	.44	V154	1.51	.51
*V95	1.74	.44	*V125	1.74	.44	*V155	1.60	.50
*V96	1.68	.47	*V126	1.64	.49	*V156	1.79	.41
V97	1.55	.50	*V127	1.87	.34	*V157	1.66	.48
*V98	1.68	.47	*V128	1.83	.38	*V158	1.74	.44
V99	1.45	.50	V129	1.51	.51	*V159	1.62	.49
*V100	1.64	.49	V130	1.51	.51	*V160	1.81	.40
*V101	1.83	.38	*V131	1.79	.41	*V161	1.83	.38
*V102	1.64	.49	V132	1.38	.49	*V162	1.81	.40
*V103	1.70	.46	*V133	1.64	.49	V163	1.53	.50
V104	1.49	.51	V134	1.32	.47	*V164	1.79	.41
*V105	1.87	.34	*V135	1.81	.40	*V165	1.94	.25
V106	1.85	.36	*V136	1.81	.40	*V166	1.79	.41
V107	1.32	.47	*V137	1.62	.49	V167	1.40	.50
*V108	1.94	.25	*V138	1.72	.45	*V168	1.64	.49
*V109	1.96	.20	*V139	1.85	.36	*V169	1.60	.50
*V110	1.85	.36	*V140	1.85	.36	*V170	1.60	.50
*V111	1.81	.40	V141	1.51	.51	*V171	1.62	.49
*V112	1.79	.41	*V142	1.77	.43	V172	1.49	.51
*V113	1.72	.45	V143	1.40	.50	*V173	1.68	.47
V114	1.55	.50	*V144	1.62	.49			
*V115	1.79	.41	V145	1.45	.50			
*V116	1.66	.48	*V146	1.60	.50			
*V117	1.70	.46	*V147	1.81	.40			
*V118	1.64	.49	*V148	1.79	.41			
*V119	1.60	.50	*V149	1.83	.38			
V120	1.57	.50	*V150	1.68	.47			

<부록 7>

일상적 창의성에 관한 예비 척도

안녕하십니까? 우선 설문에 응해 주셔서 대단히 감사합니다.

본 설문은 <u>일상적 창의성</u> 에 관한 것입니다. *일상적 창의성이란 우리 주변의 보통 사람들이 갖고 있는 창의성으로 삶을 더욱 풍부하고 행복하게 유지하며 현실 생활에 잘 적응할 수 있도록 해 줍니다.*

여러분의 협조가 본 연구를 더욱 신뢰롭게 하는 바탕이 될 것입니다. 설문지의 응답 내용은 연구 목적 이외에 다른 용도로 사용되지 않을 것을 약속드립니다. 소중한 시간을 할애해 주셔서 감사합니다.

고려대학교 대학원 교육학과

정은이 드림

학부/학과		성별		연령		대학명	

 * 아래의 문항들을 신중히 읽고 각 문항이 자신을 얼마나 설명하고 있는지를

 1점(전혀 아니다)부터 5점(매우 그렇다) 사이에서 골라 ○ 표 해 주시기 바랍니다.

번호	문항 내용	전혀아니다	아닌편이다	보통이다	그런편이다	매우그렇다
1	나는 한 가지 일을 여러 가지 각도에서 생각해 보고 실행한다.	1	2	3	4	5
2	TV 토론 프로그램을 볼 때 그와 관련된 여러 가지 생각이 떠오른다.	1	2	3	4	5
3	일상생활에서 흔히 볼 수 있는 것들을 사용해 특별한 것을 만든다.	1	2	3	4	5
4	처음 보는 새로운 기능과 디자인의 제품을 보면 사고 싶어진다.	1	2	3	4	5
5	내가 좋아하는 일은 시간 가는 줄 모르고 한다.	1	2	3	4	5
6	나는 남에게 얽매이는 것을 싫어한다.	1	2	3	4	5
7	나는 가까운 주변 사람들에게 즐거움을 줄 때가 있다.	1	2	3	4	5
8	언젠가는 내가 하고 싶은 일을 할 수 있을 것이다.	1	2	3	4	5
*9	나는 이미 정해져 있는 것을 바꾸어 보면 어떨까 하는 생각을 자주 한다.	1	2	3	4	5
10	해결하기 어려운 일에 닥쳤을 때 여러 가지 대안을 생각해 본다.	1	2	3	4	5
11	사소한 것이라도 나만의 방법으로 참신하게 변화시킨다.	1	2	3	4	5
12	나는 남들이 당연하다고 생각하는 것에 의문을 갖는다.	1	2	3	4	5
*13	나는 무언가 새로운 것을 알아 가는데서 기쁨을 느낀다.	1	2	3	4	5
14	나는 간섭이나 구속받는 것을 싫어한다.	1	2	3	4	5
15	다른 사람들이 나에 대해 알게 되는 것이 싫다. (R)	1	2	3	4	5
16	친구들은 나에게 도움을 청할 때가 있다.	1	2	3	4	5
17	나 자신의 잠재력에 대한 믿음이 강한 편이다.	1	2	3	4	5
18	나는 하나의 지식을 얻으면 응용하여 다른 데 적용해 보곤 한다.	1	2	3	4	5

214

번호	문항 내용	전혀아니다	아닌편이다	보통이다	그런편이다	매우그렇다
19	나는 똑같은 재료를 가지고도 여러 가지 다양한 형식으로 표현하려고 노력한다.	1	2	3	4	5
20	나는 전혀 어울릴 것 같지 않은 것들을 결합해 뭔가를 만들곤 한다.	1	2	3	4	5
21	직접 무언가 일상생활에 도움이 되는 것들을 만들어 보는 걸 좋아한다.	1	2	3	4	5
22	흥미 있는 일은 다른 일을 제쳐두고라도 꼭 해내고야 만다.	1	2	3	4	5
23	나는 자유롭게 여행을 하거나 혼자만의 시간을 갖는 것이 두렵다. (R)	1	2	3	4	5
24	나는 여러 가지 다양한 경험을 해보려고 노력한다.	1	2	3	4	5
25	나로 인해 다른 사람들이 행복하게 되는 것을 삶의 큰 기쁨으로 여긴다.	1	2	3	4	5
26	나는 틀에 얽매이지 않고 자유스럽게 사고한다.	1	2	3	4	5
27	나는 살면서 새로운 시도를 많이 한다.	1	2	3	4	5
*28	나는 보통 사람들과 다른 독특한 방식으로 문제를 해결하곤 한다.	1	2	3	4	5
*29	나는 일단 하려고 마음먹은 일은 어떠한 어려움이 있어도 꼭 해내고야 만다.	1	2	3	4	5
30	나는 남들과 똑같은 방식과 행동을 싫어한다.	1	2	3	4	5
31	나와 다른 생각과 가치관을 가진 사람들과 잘 어울리지 못한다. (R)	1	2	3	4	5
32	나는 이 세상에서 꼭 필요한 사람이라고 생각한다.	1	2	3	4	5
33	나는 매사를 긍정적으로 생각하고 받아들이려고 노력한다.	1	2	3	4	5
34	나는 사물을 본래의 용도와 다르게 사용할 수 있는 방법을 찾아보곤 한다.	1	2	3	4	5
35	나는 하나의 사건이나 사물을 보고 여러 가지 상상을 한다.	1	2	3	4	5

번호	문항 내용	전혀아니다	아닌편이다	보통이다	그런편이다	매우그렇다
36	나는 남들이 생각해 내지 못하는 기발하고 특이한 발상을 할 때가 있다.	1	2	3	4	5
*37	나는 일상생활에 도움이 되는 잡다한 것들에 관심이 많다.	1	2	3	4	5
38	내가 좋아하는 행사나 모임이 있으면 적극적으로 참여한다.	1	2	3	4	5
39	나는 자유로운 분위기를 좋아한다.	1	2	3	4	5
40	더 나은 생각과 아이디어라면 내 생각과 다르더라도 받아들인다.	1	2	3	4	5
41	여러 사람이 함께 하는 일이 있을 때 사람들과 어울리고 협조하려고 노력한다.	1	2	3	4	5
*42	나 자신과 내가 내린 결정에 대해 스스로 책임을 지려고 노력한다.	1	2	3	4	5

: R 표시된 문항은 역채점 문항

<부록 8>

일상적 창의성 본 검사

안녕하십니까? 우선 설문에 응해 주셔서 대단히 감사합니다.

본 설문은 <u>일상적 창의성</u>에 관한 것입니다. *일상적 창의성이란 우리 주변의 보통 사람들이 갖고 있는 창의성으로 삶을 더욱 풍부하고 행복하게 유지하며 현실 생활에 잘 적응할 수 있도록 해 줍니다.*

여러분의 협조가 본 연구를 더욱 신뢰롭게 하는 바탕이 될 것입니다. 설문지의 응답 내용은 연구 목적 이외에 다른 용도로 사용되지 않을 것을 약속드립니다. 소중한 시간을 할애해 주셔서 감사합니다.

고려대학교 대학원 교육학과

정은이 드림

학부/학과		성별		연령		대학명	

* 아래의 문항들을 신중히 읽고 각 문항이 자신을 얼마나 설명하고 있는지를

1점(전혀 아니다)부터 5점(매우 그렇다)사이에서 골라 ○ 표 해 주시기 바랍니다.

번호	문항 내용	전혀아니다	아닌편이다	보통이다	그런편이다	매우그렇다
1	나는 한 가지 일을 여러 가지 각도에서 생각해 보고 실행한다.	1	2	3	4	5
2	TV 토론 프로그램을 볼 때 그와 관련된 여러 가지 생각이 떠오른다.	1	2	3	4	5
3	일상생활에서 흔히 볼 수 있는 것들을 사용해 특별한 것을 만든다.	1	2	3	4	5
4	처음 보는 새로운 기능과 디자인의 제품을 보면 사고 싶어진다.	1	2	3	4	5
5	내가 좋아하는 일은 시간 가는 줄 모르고 한다.	1	2	3	4	5
6	나는 남에게 얽매이는 것을 싫어한다.	1	2	3	4	5
7	나는 가까운 주변 사람들에게 즐거움을 줄 때가 있다.	1	2	3	4	5
8	언젠가는 내가 하고 싶은 일을 할 수 있을 것이다.	1	2	3	4	5
9	해결하기 어려운 일에 닥쳤을 때 여러 가지 대안을 생각해 본다.	1	2	3	4	5
10	사소한 것이라도 나만의 방법으로 참신하게 변화시킨다.	1	2	3	4	5
11	나는 남들이 당연하다고 생각하는 것에 의문을 갖는다.	1	2	3	4	5
12	나는 간섭이나 구속받는 것을 싫어한다.	1	2	3	4	5
13	다른 사람들이 나에 대해 알게 되는 것이 싫다. (R)	1	2	3	4	5
14	친구들은 나에게 도움을 청할 때가 있다.	1	2	3	4	5
15	나 자신의 잠재력에 대한 믿음이 강한 편이다.	1	2	3	4	5
16	나는 하나의 지식을 얻으면 응용하여 다른 데 적용해 보곤 한다.	1	2	3	4	5
17	나는 똑같은 재료를 가지고도 여러 가지 다양한 형식으로 표현하려고 노력한다.	1	2	3	4	5
18	나는 전혀 어울릴 것 같지 않은 것들을 결합해 뭔가를 만들곤 한다.	1	2	3	4	5
19	직접 무언가 일상생활에 도움이 되는 것들을 만들어 보는 걸 좋아한다.	1	2	3	4	5

번호	문항 내용	전혀아니다	아닌편이다	보통이다	그런편이다	매우그렇다
20	흥미 있는 일은 다른 일을 제쳐두고라도 꼭 해내고야 만다.	1	2	3	4	5
21	나는 자유롭게 여행을 하거나 혼자만의 시간을 갖는 것이 두렵다. (R)	1	2	3	4	5
22	나는 여러 가지 다양한 경험을 해보려고 노력한다.	1	2	3	4	5
23	나로 인해 다른 사람들이 행복하게 되는 것을 삶의 큰 기쁨으로 여긴다.	1	2	3	4	5
24	나는 틀에 얽매이지 않고 자유스럽게 사고한다.	1	2	3	4	5
25	나는 살면서 새로운 시도를 많이 한다.	1	2	3	4	5
26	나는 남들과 똑같은 방식과 행동을 싫어한다.	1	2	3	4	5
27	나와 다른 생각과 가치관을 가진 사람들과는 잘 어울리지 못한다. (R)	1	2	3	4	5
28	나는 이 세상에서 꼭 필요한 사람이라고 생각한다.	1	2	3	4	5
29	나는 매사를 긍정적으로 생각하고 받아들이려고 노력한다.	1	2	3	4	5
30	나는 사물을 본래의 용도와 다르게 사용할 수 있는 방법을 찾아보곤 한다.	1	2	3	4	5
31	나는 하나의 사건이나 사물을 보고 여러 가지 상상을 한다.	1	2	3	4	5
32	나는 남들이 생각해 내지 못하는 기발하고 특이한 발상을 할 때가 있다.	1	2	3	4	5
33	내가 좋아하는 행사나 모임이 있으면 적극적으로 참여한다.	1	2	3	4	5
34	나는 자유로운 분위기를 좋아한다.	1	2	3	4	5
35	더 나은 생각과 아이디어라면 내 생각과 다르더라도 받아들인다.	1	2	3	4	5
36	여러 사람이 함께 하는 일이 있을 때 사람들과 어울리고 협조하려고 노력한다.	1	2	3	4	5

: R 표시된 문항은 역채점 문항(13, 21, 27번 문항)

<부록 9>

일상적 창의성 척도의 확인적 요인 분석을 위한
공분산 행렬

.6932
.2721 .7845
.2669 .1611 .8616
.1130 .0345 .2066 1.0607
.0994 .0818 .1582 .2719 .6028
.0754 .1110 .0633 .1082 .2007 .7363
.1017 .0706 .1339 .1192 .1384 .0657 .5147
.1695 .1566 .1379 .0733 .1640 .0524 .1435 .6336
.2351 .1566 .0673 -.0076 .1021 .0658 .0777 .1490 .6335
.3010 .1291 .3322 .1586 .1682 .0288 .1602 .2193 .2305 .6894
.3175 .2628 .2315 .1921 .1737 .2094 .0964 .0841 .1747 .3097 .8841
.0639 .0671 .0935 .1511 .1917 .5068 .0438 .0640 .0607 .0358 .2353 .6204
.0057 .1082 .0630 .1090 .0993 -.0348 .1442 .0439 .1010 .1688 -.0254 -.0445 1.0152
.0333 .0977 .0755 .1208 .1210 .0221 .1675 .0705 .0886 .0825 -.0043 .0183 .1959
.4401   .
.1687 .2036 .2064 .1467 .1910 .0983 .2153 .2873 .2121 .2585 .2482 .0731 .1027
.1298 .8328
.2600 .1947 .2330 .0781 .1411 .1178 .1253 .1528 .1925 .2725 .2293 .0885 .0864
.0692 .3735 .6993
.3226 .2034 .4728 .1480 .0989 .0392 .1395 .1856 .1957 .3973 .2842 .0612 .0993
.0381 .3145 .4024 .8094
.2209 .1615 .4104 .1130 .1135 .0673 .0861 .0753 .1008 .3478 .2867 .0866 .0788
.0331 .1667 .2885 .4774 .7979
.1767 .0949 .5482 .1918 .1448 -.0043 .1092 .1267 .1081 .3019 .2153 .0040 .0454
.0185 .2008 .3076 .4509 .4878 .9940
.1869 .0452 .1868 .1842 .2996 .1963 .0758 .1728 .1682 .2462 .2729 .1582 .0910
.0862 .1261 .1653 .2208 .2300 .2171 .8281
.0947 .1404 .1033 -.0006 .0597 .2640 -.0651 .0813 .1234 .0781 .1633 .1576 -.0777
.0255 .1190 .1182 .1325 .1612 .1069 .1990 .9724
.1597 .1981 .0849 .0354 .1260 .1862 .1093 .1990 .1736 .0706 .1944 .1184 .1362
.1069 .2741 .1812 .1190 .0726 .0708 .1520 .3629 .7969
.1020 .1036 .1261 .1350 .1870 .0720 .2432 .2229 .1853 .2120 .1646 .0436 .2239
.1705 .2157 .1480 .1361 .1239 .1303 .1986 .0756 .2233 .6959
.1768 .1229 .1654 .1138 .1423 .2912 .0833 .1003 .1334 .1795 .2474 .2645 .1307
.0313 .1575 .1368 .2420 .2047 .0949 .2040 .2429 .2708 .1932 .7137
.1612 .1554 .1964 .1016 .1103 .2020 .1187 .1373 .1265 .1718 .2275 .1616 .1538
.0616 .2696 .2172 .2591 .2405 .2126 .1999 .2338 .4025 .2299 .3893 .7720
.1240 .0772 .1759 .1948 .1740 .2877 .0938 .1038 .1370 .1690 .3143 .3314 .1201
.0876 .2349 .1332 .1787 .1342 .1090 .2569 .1513 .3060 .1615 .3440 .3541 .8194
.1350 .1162 .1369 .0961 .0694 -.0787 .1717 .0807 .1057 .1163 .0951 -.0200 .1738

```
.1066  .2064  .1259  .1436  .1688  .0960  .0166 -.0337  .1360  .1455  .1284  .1879  .0615
.9232
.1498  .1687  .0734  .1043  .1342 -.0199  .1599  .2444  .1441  .1937  .0749 -.0407  .1496
.1378  .3744  .1993  .1497  .0706  .1206  .0974  .0613  .2061  .2506  .0675  .2210  .1273
.2136  .7458
.0789  .1744  .0646  .0486  .1369  .0638  .1279  .1660  .1852  .0918  .0296  .0279  .2148
.2023  .2608  .1908  .1049  .1068  .1054  .1183  .1009  .2007  .2730  .1526  .2721  .0927
.2784  .3746  .7709
.2161  .1828  .3711  .0985  .0889  .0512  .1410  .1301  .1458  .2694  .3108  .0362  .0309
.0687  .2149  .3229  .3631  .4158  .4176  .2405  .0729  .0641  .1867  .1371  .2421  .1688
.1181  .1637  .1791  .6944
.2086  .3458  .2590  .0956  .0787  .0809  .1008  .0575  .1623  .2179  .3042  .0931  .0856
.0604  .2257  .2300  .3043  .2360  .2745  .1699  .1242  .1327  .1586  .1612  .2339  .1929
.1137  .1481  .1305  .3871  .7861
.2690  .2707  .3804  .1087  .1317  .1884  .2055  .0940  .2236  .2979  .3920  .1876  .1299
.1349  .2038  .3097  .4136  .3200  .2867  .2410  .1163  .1905  .1653  .2722  .2882  .3039
.1273  .0861  .1129  .3622  .4360  .8743
.1056  .0822  .0998  .0880  .1714  .1913  .1491  .2160  .1303  .1467  .1338  .1315  .2183
.1749  .1573  .1690  .1092  .0892  .0505  .2958  .1467  .2606  .2723  .2230  .2207  .2089
.1326  .1866  .2300  .1432  .1291  .2031  .9343
.0438  .0637  .0710  .1422  .1792  .2663  .1288  .1183  .0425  .0633  .1434  .2907  .1286
.1333  .0657  .0578  .0756  .0280  .0027  .2054  .0971  .1812  .1649  .2670  .1904  .2635
.0893  .0394  .1148  .0722  .0913  .1146  .3768  .5627
.0352  .0869  .0987  .1341  .1556  .1081  .1069  .0912  .0947  .0853  .0420  .1151  .1088
.0934  .1073  .0766  .0798  .0453  .1015  .1122  .1937  .1835  .1188  .0891  .1522  .1454
.1047  .1023  .1918  .0974  .0860  .0947  .1960  .1724  .4968
.0520  .0498  .0639  .0174  .0957  .0260  .1775  .1100  .1508  .0904 -.0298  .0208  .1429
.1926  .1434  .0895  .0995  .0405  .0723  .0691  .1376  .1423  .2337  .0605  .1060  .0394
.1717  .1513  .2256  .0531  .1145  .0930  .3087  .1938  .2782  .6015
```

* 제시된 변수들은 본문의 확인적 요인 분석 결과에 제시된 순서와 같음

<부록 10>

Gough, CPS 척도

* 다음의 형용사를 읽고 자신을 잘 표현하고 있는 것들을 골라 빈칸에 ○ 표 하세요. 맞거나 틀리는 것이 없으니 오랫동안 생각하지 말고 솔직하고 빠르게 답하세요. (자신의 바램이나 희망사항이 아니라 실제의 나를 나타내는 것에만 표시하여 주시기 바랍니다.)

1	가장하는		16	유머 감각 있는	
2	격식 차리지 않는		17	예의바른	
3	개인주의적인		18	인습에 얽매이지 않는	
4	관습적인		19	의심 많은	
5	기지가 있는		20	자기중심의	
6	독창적인		21	자신만만한	
7	매력적인		22	자신 있는	
8	보수적인		23	정직한	
9	불만스런		24	지적인	
10	속물의		25	진실한	
11	사려 깊은		26	창작의 재능이 있는	
12	순종하는		27	통찰력 있는	
13	신중한		28	평범한	
14	영리한		29	흥미가 다양한	
15	유능한		30	흥미 범위가 좁은	

<부록 11>

Gough 척도의 요인 계수 행렬

문 항	요인1	요인2	요인3
요인 1			
22 자신 있는	0.56684	0.01103	0.32143
24 지적인	0.52396	0.09712	0.28396
15 유능한	0.51602	0.10987	0.27834
7 매력적인	0.50578	0.00251	0.25581
26 창작의 재능이 있는	0.47415	-0.06664	0.22926
6 독창적인	0.46661	-0.03064	0.21866
29 흥미가 다양한	0.45416	-0.22185	0.25547
27 통찰력 있는	0.44019	0.20409	0.23542
5 기지가 있는	0.41885	0.00921	0.17551
14 영리한	0.40752	0.00336	0.16608
21 자신만만한	0.39423	-0.15485	0.17939
16 유머 감각 있는	0.36564	-0.00896	0.13377
요인 2			
17 예의바른	0.29731	0.47037	0.30964
23 정직한	0.14151	0.43666	0.21069
30 흥미 범위가 좁은	-0.38214	0.39401	0.30127
12 순종하는	-0.09251	0.39027	0.16086
25 진실한	0.32598	0.37879	0.24974
4 관습적인	-0.04825	0.35681	0.12963
11 사려 깊은	0.27779	0.34334	0.19505
8 보수적인	-0.8281	0.31731	0.10754
28 평범한	-0.24423	0.30586	0.15320
요인분산	3.10639	1.44442	4.55081
요인분산 비율	68.2601	31.7398	

<부록 12>

Gough 척도의 기초 요인 분석(고유치)

	요 인	
	1	2
고유치 Eigenvalue	3.1142	1.4365
고유치 차이 Difference	1.6777	0.6560
설명 분산 비율 Proportion	0.5548	0.2559
누적 설명 분산 비율 Cumulative	0.5548	0.8107

224

<부록 13>

GIFFI(Ⅱ)

아래 문항들은 평소에 여러분이 여러 가지 것들에 대해서 어떻게 생각하는지를 알기 위한 것입니다. 각 문항은 맞거나 틀리는 정답이 있는 문제가 아닙니다. 잘 읽어 보신 후, 각 문항의 내용이 여러분의 평소 행동이나 생각과 얼마나 일치하는지를 "1점(전혀 그렇지 않다)"에서 "5점(완전히 그렇다)" 사이의 정도로 평가해 보시기 바랍니다.

번호	문항 내용	전혀 아니다	아니 편이다	보통이다	그런 편이다	매우 그렇다
1	나는 유머감각이 매우 좋다.	1	2	3	4	5
2	나는 그림을 그리거나 색칠하는 것에 언제나 의욕적이다.	1	2	3	4	5
3	나는 비행사 자격증을 따고 싶다.	1	2	3	4	5
4	나는 길을 잃어버리더라도 새로운 도시를 혼자서 구경하고 싶다.	1	2	3	4	5
5	나는 어떤 일을 새롭고 더 나은 방식으로 하는 것에 대해 생각하는 것을 좋아한다.	1	2	3	4	5
6	나는 호기심이 매우 많다.	1	2	3	4	5
7	나는 아이들처럼 단순한 일에 몰두하는 경향이 있다.	1	2	3	4	5
8	나는 매우 독창적이며 상상력이 풍부하다.	1	2	3	4	5
9	나는 많은 취미를 가지고 있다.	1	2	3	4	5
10	내가 예전에 가지고 있었거나 혹은 지금 가지고 있는 취미 중에는 평범하지 않은 것이 있다.	1	2	3	4	5
11	나는 현대미술의 추상적 형식과 밝은 색깔을 좋아한다.	1	2	3	4	5

번호	문항 내용	전혀아니다	아니편이다	보통이다	그런편이다	매우그렇다
12	나는 내 인생에서 어느 정도 애매모호함(예측 불가능함, 불확실성, 막연함)을 즐긴다.	1	2	3	4	5
13	나는 종종 아이들처럼 생각한다.	1	2	3	4	5
14	나는 매우 충동적으로 어떤 일을 하는 것 같다.	1	2	3	4	5
15	나는 외국에서 일하거나 살고 싶다.	1	2	3	4	5
16	나는 어렸을 적 항상 무언가를 만들었다.	1	2	3	4	5
17	나는 등산을 배우고 싶다.	1	2	3	4	5
18	나는 매우 많은 관심사를 갖고 있다.	1	2	3	4	5
19	나는 많은 면에서 비관습적이다.	1	2	3	4	5
20	나는 많은 글을 창작해왔다.	1	2	3	4	5
21	나는 매우 예술적이다.	1	2	3	4	5
22	나는 발명적 재주가 있다.	1	2	3	4	5
23	나는 어떤 문제를 새롭게 접근하는 것을 좋아한다.	1	2	3	4	5
24	나는 모험심이 있다.	1	2	3	4	5
25	나는 최면에 걸려보고 싶다.	1	2	3	4	5
26	많은 사람들은 초감각적 지각(ESP: 텔레파시 등)를 통해 다른 사람과 정신적으로 의사를 교환할 수 있다.	1	2	3	4	5
27	나는 많은 미스테리 이야기들이 사실이라고 생각한다.	1	2	3	4	5
28	나는 나의 지능에 대해 자신이 있다.	1	2	3	4	5
29	나의 아이디어는 종종 “비실용적”이라거나 “무모한” 것으로 취급받는다.	1	2	3	4	5
30	나는 아이들과 술래잡기 등을 하는 것을 좋아한다.	1	2	3	4	5

번호	문항 내용	전혀 아니다	아니 편이다	보통이다	그런 편이다	매우 그렇다
31	나는 "직관력"이나 "통찰력"이 높다.	1	2	3	4	5
32	나는 오랜 시간동안 한 가지 일에 몰두할 수 있다.	1	2	3	4	5
33	나는 어떤 문제에 대해 새로운 아이디어나 접근을 시도하기 좋아한다.	1	2	3	4	5
34	나는 재치가 있다.	1	2	3	4	5
35	나는 종종 새로운 아이디어에 매우 열중해 있다.	1	2	3	4	5
36	나는 예술적 가치를 잘 알고 있다.	1	2	3	4	5
37	나는 글을 쓸 때 은유나 유추를 사용하려고 한다.	1	2	3	4	5
38	나는 "자발적인" 사람이라고 생각된다.	1	2	3	4	5
39	나는 많은 창의적인 활동에 참여해왔다.	1	2	3	4	5
40	나는 새로운 아이디어와 활동에 항상 개방적이다.	1	2	3	4	5
41	나는 연극을 해보았다.	1	2	3	4	5
42	나는 내 견해를 솔직하게 표현하는 편이다.	1	2	3	4	5
43	나는 종종 나의 개인적 가치에 대해서 생각해본다.	1	2	3	4	5
44	나는 예견할 수 없는 어려움이 있는 일을 즐긴다.	1	2	3	4	5
45	나는 때때로 내가 해야만 하는 일과 상관없는 새로운 아이디어에 관심을 갖는다.	1	2	3	4	5
46	나는 어떤 물건이 작동되는 방식을 알아내기 위해서 그것을 분해해 본다.	1	2	3	4	5
47	나는 1년에 20권 이상의 책을 읽는다.	1	2	3	4	5
48	나는 어렸을 적에 다른 아이들보다 게임이나 이야기, 시, 미술작품 등을 더 잘 만들었다.	1	2	3	4	5
49	나는 개인적 용도로 새로운 물건을 발명한다.	1	2	3	4	5
50	나의 부모님은 내 그림을 벽에 걸어 놓거나 내 일을 도와주시고 혹은 과외수업을 받게 하는 등 나의 창의적 노력을 격려해주셨다.	1	2	3	4	5

번호	문항 내용	전혀아니다	아니편이다	보통이다	그런편이다	매우그렇다
51	나는 개인적인 흥미 때문에 미술이나 댄스 혹은 음악 과외수업을 받았다.	1	2	3	4	5
52	나는 특이한 물건을 수집한다.	1	2	3	4	5
53	나는 창의적 활동에 흥미를 가지고 있으며 내 자신을 창의적인 사람이라고 생각한다.	1	2	3	4	5
54	나는 여가시간에 글을 쓰거나 그림을 그리거나 혹은 이와 유사한 취미(조각 만들기) 생활을 한다.	1	2	3	4	5
55	나는 미술도구를 가지고 있다.	1	2	3	4	5
56	나는 클래식과 가요 음반을 골고루 갖고 있다.	1	2	3	4	5
57	나는 개인적인 흥미로 종종 시를 쓰거나 독창적 생각 혹은 감정을 글로 적는다.	1	2	3	4	5
58	나는 예술가 혹은 작가로서의 직업을 생각해본 적이 있다.	1	2	3	4	5
59	나는 학교나 단체의 연극에 참여해본 적이 있다.	1	2	3	4	5
60	나는 학교나 단체에서 음악을 공연해본 적이 있다.	1	2	3	4	5

<부록 14>

GIFFI(Ⅱ) 척도의 요인 계수 행렬

문 항		요인1	요인2	요인3	요인4	요인5	요인6	요인7	공통분
요인 1									
20	많은 글을 창작해왔다.	0.73946	0.01772	0.05980	0.16609	0.01969	0.04596	0.07056	0.59156
57	시를 쓰거나 독창적 생각을 글로 씀.	0.68370	0.20402	0.15187	0.13989	0.01244	0.13552	0.08020	0.57900
21	매우 예술적이다.	0.62846	0.37137	0.09139	0.17557	0.21068	-0.02350	0.10859	0.62966
37	글을 쓸 때 은유나 유추를 사용.	0.61032	0.14637	0.13786	0.08270	0.13141	0.13889	-0.00268	0.45862
36	예술적 가치를 잘 알고 있다.	0.59405	0.29364	0.17311	0.09708	0.21907	0.01658	0.21822	0.57814
58	예술가 혹은 작가로서의 직업을 생각.	0.57223	0.33072	0.05094	0.07079	0.05034	0.02213	0.15841	0.49246
54	여가시간에 글을 쓰거나 그림을 그림.	0.53883	0.37479	0.04075	0.32837	0.00129	0.15138	-0.01966	0.57015
39	많은 창의적인 활동에 참여해왔다.	0.39773	0.16114	0.27722	0.24447	0.38953	-0.06286	0.19694	0.52518
56	클래식과 가요 음반을 골고루 가짐.	0.38577	0.33094	0.32979	0.00510	-0.01929	-0.05280	0.08041	0.37694
47	1년에 20권 이상의 책을 읽는다.	0.33530	0.00941	0.31580	-0.05150	0.06097	0.07201	-0.12128	0.23897

문 항		요인1	요인2	요인3	요인4	요인5	요인6	요인7	공통분
요인 2									
55	미술도구를 가지고 있다.	0.18422	0.66977	0.09989	0.08158	0.03342	0.15013	-0.01888	0.52470
2	그림 그리거나 색칠하는 것에 의욕적.	0.18349	0.60256	0.00735	0.08574	0.13583	0.11671	-0.09196	0.44469
51	개인적 흥미로 미술, 댄스 과외 함.	0.10751	0.58951	0.13239	0.01574	0.04306	0.09673	0.15209	0.41168
48	어릴 적에 게임이나 이야기를 잘 만듦.	0.35277	0.48311	0.03165	0.31903	0.09413	0.07327	-0.03311	0.47681
50	부모님은 내 창의적 노력을 격려해줌	0.13631	0.46107	0.00043	0.11702	0.08433	-0.05135	0.09964	0.27178
52	특이한 물건을 수집한다.	0.13326	0.38735	0.14034	0.36854	0.05698	0.07935	0.04330	0.33646
11	현대미술의 추상적 형식을 좋아한다.	0.15434	0.3066	0.10218	0.14048	-0.04769	0.12678	0.17752	0.25205
요인 3									
4	새롭고 더 나은 방식을 좋아한다.	0.07786	0.00353	0.62706	0.18110	-0.02839	0.18266	0.06950	0.47107
24	모험심이 있다.	-0.01268	0.01091	0.54858	0.26698	0.20191	0.23638	0.14588	0.49216
18	매우 많은 관심사를 갖고 있다.	0.15518	0.30645	0.47179	0.15370	0.21796	0.13894	0.12398	0.44725
3	비행사 자격증을 따고 싶다.	-0.04775	0.12213	0.44606	0.04484	-0.00895	-0.08498	0.03021	0.32697
9	많은 취미를 가지고 있다.	0.27532	0.21941	0.43550	0.04484	0.21777	0.01254	0.17191	0.39343

문 항		요인1	요인2	요인3	요인4	요인5	요인6	요인7	공통분
17	등산을 배우고 싶다.	0.14266	0.03416	0.43139	0.10439	-0.04524	0.01630	-0.09127	0.26882
15	외국에서 일하거나 살고 싶다.	-0.03505	0.17951	0.38581	-0.07506	0.09138	0.06714	0.03832	0.30538
40	새로운 아이디어와 활동에 개방적	0.16398	0.12535	0.36980	0.22432	0.35501	0.13219	0.16904	0.40337
10	취미중에 평범하지 않은 것이 있다.	0.28763	0.25823	0.33567	0.16935	0.14328	0.01968	0.12542	0.33609
31	"직관력"이나 "통찰력"이 높다.	0.18315	0.12560	0.32031	-0.00290	0.12826	0.05914	-0.08018	0.18580
43	나의 개인적 가치에 대해서 생각함	0.22523	-0.01748	0.31294	-0.04839	0.10272	0.24058	-0.02957	0.24105
요인 4									
22	발명적 재주가 있다.	0.29249	0.19341	0.01803	0.63200	0.30936	-0.09142	0.02536	0.63276
49	개인적 용도로 새로운 물건을 발명	0.18340	0.22971	0.08522	0.62280	0.05445	0.13501	0.04899	0.50742
16	어렸을 적 항상 무언가를 만들었다.	0.05939	0.37916	0.09919	0.56257	0.15785	0.06737	-0.11480	0.51767
46	물건이 작동되는 방식을 알려고 분해	0.05168	0.10154	0.22987	0.50825	0.14314	0.09276	-0.10911	0.37185
53	자신을 창의적인 사람이라고 생각	0.37168	0.31684	0.14464	0.43379	0.42417	0.09276	0.05537	0.63941
44	예측 못할 어려움이 있는 일을 즐김	0.16634	-0.20911	0.27670	0.42764	-0.05356	0.25344	0.28052	0.48762
12	인생에서 어느 정도 모호함을 즐김	0.11973	-0.12782	0.13999	0.42475	-0.06871	0.23129	0.09686	0.32011

문 항	요인1	요인2	요인3	요인4	요인5	요인6	요인7	공통분
요인 5								
34 재치가 있다.	0.07394	0.06283	0.08747	0.07784	0.73811	0.02179	0.03030	0.56940
1 유머감각이 매우 좋다.	-0.03971	0.03088	-0.05619	-0.01706	0.60680	0.01380	0.05804	0.38863
8 매우 독창적이며 상상력이 풍부하다.	0.36306	0.18496	0.03305	0.27408	0.47535	0.28916	0.01495	0.55821
42 내 견해를 솔직하게 표현하는 편	0.06328	-0.00746	0.10049	-0.08183	0.41713	0.23158	0.18666	0.296361
28 나의 지능에 대해 자신이 있다.	0.08895	0.03040	0.18005	0.17519	0.39864	-0.00690	-0.01822	0.25132
38 "자발적인"사람이라고 생각된다.	0.28747	-0.03911	0.35049	0.11240	0.38647	0.04374	0.05638	0.37967
35 종종 새로운 아이디어에 매우 열중	0.26378	0.29346	0.11577	0.32392	0.36784	0.32917	0.05146	0.52678
요인 6								
7 아이들처럼 단순한 일에 몰두	0.12045	0.12336	0.08177	-0.05401	-0.02354	0.56095	-0.09977	0.40291
33 새로운 아이디어나 접근을 시도	0.33116	0.18294	0.21815	0.26535	0.33861	0.50067	0.05962	0.67524
14 매우 충동적으로 어떤 일을 함	-0.14641	0.12412	0.04964	0.03183	0.07399	0.48192	0.08157	0.35419
23 문제를 새롭게 접근하는 것을 좋아함	0.25185	0.17265	0.36620	0.17900	0.27544	0.46828	0.05765	0.57457
13 종종 아이들처럼 생각한다.	0.02431	0.10444	-0.07669	0.18386	0.05810	0.45648	0.14801	0.30361

	문 항	요인1	요인2	요인3	요인4	요인5	요인6	요인7	공통분
5	새롭고 나은 방식으로 하는 걸 좋아함	0.16254	0.11313	0.28544	0.26037	0.25164	0.45039	0.13368	0.50405
6	호기심이 매우 많다.	0.17524	0.13145	0.32961	0.14363	0.34363	0.43667	0.02895	0.48690
29	아이디어는 비실용적이라고 취급당함	0.00011	-0.17813	-0.02346	0.17490	-0.05528	0.39556	-0.08668	0.35606
45	내 일과 상관없는 아이디어에 관심	-0.00278	0.17161	0.15175	0.30518	-0.00374	0.37463	0.11968	0.30523
32	오랜 시간동안 한 가지 일에 몰두	0.30097	0.08417	0.22903	-0.04705	0.08829	0.32571	-0.21007	0.31038
요인 7									
41	연극을 해보았다	0.04816	0.05277	0.05196	0.01882	0.14593	0.07457	0.77666	0.63853
59	학교나 단체의 연극에 참여	0.10268	0.11656	0.00205	-0.01256	0.10660	0.10289	0.75077	0.61046
60	학교나 단체에서 음악을 공연	0.15121	0.30004	0.09926	0.03269	0.04061	-0.04289	0.43972	0.34860
요인분산		4.79552	3.76290	3.43813	3.41557	3.15117	2.92238	2.06608	25.4107
요인분산 비율		18.8720	14.8083	13.5302	13.4414	12.4243	11.5005	8.13074	

GIFFI(Ⅱ) 척도의 기초 요인 분석(고유치)

	요인							
	1	2	3	4	5	6	7	8
고유치 Eigenvalue	12.6886007	2.7022339	2.1607385	1.9232232	1.7273729	1.5367097	1.4107514	1.2611518
고유치 차이 Difference	9.9863668	0.5414953	0.2375153	0.1958503	0.1906632	0.1259583	0.1495996	0.2545588
분산 비율 Proportion	0.4058	0.0864	0.0691	0.0615	0.0552	0.0491	0.0451	0.0403
누적 분산 비율 Cumulative	0.4058	0.4922	0.5613	0.6228	0.6780	0.7272	0.7723	0.8126

<부록 16>

개별성-관계성 척도

다음 문항들은 다양한 사회적 상황에서 사람들의 일반적인 반응 양식을 알아보기 위한 것입니다. 각 문항은 맞거나 틀리는 정답이 있는 문제가 아닙니다. 잘 읽어보신 후, 각 문항의 내용이 여러분의 평소 행동이나 생각과 얼마나 일치하는지를 "1점(전혀 그렇지 않다)"에서 "5점(완전히 그렇다)" 사이의 정도로 평가해 보시기 바랍니다.

번호	문항 내용	전혀아니다	아니편이다	보통이다	그런편이다	매우그렇다
1	나는 내 생각이 옳다고 믿으면 남들이 반대해도 끝까지 밀고 나간다.	1	2	3	4	5
2	나는 남에게 비교적 쉽게 호감이나 친밀감을 표시하는 편이다.	1	2	3	4	5
3	나는 동일한 문제에 대해서도 남과 다르게 생각하기를 좋아한다.	1	2	3	4	5
4	나는 다양한 유형의 사람들이 함께 어울리는 분위기를 좋아한다.	1	2	3	4	5
5	나는 주위 사람들의 기대에 따르기보다는 나의 내적 욕구에 따라 행동한다.	1	2	3	4	5
6	나는 사람과 사람 사이의 역학 관계를 잘 파악하는 편이다.	1	2	3	4	5
7	나는 친한 사람들이 반대해도 내가 하고 싶은 일은 꼭 하고야 만다.	1	2	3	4	5
8	누가 나에게 뜻하지 않은 친밀감을 표시하면 왠지 거북한 느낌이 든다.	1	2	3	4	5
9	나는 위험 부담이 따르더라도 남들이 잘 하지 않는 새로운 일을 좋아한다.	1	2	3	4	5
10	나는 특별한 일이 아니더라도 친구들과 어울려 시간 보내기를 좋아한다.	1	2	3	4	5
11	나는 어떤 일을 시작할 때 남들의 평가를 너무 의식하는 경향이 있다.	1	2	3	4	5
12	나는 다른 사람의 기분이나 감정을 잘 파악하는 편이다.	1	2	3	4	5
13	나는 이해관계가 걸린 상황에서도 내 입장을 강력하게 주장하기가 어렵다.	1	2	3	4	5
14	나는 사람들과 친밀한 관계를 맺는 데 큰 어려움을 느끼지 않는다.	1	2	3	4	5
15	남들과 다른 나만의 개성을 확립하는 일이 무엇보다 중요하다.	1	2	3	4	5

번호	문항 내용	전혀아니다	아니편이다	보통이다	그런편이다	매우그렇다
16	사람들과 불필요한 갈등을 겪을 바에야 혼자 지내는 게 더 낫다는 생각이 든다.	1	2	3	4	5
17	내가 원해서 선택한 일은 결과가 나쁘더라도 신경 쓰지 않는다.	1	2	3	4	5
18	나는 사람들의 다양한 행동양식을 관찰하기 좋아한다.	1	2	3	4	5
19	나는 친구들이 결정한 일이 내 생각과 다르더라도 반대하기가 어렵다.	1	2	3	4	5
20	나는 다른 사람들과 비교적 쉽게 공감대를 형성하는 편이다.	1	2	3	4	5
21	나는 유행에 뒤떨어지는 한이 있어도 나만의 스타일을 고수한다.	1	2	3	4	5
22	아는 사람이 많아지면 그만큼 성가신 일도 늘어나기 마련이다.	1	2	3	4	5
23	나는 혼자서 의사결정하기가 어렵게 느껴 질 때가 많다.	1	2	3	4	5
24	나는 사람들 사이의 이견(異見)을 조정하는 역할을 잘 한다.	1	2	3	4	5
25	나는 어떤 주제든 내 주관대로 얘기해야 직성이 풀린다.	1	2	3	4	5
26	나는 친구들에게도 개인적인 고민을 쉽게 털어놓지 않는 편이다.	1	2	3	4	5
27	나는 틀리는 한이 있더라도 남과 다른 해결 방식을 시도한다.	1	2	3	4	5
28	내 문제를 처리하기에도 벅차기 때문에 남의 일에 관여하고 싶지 않다.	1	2	3	4	5
29	남들이 보고 있으면 자연스럽게 행동하기가 어렵다.	1	2	3	4	5
30	나는 친구들의 고민을 들어주거나 상담해 주기를 좋아한다.	1	2	3	4	5

* 홀수 문항은 개별성을 측정하는 것이고, 짝수 문항은 관계성을 측정하는 것임
** 역채점 문항 번호 - 8, 11, 13, 16, 19, 22, 23, 26, 28, 29

<부록 17>

개별성 – 관계성 척도의 요인 계수 행렬

문 항	요인1	요인2	공통분
요인 1: 관계성			
14 사람들과 친밀한 관계를 맺는데 어려움을 느끼지 않음.	0.62447	0.22386	0.44007
20 다른 사람들과 비교적 쉽게 공감대를 형성하는 편임.	0.59912	0.05549	0.36202
28 내 문제를 처리하기도 벅차 남의 일에 관여하고 싶지 않음(R).	0.58870	-0.31611	0.44649
2 남에게 비교적 쉽게 호감이나 친밀감을 표시하는 편.	0.58359	0.17934	0.37274
30 친구들의 고민을 들어주거나 상담해 주기를 좋아한다.	0.54671	0.17934	0.37274
12 다른 사람의 기분이나 감정을 잘 파악하는 편이다.	0.50659	-0.08815	0.26440
4 다양한 유형의 사람들이 함께 어울리는 분위기를 좋아한다.	0.47085	0.15237	0.24491
10 특별한 일이 아니더라도 친구들과 시간 보내기를 좋아한다.	0.44039	0.15239	0.21716
18 사람들의 다양한 행동 양식을 관찰하기 좋아한다.	0.43396	0.21838	0.23600
24 사람들 사이의 이견을 조종하는 역할을 잘 한다.	0.37392	0.19770	0.17890
16 사람들과 불필요한 갈등을 겪을 바에야 혼자 지내는 게 더 낫다(R).	0.36471	-0.31881	0.23465
26 친구들에게도 개인적인 고민을 쉽게 털어놓지 않는 편이다(R).	0.34410	-0.16107	0.14434
22 아는 사람이 .많아지면 그만큼 성가신 일도 늘어나기 마련이다(R)	0.32628	-0.30453	0.19919
6 나는 사람과 사람 사이의 역학관계를 잘 파악하는 편이다	0.31283	0.21632	0.14465
8 나에게 뜻하지 않은 친밀감을 표시하면 거북한 느낌이 든다(R).	0.30846	-0.22000	0.14354
요인 2: 개별성			
7 친한 사람들이 반대해도 내가 하고 싶은 일은 꼭 하고야 만다.	-0.01412	0.62922	0.39611
5 주위 사람들의 기대보다 나의 내적 요구에 따라 행동한다.	-0.01399	0.59370	0.35441
9 위험 부담이 따르더라도 남들이 잘 하지 않는 새로운 일을 좋아함.	0.07097	0.53740	0.29384
1 내 생각이 옳다고 믿으면 남들이 반대해도 끝까지 밀고 나감.	0.04686	0.51691	0.26939
27 틀리는 한이 있더라도 남과 다른 해결 방식을 시도한다.	-0.08497	0.50843	0.26572
25 어떤 주제든 내 주관대로 얘기해야 직성이 풀린다.	-0.03616	0.48550	0.23701
17 내가 원해서 선택한 일은 결과가 나쁘더라도 신경 쓰지 않는다.	0.09787	0.40849	0.17644
21 유행에 뒤떨어지는 한이 있어도 나만의 스타일을 고수한다.	0.01874	0.40652	0.16560
요인분산	3.67461	2.89250	6.56712
요인분산 비율	55.9546	44.0451	

* 요인 계수 .20 미만은 생략함(문항 3, 11, 13, 15, 19, 23, 29 제외)
(R) 표시는 역채점 문항임

<부록 18>

개별성 – 관계성 척도의 기초 요인 분석(고유치)

	요인	
	1	2
고유치 Eigenvalue	3.7392	2.8278
고유치 차이 Difference	0.9113	0.9810
분산 비율 Proportion	0.3680	0.2783
누적 분산 비율 Cumulative	0.3680	0.6464

<부록 19>

사회 적응성 검사

이 검사는 여러분의 사회생활 적응도를 알아보려는 것입니다. 이 검사 속에는 여러분들이 일상생활에서 당면하는 문제들이 제시되어 있습니다. 이 항목들을 읽어가면서 그 글이 자기 자신을 잘 나타낸 것이든지, 자신의 생각과 같으면 '그렇다' 2번에 ○ 표를 하시고 자기 자신을 잘 나타내지 못했든지, 자신의 생각과 다르면 '아니다' 1번에 ○ 표를 해 주십시오.

번호	문항 내용	아니다	그렇다
1	나도 남들처럼 빨리 친구를 사귈 수 있는 것 같다.	1	2
2	내 주위에 사람들이 가까이 있는 것이 싫다.	1	2
3	한 가지 일에 마음을 집중하기 어렵다.	1	2
4	부모님은 나를 어린아이로 취급하신다.	1	2
5	나는 사람들과 함께 있어도 고독한 시간이 많다.	1	2
6	나를 이해해 주는 사람이 아무도 없는 것 같다.	1	2
7	거의 매일 나를 놀라게 하는 사건이 일어나고 있다.	1	2
8	억울하게 혼나는 일이 자주 있다.	1	2
9	때때로 이상한 냄새가 내 코를 찌를 때가 있다.	1	2
10	인생이란 나에겐 긴장의 계속이다.	1	2
11	사람들은 내게 모욕적이고 야비한 말을 잘 한다.	1	2
12	모든 일이 다 거짓일지도 모른다는 느낌을 가끔 갖는다.	1	2
13	나는 어린아이들을 좋아한다.	1	2
14	이따금 남에게 말하기 어려울 정도로 상스러운 생각을 하는 수가 있다.	1	2
15	온갖 소리가 쩅쩅 들려와서 오히려 성가실 때가 있다.	1	2

번호	문항 내용	아니다	그렇다
16	나는 팔자를 잘 못타고 났음에 틀림없다.	1	2
17	무엇을 잡아당기거나 높이 뛸 때에 근육에 쥐가 일어나는 불편함을 느끼지 못한다.	1	2
18	책을 읽어도 전처럼 머리 속에 잘 들어오지 않는다.	1	2
19	일의 시작이 어려워서 며칠, 몇 주, 몇 달 동안이나 아무 일도 못한 때가 있다.	1	2
20	오랫동안 만나지 못한 친구나 아는 사람이라도 그 쪽에서 먼저 말을 걸어오지 않으면 모른 척하고 지나치는 것이 마음에 편하다.	1	2
21	웃음이나 울음이 나기 시작하면 억제할 수 없을 때가 가끔 있다.	1	2
22	하던 일을 중단하고 멍하니 있을 때가 있으며 그렇게 되면 무슨 일을 했었는지 기억하지 못할 때가 있다.	1	2
23	차라리 죽었으면 하는 생각이 자주 난다.	1	2
24	성(性)문제 때문에 걱정을 하고 있다.	1	2
25	일주일에 한 번이나 그 이상 나는 아주 흥분한다.	1	2
26	거의 언제나 우울하다.	1	2
27	무슨 일이건 처음 시작하는 것이 어렵다.	1	2
28	성문제에 관한 꿈을 자주 꾼다.	1	2
29	남의 동정을 받아야할 충분한 이유가 있을 때는 동정을 받는다.	1	2
30	걸어 다닐 때 몸의 균형이 잘 안 잡혀 애써 본 일이 있다.	1	2
31	좋아하는 친구가 나를 싫어해도 별로 괴로움을 느끼지 않는다.	1	2
32	나를 해칠 리가 없는 사람이나 어떤 일에 대하여 공연히 두려워 한 일이 있다.	1	2
33	사람들을 깜짝 놀라게 하는 일을 하고 싶은 욕망을 느낄 때가 가끔 있다.	1	2
34	나는 내 앞에 닥칠 일에 대해서 무관심한 것 같다.	1	2
35	갑자기 발작이 일어나서 지금 어떤 일이 벌어지고 있는지 어렴풋이 알면서도 동작이나 말을 뜻대로 할 수 없었던 때가 있다.	1	2
36	가만히 앉아 있을 수가 없을 정도로 안절부절 못한 때가 있었다.	1	2

번호	문항 내용	아니다	그렇다
37	우리 집안 식구들은 나를 놀라서 질겁하게 하는 일을 잘 한다.	1	2
38	보통 때는 좋아하는 가족을 가끔 미워할 때가 있다.	1	2
39	나는 이상하고 엉뚱한 생각을 잘 한다.	1	2
40	내 손이 아주 쓸모없게 생기지는 않았다.	1	2
41	나는 어떤 일을 하기보다도 그냥 앉아서 공상을 하는 때가 더 많다.	1	2
42	나 혼자 있을 때는 이상한 소리가 들린다.	1	2
43	내가 미치지나 않을까 두렵다.	1	2
44	내가 좋아하는 사람을 괴롭히는 것이 재미있을 때가 가끔 있다.	1	2
45	내 정신 상태에 무엇인가 좀 잘못된 점이 있다.	1	2
46	성(性)에 관한 잡념 때문에 시달리는 일이 없었으면 좋겠다.	1	2
47	남들보다 정신을 집중하기가 더 어렵다.	1	2
48	일을 다 해 놓고 나선 내가 어떤 일을 방금 했는지 전혀 생각이 안 나는 경우가 있다.	1	2
49	일주일에 한 번이나 또 그 이상 갑자기 까닭 없이 흥분을 느낄 때가 있다.	1	2
50	자신이 없는 놀이나 게임에는 아예 참가하지 않는다.	1	2

<부록 20>

사회 적응성 척도의 요인 계수 행렬

	문 항	요인1	요인2	요인3	요인4	요인5	요인6	요인7	공통분
요인 1									
21	웃음이나 울음이 나면 억제할 수 없다.	0.44837	-0.04310	0.06416	0.05264	0.03134	0.11243	0.12505	0.23904
38	좋아하는 가족을 가끔 미워할 때가 있다.	0.43701	-0.07108	0.00687	0.18107	0.11580	0.22597	0.13438	0.31139
30	걸을 때 몸의 균형이 잘 안 잡힌 적이 있다.	0.40365	0.25609	0.01004	0.05557	-0.10063	0.09851	-0.07519	0.25718
36	가만히 앉아 있지 못할 정도로 안절부절 못함.	0.37719	-0.03986	0.21112	0.13551	0.13544	0.07943	0.12927	0.24815
32	나를 해칠 리 없는 사람을 두려워 한 일 있음.	0.37235	0.03514	0.10235	0.07209	0.16992	0.23135	0.1531	0.25124
35	발작이 일어나서 동작을 뜻대로 할 수 없었다.	0.36369	0.20404	0.10739	0.11790	0.11653	-0.11436	0.24286	0.28424
4	부모님은 나를 어린아이로 취급하신다.	0.35187	0.10331	0.02060	0.18140	0.18575	-0.10261	0.06709	0.21734
44	내가 좋아하는 사람을 괴롭히는 것이 재밌다.	0.34639	0.20434	0.18366	-0.07917	0.02595	0.11643	-0.01666	0.21624
요인 2									
37	집안 식구들은 나를 놀라서 질겁하게 한다.	0.03590	0.55190	0.19300	0.14837	-0.05341	0.21900	0.16932	0.44463
28	성문제에 관한 꿈을 자주 꾼다.	0.01790	0.50884	0.09356	0.21774	-0.01030	0.09197	0.11435	0.33704
11	사람들은 내게 모욕적이고 야비한 말을 한다.	0.22242	0.43942	0.18077	0.40860	-0.12233	-0.14872	0.10699	0.49071
7	거의 매일 나를 놀라게 하는 사건이 일어난다..	0.02262	0.41953	-0.06497	0.04710	0.03252	0.08919	0.14194	0.21212
2	내 주위에 사람들이 가까이 있는 것이 싫다.	-0.00556	0.40848	0.02218	0.07934	0.14705	0.01028	-0.08778	0.20311

문 항5		요인1	요인2	요인3	요인4	요인5	요인6	요인7	공통분
요인 3									
47	남들보다 정신을 집중하기가 더 어렵다.	-0.01564	0.06118	0.63937	0.18063	0.17479	0.17763	0.00731	0.50756
3	한 가지 일에 마음을 집중하기 어렵다.	-0.07968	0.19075	0.57953	0.10439	0.26836	0.01446	0.05606	0.46485
18	책을 읽어도 머리 속에 잘 들어오지 않는다.	0.09347	0.03247	0.48124	0.09804	-0.03569	0.18879	0.19697	0.32670
48	내가 어떤 일을 방금 했는지 생각이 안 난다.	0.34856	0.11279	0.47345	-0.00341	0.05690	0.01200	0.05264	0.36453
22	하던 일을 중단하고 멍하니 있을 때가 있다.	0.31418	-0.07737	0.41824	-0.04059	0.20662	0.05101	0.00088	0.32655
요인 4									
26	거의 언제나 우울하다.	0.09629	0.07315	0.09396	0.61453	0.10388	0.08921	0.11539	0.43316
6	나를 이해해 주는 사람이 아무도 없다.	0.07663	0.13811	-0.00578	0.49139	0.21303	0.08725	0.09353	0.32819
23	차라리 죽었으면 하는 생각이 자주 난다.	0.07985	0.32114	0.07785	0.48561	0.22575	0.16529	0.20625	0.47220
16	나는 팔자를 잘 못타고 났음에 틀림없다.	0.04143	0.21318	0.11401	0.43106	-0.09564	0.28648	0.11336	0.35004
8	억울하게 혼나는 일이 자주 있다.	0.31278	0.32051	-0.06929	0.35627	0.07023	0.10406	-0.01720	0.34834
요인 5									
41	그냥 앉아서 공상을 하는 때가 더 많다.	0.12319	0.01929	0.28484	0.03172	0.46775	0.05232	-0.06826	0.32387
45	내 정신 상태에 무엇인가 잘못된 점이 있다	0.14194	0.02408	0.03083	0.17442	0.45449	0.32260	0.13573	0.38115
14	남에게 말하기 어려운 상스러운 생각을 함	0.23368	0.03042	0.18145	0.07824	0.39269	0.06462	0.03708	0.25433
39	나는 이상하고 엉뚱한 생각을 잘 한다.	0.09839	0.03718	0.20632	0.09875	0.35017	0.06986	0.11474	0.20404
12	모든 일이 다 거짓일지도 모른다는 느낌	0.27744	0.01969	0.12432	0.14083	0.31267	0.23457	0.09565	0.27458
5	나는 사람들과 함께 있어도 고독하다	0.23314	0.14996	0.03346	0.19005	0.30563	0.23901	-0.02625	0.26530

문 항	요인1	요인2	요인3	요인4	요인5	요인6	요인7	공통분
요인 6								
10 인생이란 나에겐 긴장의 계속이다.	0.08325	0.14318	0.01525	0.08562	0.12955	0.44704	0.11495	0.26483
27 무슨 일이건 처음 시작하는 것이 어렵다.	0.14696	-0.20021	0.20520	0.13797	0.00493	0.43134	0.00883	0.30897
50 자신이 없는 게임에는 아예 참가하지 않는다.	0.05599	-0.00306	0.21362	0.13815	0.01327	0.38083	-0.07115	0.21813
46 性에 관한 잡념 때문에 시달리지 않았으면	-0.01502	0.20191	0.26993	-0.03714	-0.00897	0.36916	0.17629	0.28266
요인 7								
49 갑자기 까닭없이 흥분을 느낄 때가 있다.	0.29833	0.10656	0.09023	0.05354	-0.00746	-0.01970	0.6407	0.52924
25 일주일에 한 번이나 그 이상 아주 흥분한다.	0.10165	0.12862	0.04092	0.09567	0.18871	0.04979	0.62601	0.46767
43 내가 미치지나 않을까 두렵다.	0.04354	0.27572	0.03887	0.16071	0.19805	0.27933	0.31433	0.32130
요인분산	2.44577	2.43172	2.37313	2.02128	1.77885	1.77773	1.52164	14.3501
요인분산 비율	17.0435	16.9456	16.5373	14.0854	12.3960	12.3882	10.6036	

<부록 21>

사회 적응성 척도 기초 요인 분석(고유치)

	요인						
	1	2	3	4	5	6	7
고유치 Eigenvalue	6.8502	2.0808	1.4706	1.3313	0.9106	0.8861	0.8203
고유치 차이 Difference	4.7694	0.6101	0.1393	0.4207	0.0245	0.0657	0.0731
분산 비율 Proportion	0.3963	0.1204	0.0851	0.0770	0.0527	0.0513	0.0475
누적 분산 비율 Cumulative	0.3963	0.5167	0.6018	0.6789	0.7316	0.7828	0.8303

<부록 22>

대인 불안 척도

다음 문항들은 사람들이 느끼는 대인 불안 정도를 알아보기 위한 것입니다. 잘 읽어보신 후, 각 문항의 내용이 여러분의 평소 행동이나 생각과 얼마나 일치하는지를 "1점(전혀 아니다)"에서 "5점(매우 그렇다)" 사이에서 평가해 보시기 바랍니다.

번호	문항 내용	전혀아니다	아니편이다	보통이다	그런편이다	매우그렇다
1	나는 일상적인 모임에서도 자주 과민해진다.	1	2	3	4	5
2	나는 모르는 사람들 틈 속에 있을 때 일반적으로 거북한 느낌이 든다.	1	2	3	4	5
3	나는 이성(異性)과 얘기할 때 대체로 편안하다.	1	2	3	4	5
4	나는 선생님이나 윗사람과 얘기할 때 긴장감을 느낀다.	1	2	3	4	5
5	나는 모임에서 자주 안절부절못하고 거북해한다.	1	2	3	4	5
6	나는 대부분의 사람들에 비해 사교적 상황에서 덜 수줍어하는 것 같다.	1	2	3	4	5
7	내가 아주 잘 아는 사람이 아니면 동성(同性)인 경우에도 대화할 때 긴장감을 느끼는 경우가 있다.	1	2	3	4	5
8	취업을 위해 면접을 받는다면 긴장될 것 같다.	1	2	3	4	5
9	나는 사교적 상황에서 다소 자신감이 부족한 것 같다.	1	2	3	4	5
10	나는 일반적으로 수줍은 사람이다.	1	2	3	4	5
11	매력적인 이성(異性)과 얘기할 때 나는 자주 긴장한다.	1	2	3	4	5
12	나는 사교적 상황에서 거의 불안감을 느끼지 않는다.	1	2	3	4	5
13	나는 잘 알지도 못하는 사람에게 전화를 걸 때 자주 긴장한다.	1	2	3	4	5
14	권위 있는 위치에 있는 사람과 얘기할 때는 긴장하게 된다.	1	2	3	4	5
15	나와 아주 다른 사람들 틈 속에 있을 때에도 나는 대체로 느긋하게 느낀다.	1	2	3	4	5

* 역채점 문항: 3, 6, 12, 15번 문항

<부록 23>

자기 존중감 척도

다음 문항들은 자기 존중감 정도를 알아보기 위한 것입니다. 잘 읽어보신 후, 각 문항의 내용이 여러분의 평소 행동이나 생각과 얼마나 일치하는지를 "1점(전혀 그렇게 느끼지 않는다)"에서 "4점(항상 그렇게 느낀다)" 사이에서 평가해 보시기 바랍니다.

번호	문항 내용	전혀 그렇게 느끼지 않는다	그렇게 느끼지 않는다	가끔 그렇게 느낀다	항상 그렇게 느낀다
1	나는 적어도 남들만큼은 가치 있는 사람이라고 느낀다.	1	2	3	4
2	나에게는 좋은 점이 많다고 느낀다.	1	2	3	4
3	전반적으로 나는 실패자라는 느낌이 든다.	1	2	3	4
4	나는 남들만큼은 일을 해낼 수 있다.	1	2	3	4
5	나에게는 자랑거리가 많지 않다는 느낌이 든다.	1	2	3	4
6	나는 나 자신을 긍정적으로 생각한다.	1	2	3	4
7	나는 대체로 나를 만족스럽게 생각한다.	1	2	3	4
8	나는 자신을 소중하게 생각하는 면이 부족한 것 같다.	1	2	3	4
9	나는 정말로 쓸모없는 사람이라고 느낄 때가 더러 있다.	1	2	3	4
10	가끔 나에게는 좋은 점이라곤 전혀 없다는 생각이 든다.	1	2	3	4

* 역채점 문항: 3, 5, 8, 9, 10번 문항

<부록 24>

생활 만족감 척도

　다음 문항들은 다양한 사회적 상황에서 사람들의 일반적인 생활 만족감 정도를 알아보기 위한 것입니다. 잘 읽어보신 후, 각 문항의 내용이 여러분의 평소 행동이나 생각과 얼마나 일치하는지를 "1점(전혀 그렇지 않다)"에서 "5점(완전히 그렇다)" 사이의 정도로 평가해 보시기 바랍니다.

번호	문항 내용	전혀 아니다	아니 편이다	보통 이다	그런 편이다	매우 그렇다
1	나는 내 생활에 만족한다.	1	2	3	4	5
2	나는 다시 태어난다고 해도 지금까지의 내 생활 방식을 바꾸지 않겠다.	1	2	3	4	5
3	내 생활은 내가 이상적으로 생각하는 수준과 대체로 비슷하다.	1	2	3	4	5
4	나는 지금까지 내가 원했던 중요한 일들을 이루었다.	1	2	3	4	5
5	나의 생활 여건은 아주 좋다.	1	2	3	4	5

<부록 25>

고독감 척도

다음 문항들은 사람들이 느끼는 고독감의 정도를 알아보기 위한 것입니다. 각 문항은 맞거나 틀리는 정답이 있는 문제가 아닙니다. 잘 읽어보신 후, 각 문항의 내용이 여러분의 평소 행동이나 생각과 얼마나 일치하는지를 "1점(전혀 그렇게 느끼지 않는다)"에서 "4점(항상 그렇게 느낀다)" 사이의 정도로 평가해 보시기 바랍니다.

번호	문항 내용	전혀 그렇게 느끼지 않는다	그렇게 느끼지 않는다	가끔 그렇게 느낀다	항상 그렇게 느낀다
1	나는 주변 사람들과 조화를 잘 이룬다고 느낀다.	1	2	3	4
2	나는 사람 사귀는 게 어렵게 느껴진다.	1	2	3	4
3	이 세상에는 내가 의지할 사람이 하나도 없다는 느낌이 든다.	1	2	3	4
4	나는 혼자라는 느낌이 든다.	1	2	3	4
5	나는 친구들이 많은 편이라고 느낀다.	1	2	3	4
6	나는 주변 사람들과 많은 공통점이 있다고 느낀다.	1	2	3	4
7	나는 더 이상 누구와도 가까운 사이가 아니라고 느낀다.	1	2	3	4
8	사람들은 나의 관심과 생각을 함께 나누려고 하지 않는다는 느낌이 든다.	1	2	3	4
9	나는 외향적이고 붙임성이 있다고 느낀다.	1	2	3	4
10	나는 사람들과 가깝다고 느낀다.	1	2	3	4
11	나는 남들의 관심 밖에 있다는 느낌이 든다.	1	2	3	4
12	나는 다른 사람들과의 관계가 무의미하다고 느낀다.	1	2	3	4

번호	문항 내용	전혀 그렇게 느끼지 않는다	그렇게 느끼지 않는다	가끔 그렇게 느낀다	항상 그렇게 느낀다
13	나를 정말로 잘 아는 사람은 하나도 없다는 느낌이 든다.	1	2	3	4
14	나는 사람들로부터 혼자 떨어져 있다고 느낀다.	1	2	3	4
15	나는 내가 원하면 사람들을 사귈 수 있다고 느낀다.	1	2	3	4
16	나는 사람들이 나를 진심으로 이해해 준다고 느낀다.	1	2	3	4
17	나는 수줍은 편이라고 느낀다.	1	2	3	4
18	내 주변에는 많은 사람들이 있지만 나와 공감할 수 있는 사람은 없다는 느낌이 든다.	1	2	3	4
19	나는 함께 대화를 나눌 사람이 있다고 느낀다.	1	2	3	4
20	이 세상에는 내가 의지할 수 있는 사람들이 많다고 느낀다.	1	2	3	4

* 역채점 문항: 1, 5, 6, 9, 10, 15, 16, 19, 20 번 문항

일상적 창의성과 대학생의 스트레스 및 스트레스 대처 양식과의 관계

정은이(청운대학교)·박용한(미시간 주립대)

----------------------------------< 요약 >--

　오늘날 대학생들은 취업 및 진로 문제 등 다양한 스트레스를 겪고 있다. 본 연구는 이러한 대학생들의 스트레스 및 스트레스 대처 방식과 일상적 창의성과의 관계를 알아보고자 한 것이다. 첫째, 일상적 창의성 상·하 집단별로 스트레스 점수가 어떠한 차이를 보이는지 알아본 결과 일상적 창의성이 높은 집단이 스트레스 점수가 낮았고, 일상적 창의성이 낮은 집단이 스트레스 점수가 높았다. 이는 통계적으로 유의한 결과였다. 이러한 결과는 일상적 창의성이 높은 사람들이 훨씬 스트레스를 덜 겪는다는 것을 의미한다. 둘째, 스트레스 하위 영역별로 일상적 창의성 상·하 집단에서 차이가 있는지를 알아본 결과 대학생활, 가정 및 경제생활, 친구 및 대인관계, 자기 자신 영역 등에서 일상적 창의성이 높은 집단이 스트레스 점수가 낮았으며, 일상적 창의성이 낮은 집단은 스트레스 점수가 높았다. 셋째, 일상적 창의성 상·하 집단과 스트레스 대처 방식(문제중심 대처·정서중심 대처)과의 관계를 알아본 결과, 창의성이 높은 집단이 낮은 집단보다 문제중심 및 정서중심 대처를 더 많이 하는 것으로 나타났다.

Ⅰ. 서 론

1. 연구의 필요성 및 목적

복잡 다양한 시대를 살아가는 현대인은 필연적으로 여러 가지 스트레스에 직면하게 된다. 변화의 연속인 생활 속에서 예측 하지 못하는 부정적인 사건이나 개인의 한계를 넘어서는 문제들이 생기면 스트레스는 더욱 증폭된다. 이렇듯 스트레스는 사회적으로 이슈가 될만한 재난이나 사건으로 인해서도 유발되지만, 보통은 우리의 일상생활에서 일어나는데, 스트레스와 관련된 문헌들을 살펴보면 일상적인 생활문제로 인한 신체적·정신적인 면의 부적응 정도가 매우 크다고 하였다(Delongis, Coyne, Dakof, Folkman & Lazarus, 1982; Kanner, Coyne, Schaefec, Lazaurs, 1981). Kanner 등 (1981)은 주요 스트레스 사건보다 일상적인 문제들이 누적이 되면 더욱 큰 장애를 초래할 수 있다고 하였다.

대부분의 사람들이 각기 나름의 스트레스에 시달리고 있지만, 특히 대학생들은 갈수록 심각해지는 청년 실업이 주는 진로 및 취업 관련 스트레스와 더불어 대인관계, 이성 문제, 경제적인 문제 등 다양한 스트레스에 노출되어 있다. 대학생들이 대학 생활에서 많이 경험하는 대표적인 스트레스가 진로 및 취업(구재선, 2000; 김기정, 1995; 김정호, 김선주, 오영희, 1995; 전영자, 김세진, 1999), 학업(장형석, 2000; 주종필, 민병일, 박성균, 2001), 건강 및 여가(이혜성, 1989; 조명희, 박수선, 1998), 대인관계(윤병수, 정봉교, 1999) 등으로 밝혀진바 있다. 특히, 이러한 스트레스 요인 중 우리나라 대학생들이 가장 많이 갈등하고 실제로 상담 받고 싶어 하는 문제는 진로, 학업 문제로 나타났다(이은희, 2004; 박현순, 1999; 박외숙, 1995; 송현종, 1996).

이렇듯 오늘날 대학생들은 다양한 스트레스에 노출되어 있는데 대학생들의 스트레스가 주요하게 부각되어야 하는 이유는 이들이 스트레스에 올바르게 대처하지 못하고 사회적·심리적 부적응에 시달리게 되면 장차 사회의 새로운 구성원으로서의 역할을 다하지 못하고 사회의 기초 자체가 흔들리게 될 수 있기 때문이다. 따라서 대학생들의 스트레스에서 중요하게 고려해야 할 것은 스트레스 자체라기보다는 오히려 스트레스에 어떻게 대처하느냐이다. 스트레스에 어떻게 대처하느냐에 따라서 성공적인 삶을 누릴 수도 있고 그렇지 않을 수도 있다. 대다수의 학생들은 자신이 가지고 있는 여러 가지 내적·외적 자원을 활용하여 갈등의 원인을 찾고 스트레스에 직면하여 긍정적인 해결 방법을 모색한다. 하지만, 개인적인 성격이나 자존감의 문제나, 원치 않는 대학이나 학과에 다니는 등의 외부적인 요소로 인해 스트레스에 효과적으로 대처하지 못하고 심리적인 어려움을 겪게 되는 학생들도 많다. 실제 대학생들의 스트레스 대처 방법을 조사한 연구에 의하면 대학생들은 스트레스에 직면했을 때, 자기 조절(적극적 대처 노력, 의지, 인재), 포기 및 회피(무기력, 무시), 긍정적 생각 등의 순서로 대처 하고 있는 것으로 나타났다(박영신, 김의철, 김묘성, 2002). 적극적이며 긍정적인 방법으로 스트레스를 극복하려는 학생들도 있지만, 포기 및 회피하려는 학생도 적지 않다.

이러한 상황에서 스트레스와 관련을 갖는 변인들, 특히 최근 미래형 인간에게 필수적인 자질로 부각되어온 창의성과 이러한 스트레스 및 대처와의 관계를 연구하는 것은 흥미 있는 일이 될 것이다.

창의적인 인간은 개인적 차원에서 자신이 갖고 있는 능력을 충분히 발휘하는(fully-functioning) 인간이며(Rogers, 1961), 자아실현을 하는 인간으로 볼 수 있다(Maslow, 1962). 특히 일상생활에서 유용하고 적절한 사적인 산출물을 내는 사고와 활동으로 정의할 수 있는 일상적 창의성이 높은 사람은 개인의 자아실현 의지와 심리·사회적 적응도가 높은 것으로 보고 되고 있다(정은이, 2003). 또한 창의적인 사람의 성격에 관한 연구를 보면 창의적인 사람은 광범위한 흥미, 어려운 문제에 대한 집착, 넘치는 활동 에너지, 자율성, 통찰력, 자신감, 개방성 등을 가지고 있으며(Barron & Harrington, 1981), 또한 애매모호함에 대한 참을성, 인내, 새로운 경험에 대한 개방성, 기꺼이 모험을 하려는 정신, 그리고 스스로에 대한 확신 등이 있다고 했다(Strernberg & Lubart, 1991). Csikszentmihalyi(최인수, 1998)가 노벨상 수상자 등 창의적 인물 100명을 인터뷰하여 연구한 결과에 의하면 창의적 성취에 도움이 되는 특성 및 가치들로 인간관계, 가족, 내재적 동기, 사회에 대한 관심, 독립성, 교육, 탁월성, 균형감각, 책임감, 호기심, 철저한 지식의 준비, 다양한 흥미, 개방성, 용기, 혼자만의 시간, 성실함 등을 언급하였다.

　스트레스 상호 작용 모형으로 설명하면, 같은 외부자극을 받더라도 이에 대한 개인의 평가와 대처전략이 중요하며, 동일한 사건에 대해서도 개인이 처한 상황이나 자원에 따라 개인이 느끼는 스트레스는 달라질 수 있다(류진혜, 김태성, 1998). 즉, 창의적인 사람은 그들 특유의 성격 특성인 개방성, 자신에 대한 확신, 자아실현의 의지, 용기, 책임감 등으로 인해 외부 자극에 대해 덜 힘든 것으로 평가할 것이고 또한 그들이 가지고 있는 능력적 특성인 독창성, 융통성, 유창성(전경원, 2000) 등은 스트레스를 덜 느끼게 하는 훌륭한 자원으로 작용할 것이다. 특히, 일상적 창의성이 높은 사람은 스트레스 상황에서 다른 사람들보다 훨씬 적절하고 효율적인 방법으로 대처하여 심리적으로 안정된 삶을 유지할 가능성이 높다. 왜냐하면 일상적 창의성은 상황에 보다 잘 대처할 수 있게 해주며, 육체적 심리적인 건강과 행복을 증진시켜주고 더 나아가서는 자아실현과 세상에 대해 공헌할 수 있도록 해 주기 때문이다(Richards, 1999).

　따라서 본 연구에서는 이러한 일상적 창의성이 대학생의 스트레스 및 스트레스 대처와 어떠한 관계가 있는지 알아보고자 한다.

　위에서 서술한 연구 목적을 수행하기 위하여 다음과 같은 연구 문제를 설정하였다.

　(1) 일상적 창의성이 높은 집단, 낮은 집단은 각 집단별로 스트레스 정도는 어떠한 차이가 있는가?

　(2) 일상적 창의성이 높은 집단과 낮은 집단은 스트레스 대처 방식(문제중심 대처, 정서중심 대처)에 어떠한 차이가 있는가?

Ⅱ. 이론적 배경

1. 일상적 창의성

Richards(1999)는 창의성을 일상적 창의성(Everyday Creativity)과 전문적 창의성(Eminent Creativity)의 두 유형으로 구분하고 일상적 창의성을 다음과 같이 설명했다. 일상적 창의성은 일이나 여가에서의 일상적인 활동과 관련하여 창의적인 사람 혹은 창의적 산물, 아이디어, 행동을 일컫는다. 이는 새롭고 특이한 면, 즉 독창성과 타인에 대한 유의미성으로 특징지을 수 있다. 또한 생존 능력 또는 성장 발전을 지속시키는 동기로 볼 수 있는 일상적 창의성은 실질적으로 인간의 모든 활동 분야에 적용되어져야 한다. 즉 일상적 창의성은 모든 사람에게 친숙한 일상생활에서의 독창성이라고 할 수 있다. 이러한 일상적 창의성은 전문적 창의성과 구별되는데 이는 특수한 능력이라기보다는 인지 양식이나 지향성, 적응성으로 볼 수 있다. 또한 일상적 창의성은 우리 인생의 유연한 적응과 개인적인 행복에 있어서 아주 중요하다. 일상적 창의성은 사람들이 대처하는 것을 도와주고 육체적 심리적인 건강과 행복을 증진시켜주며 더 나아가서는 자아실현과 세상에 대해 공헌할 수 있도록 도와준다. 정은이(2002)는 기존의 연구를 바탕으로 일상적 창의성(Everyday Creativity)을 일상생활에서 창의적인 사고와 성향으로 풍요로운 삶을 영위해 나가는 사람들이 갖고 있는 창의성이라고 설명하고 이는 개인의 적응과 심리적 건강뿐만 아니라 그 개인이 속한 내집단 구성원들에게도 행복감을 주는 것이라고 했다. 이상의 연구에서 설명하고 있듯이 일상적 창의성은 그 중요성이 나날이 증가하고 있고 특히 개인의 행복감과 적응도와 관련된다는 점에서 시사하는 바가 크다.

본 연구에서는 일상적 창의성을 제반 사태나 문제를 새롭고 독특한 방법으로 해결해가며 개인의 자아실현과 적응 능력을 신장시켜 주는 것으로, 일상생활에서 유용하고 적절한 사적인 산출물을 내는 사고와 활동으로 정의하며 특히 대학생들을 대상으로 한 일상적 창의성에 초점을 맞추고자 한다.

2. 스트레스의 정의 및 모형

스트레스는 우리의 일상생활에서 언제나 경험할 수 있는 것이며, 누구나 경험할 수 있는 것이지만, 어떤 사람에게는 막대한 부적응을 초래하는 심각한 수준으로 또 다른 사람에게는 오히려 그 상황을 더욱 잘 다루어나갈 수 있는 긍정적 요인으로 작용하기도 한다. 그러나 흔히 우리는 스트레스를 정신적, 육체적으로 불편감, 긴장 등의 해를 가져오는 부적응 요소들로 이해하고 있다. Lazarus와 Folkman (1984)은 스트레스란 인간과 환경 사이의 특별한 관계로서, 그 관계가 자신의 자원을 요구하거나 자신이 소유한 자원의 양을 넘어서기 때문에 행복을 위협하는 것이므로 일상생활의 골칫거리가 스트레스가 된다고 하였다. 일반적으로 스트레스는 생리 및 심리-사회적 차원에서 파악되고 있으며, 이를 반응중심모형(response-based model), 자극중심모형(stimulus-based model), 상호 작용모형(interaction model) 세 가지 모형으로 분류하고 있다.

반응중심모형은 스트레스를 외적 자극들에 대한 생리적, 심리적 반응으로 정의하는 것으로 적응을 요구하는 모든 자극(stressor)에 대한 반응을 스트레스로 본다. 이 적응과정은 경계 반응기(alarm stage), 저항기(resistance stage), 소진기(exhaustion)의 3단계로 구성되는데, 적응자원이 모두 소진되면 심리적 또는 신체적, 생리적 결과로 스트레스가 나타난다. 반응으로서의 스트레스에 대한 연구는 주로 유해한 자극과 신체적, 생리적 변화와의 관계에 초점을 두었다(조은숙, 1994).

자극중심모형은 스트레스를 하나의 자극으로 보는 입장으로 스트레스를 생리적, 신체적 반응을 일으키는 환경적 조건이라고 보고, 스트레스 자극, 혹은 스트레스 유발자의 특성을 밝히려 하였다. Lazarus와 Cohen(1977)은 스트레스 유발자를 다수의 사람들에게 격변을 일으키는 중대한 변화, 한 두 사람 정도의 소수인에게 영향을 주는 중대한 변화, 일상생활의 문제거리 등 세 가지로 나누어서 설명했다.

상호 작용모형은 스트레스를 개인과 환경 간의 복잡하고 역동적인 상호 작용의 과정으로 보는 관점으로 현대의 스트레스 개념을 정의하는데 가장 보편적으로 사용되어진다. 이 모형은 환경 내의 자극 특성과 이에 대한 반응의 매개로서 개인의 특성을 강조하고, 개인이 환경에 영향을 준다는 견해로 상호 작용 또는 역동적 작용으로 보는 것이다(조은숙, 1994). 이 모형은 스트레스가 심리적 과정과 연계된 개인의 지각현상으로서 스트레스 발생 원인은 개체의 욕구와 능력의 격차에서 발생한다고 본다. 개체가 환경적 요건에 의해 자기 자신의 중요한 요구와 동기가 위협당하고 있다는 것을 자각할 때, 또 개체가 스트레스 요인에 적절하게 대응할 능력이 없을 때 스트레스가 발생한다. 상호 작용모형에서는 개체가 특정 환경에서 경험하는 스트레스의 양은 스트레스인과 대처 능력 간의 불균형에 따라 결정된다고 간주한다. 즉 같은 외부자극을 받더라도 이에 대한 개인의 평가와 대처전략이 중요하며, 동일한 사건에 대해서도 개인이 처한 상황이나 자원에 따라 개인이 느끼는 스트레스는 달라질 수 있다(류진혜, 김태성, 1998).

본 연구는 이상의 세 가지 관점 중에서 상호 작용 관점에 입각하여 스트레스란 인간과 환경 사이의 상호 작용에 의한 결과로 정의한다.

3. 스트레스 대처 방식

우리가 스트레스에 관심을 가지고 이를 중요하게 생각하는 것도 사실은 스트레스 자체에 관심이 있다기보다는 그러한 스트레스를 어떻게 관리하고 해소하느냐 즉, 스트레스에 대한 대처에 관심이 있기 때문이라 할 수 있다. 스트레스 처리 과정에서의 대처란 평형 상태를 유지하기 위한 시도로서 스트레스성으로 평가되어진 내부적이고 외부적인 개인과 환경의 상호 작용의 요구를 관리하기 위한 인지적이고 행동적인 노력으로서 정의될 수 있다(Lazarus & Folkman, 1991).

스트레스 대처 방식에 관한 연구들은 스트레스 상황에서 사람들의 적응력을 증진시키는데 효과적인 방법이 무엇인가를 밝히려는 노력의 일환으로 볼 수 있다. 즉 대처 방식의 기능과 효과를 확인하려는 것이다. Moos(1985)의 연구에 의하면 효과적인 스트레스 대처행동은 유해한 스트레스 원으로부터 개인을 보호한다고 한다. 즉, 스트레스는 대처행동에 따라 그 강도가 달라진다는 것이다.

근래에 와서 이루어진 많은 연구들을 종합할 때 스트레스에 대한 대처 방식은 문제 중심적인 것과 정서 중심적인 것으로 분류할 수 있다(Lazarus & Folkman, 1991). 즉, 문제중심 대처 방식은 자신이 직면하는 스트레스원이나 문제 그 자체를 변화시키거나 관리하는데 관련된 인지적, 문제 해결적 노력들과 정보추구 활동들 및 행동적 전략들에 중점을 두지만 정서 중심적 대처방식은 정서적 distress를 감소시키거나 관리하려는 인지적, 심리내적, 행동적 노력들에 중점을 둔다(Lazarus & Folkman, 1981). 따라서 문제 중심적 대처전략은 인지적 문제해결과 의사결정, 정보수집, 시간관리, 목표설정 같은 전략을 포함하는 반면에 정서 중심적 대처 전략은 인지적 재구조화, 최소화, 밝은 면 바라보기, 유머, 돌보아 주는 사람들과 이야기하기, 약물이나 알코올의 사용을 통하여 회피하기 등의 전략들을 사용하여 상황의 의미를 변화시키려는 인지적 노력을 포함한다(Biggam, Power, & Macdonald, 1997; Lazarus & Folkman, 1984; Folkman & Lazarus, Dunken-Schetter, Delongis, Gruen, 1986).

이러한 스트레스 대처전략들이 스트레스 상황에서 어느 정도 효과성이 있는지는 논란의 여지가 많다. 스트레스 대처 전략의 효과성을 평가하기 위해서는 문제의 통제 가능성(controllability), 결과가 평가되는 시점(point in time), 대처방식과 상황적 요구들 간의 부합도(goodness of fit), 스트레스 상황의 심각성 정도 등의 중요한 상황 특정적 요인을 살펴봐야 한다(Aldwin, 1994). 이러한 차원에서 문제 중심적 대처와 정서 중심적 대처를 비교해 보면, Lazarus 와 Folkman(1984)은 문제 중심적 대처전략들은 상황-특정적(예, 업무와 관련된 요구들을 처리하는 것)인 경향이 있는 반면, 정서 중심적 대처전략들은 다양한 스트레스하에서 보다 자주 적용이 가능하다는 것을 기술하고 있다. 따라서 Lazarus와 Folkman의 이론에서 대처 효율성은 문제의 처리와 정서의 통제라는 두 가지 대처기능을 완성하는가의 여부에 따르게 된다. 극도의 정서를 대가로 치르면서 문제를 해결한 사람을 효과적으로 대처했다고 하지는 않는다. 왜냐하면 효율적인 대처는 부정적인 감정의 관리도 포함하고 있기 때문이다. 이와 유사하게 약물이나 흡연 등으로 자신의 정서적인 스트레스를 성공적으로 처리했으나, 실제적인 문제를 조절하려는 시도를 하지 않는 사람 역시 효율적인 대처를 한다고 볼 수 없다.

본 연구에서는 이러한 맥락에서 일상적 창의성과 스트레스 대처 방식과의 관계를 알아보고자 하며, 스트레스 대처 방식을 문제중심 대처와 정서중심 대처로 구분하여 적용하였다.

4. 일상적 창의성과 스트레스 및 스트레스 대처

창의성과 스트레스를 연관지어 설명한 연구는 찾아보기 어렵다. 그러나 그동안 연구 되어왔던 창의성과 관련된 연구들 중, 창의적인 사람의 성격을 토대로 창의성과 스트레스와의 관계를 간접적으로 추론해 볼 수 있을 것이다.

창의적인 사람의 성격을 연구한 결과를 살펴보면 창의적인 사람의 다양한 성격 특성을 열거하고 있다. Dellas와 Gaier(1970)은 창의적인 사람들은 덜 창의적인 사람들과 구별되는 독특한 특성이 있다고 결론지으면서 열한 가지의 전형적인 특성을 확인하였는데 그 중 내향성, 자기 수용, 융통성, 개방성 등을 긍정적인 특성으로 나열하였다. 또한 Decey(1989)는 창의적인 사람의 특성 중 자극에 대한 개방성, 자기 수용, 융통성, 일에 대한 긍정적인 태도 등이 중요한 특성이라고 했다. Eysenck(1997)는 창의적인 사람들은 자율성, 자극에 대한 개방성, 융통성, 내적 통제, 자아강도 등이 있다고 지적했다.

이러한 창의적인 성격 특성 중 개방성, 융통성, 내적 통제, 자기 수용 등은 개인의 스트레스를 훨씬 덜 지각하게 하며 보다 능동적인 자원으로 스트레스를 대처하게 할 것이다. 이미 언급했듯이 상호 작용모형으로 스트레스를 보는 입장에서는 스트레스가 심리적 과정과 연계된 개인의 지각현상으로서 스트레스 발생 원인은 개체의 욕구와 능력의 격차에서 발생한다고 보고(조은숙, 1994) 같은 외부자극을 받더라도 이에 대한 개인의 평가와 대처전략이 중요하며, 동일한 사건에 대해서도 개인이 처한 상황이나 자원에 따라 개인이 느끼는 스트레스는 달라질 수 있다고 본다(류진혜, 김태성, 1998). 이러한 맥락에서 보면 창의적인 사람은 그들이 가지고 있는 긍정적인 성격 특성으로 인해 동일한 스트레스에 대해서도 이를 훌륭한 자원으로 활용하여 보다 덜 스트레스를 느끼게 될 것이다.

창의성과 스트레스 대처 전략의 관계를 논의하기 위해서는 먼저 스트레스 대처 전략의 효율성 측면을 언급해야 할 것이다. Lazarus와 Folkman(1984)가 지적했듯이 효율적인 대처는 문제의 능동적인 처리와 정서의 통제 두 가지 기능의 완성에 있다. 물론 긍정적인 건강을 유지하기 위해서 상황에 따라서는 문제 중심적 대처가 더 효과적이거나(Felton & Revenson, 1984; Mitchell, Cronkite, & Moos, 1983;Aldwin, 1994에서 재인용, Mitchell & Hodson, 1983; Kahana, Kahana & Young, 1987; Pruchno & Resch, 1989에서 재인용), 정서 중심적 대처가 더 효과적(Baum, Flemin & Singer, 1983; Marrero, 1982; Pruchno & Resch, 1989에서 재인용)이라는 연구가 있으나 보통의 일상생활 속에서 발생하는 스트레스에 대해 우리는 문제 중심적 대처와 정서 중심적 대처를 동시에 사용하고 있으며(박영신, 김의철, 김묘성, 2002), 이 두 가지 대처 전략의 기능적 완성이 스트레스 대처에 훨씬 효과적일 것이다.

창의적인 사람들의 성격 특징을 살펴보면 적극적인 문제 해결의 선행 조건이 될 수 있는 '통찰', '자기주장', '독창성', '융통성', '어려운 일에 도전', '용기' 등의 특징들(Barron, 1955; Guilford, 1960; Torrance, 1972)과 자신의 내적 정서 및 감정 조절을 위한 조건이 될 수 있는 '감정을 잘 표현', '경험 및 감정에 개방적', '감정적인 민감성', '개인주의적', '내성적인' 등의 특징들(Mackinnon, 1962; Torrance, 1972)이 같이 언급되고 있다. 또한 최근 새로운 창의적인 성격 특성 연구에서 창의적 성취를 위해서는 대립적 성격 특성들의 조화가 필요하다는 주장이 제기되고 있다(Cskiszentmihalyi, 1996). 즉 창의적인 성격 차원이 각각 대립되는 양극으로 나눠져 있다고(예: 내향성 대 외향성)보고 창의적인 사람들은 양쪽 극단의 특징들을 다 가지고 있고 상황에 따라서 다른 모습을 보인다는 것이다.

이러한 맥락에서 추론해 보면 창의적인 사람의 양면적인 긍정적 특성이 스트레스 대처에 있어서 문제 중심적 대처와 정서 중심적 대처를 동시에 적절하고 효율적으로 사용하여 대처의 효과성을 높일 것이라는 것을 알 수 있다.

Ⅲ. 연구 방법

1. 연구 대상

　본 연구의 대상은 충청남도에 위치하고 있는 S대학교와 C대학교 학생들로서 교양과정으로 '심리학 개론'을 듣는 학생 390명이다. 이 중 불성실한 응답을 하였거나 무선적으로 답한 44명의 자료를 제외한 총 346명의 자료를 이용하였으며 이중 상위, 하위 그룹 30% 총 182명이 연구에 최종 이용되었다. 강의에 참여한 학생들은 1-4학년 학생들로서 교양강의의 특성상 인문·사회, 이공계열, 예술계열, 경상계열 학생들이 골고루 참여한 수업이다. 피험자들은 수업 중에 설문지에 응답하였다.

2. 측정 도구

(1) 일상적 창의성 검사

　일상적 창의성 검사는 정은이(2002)가 개발한 것으로 대학생 및 성인을 위한 것이다. 이 검사는 총 36문항으로 독창적 유연성 8문항, 대안적 해결력 5문항, 모험적 자유추구 5문항, 이타적 자아확신 6문항, 관계적 개방성 6문항, 개성적 독립성 3문항, 탐구적 몰입 3문항 등이다. 각 문항은 '전혀 아니다(1점)'에서 '매우 그렇다(5점)'

까지의 5점 척도로 구성되어 있으며 역채점 문항 3문항이 포함되어 있다. 이 검사는 총점이 높을수록 일상적 창의성 수준이 높음을 나타낸다. 하위요인별 신뢰도는 독창적 유연성 .84, 대안적 해결력 .61, 모험적 자유추구 .72, 이타적 자아확신 .68, 관계적 개방성 .68, 개성적 독립성 .67, 탐구적 몰입 .64 이다. 전체 척도의 신뢰도는 .90으로 나타나 신뢰도가 높은 척도임을 알 수 있다. 본 연구에서 나타난 신뢰도 Cronbach α는 .89 이다.

(2) 대학생을 위한 스트레스 척도

대학생을 위한 스트레스 척도는 최해림(1986)이 개발한 것으로 스트레스 근원에 따라 학교생활, 가정생활, 친구 및 대인관계, 자신, 환경 등 5개 영역으로 분류된다. 원 척도는 스트레스 근원, 영향 및 장애, 대응책의 세 차원으로 구성되어 있으나 본 연구에서는 스트레스 근원 차원만을 선택하여 사용하였다. 학교생활 14문항, 가정생활 12문항, 친구 및 대인관계 14문항, 자기 자신 13문항, 환경 7문항으로 총 60문항이다. 각 문항은 '전혀 받지 않음(1점)'에서 '아주 심함(5점)'까지의 5점 척도로 구성되어 있으며, 점수가 높을수록 스트레스를 많이 받는 것을 의미한다. 본 연구에서 나타난 신뢰도 Cronbach α는 .91이다.

(3) 스트레스 대처 방식 척도

Folkman과 Lazarus(1985)가 개발한 대처방식척도(The Ways of Coping checklist) 68문항을 김정희와 이장호(1985)가 요인분석 과정을 거쳐서 수정 보완하여 62문항으로 구성한 척도를 사용하였다. 이 중 문제중심 대처 11문항, 정서중심 대처 11문항을 최종 분석에 사용하였다. 각 문항은 '사용안함(0점)'에서 '아주 많이 사용(3점)'까지의 4점 척도로 구성되어 있어 점수가 높을수록 관련된 대처 방식이 빈번히 사용됨을 의미한다. 본 연구에서 문제 중심 대처의 Cronbach α 는 89, 정서중심 대처의 Cronbach α는 .90이었다.

3. 자료 처리 및 분석

일상적 창의성 수준을 나누기 위하여 일상적 창의성 검사 총점을 중심으로 상위 30%(134점 이상)를 창의성이 높은 집단으로, 하위 30%(120점 이하)를 창의성이 낮은 집단으로 구분하였다. 일상적 창의성이 높은 집단은 95명, 낮은 집단은 87명이었다. 스트레스 질문지와 스트레스 대처 방식 질문지는 하위 척도별로 점수가 합산되었다. 일상적 창의성 척도와 스트레스 척도들 간의 일원 변량 분석 및 다변량 분석을 위해서 SPSS 10.0판을 이용하였다.

IV. 연구결과

1. 일상적 창의성과 스트레스와의 관계

일상적 창의성 수준에 따른 스트레스 점수의 차이를 알아보기 위하여 창의성 수준별 스트레스 점수의 평균과 표준 편차 및 일원 변량 분석(One-Way ANOVA) 한 결과를 제시하면 <표 1>과 같다.

<표 1> 일상적 창의성 수준에 따른 스트레스 점수 합계에 대한 t 검증 결과

종속변수	일상적 창의성 수준	사례수	평균	표준편차	t
스트레스 점수	높음	95	270.1596	71.4310	-3.139**
	낮음	87	300.4483	58.1287	

*P<.05, **P<.01, ***P<.001

이 결과 창의성이 높은 사람들의 스트레스 점수가 창의성이 낮은 사람들보다 훨씬 낮은 것으로 나타났고 이는 통계적으로 유의했다. 즉, 창의성이 높은 사람들은 일상생활의 여러 가지 스트레스 상황에서 훨씬 적게 스트레스를 경험하지만 창의성이 낮은 사람들은 스트레스를 더 많이 받는 것을 의미한다.

일상적 창의성 수준에 따른 각 스트레스 영역별 평균 및 표준편차는 다음의 <표 2>와 같다. 그리고 이에 대한 다변량 분석 결과는 <표 3>과 같다.

<표 2> 일상적 창의성 수준에 따른 각 스트레스 영역 평균 점수 및 표준편차

스트레스 창의수준	대학생활	가정 및 경제생활	친구 및 대인관계	자신	주변 환경
높음	63.734 (1.558)	53.628 (1.875)	55.915 (1.659)	59.447 (1.815)	37.436 (1.038)
낮음	72.471 (1.620)	59.253 (1.949)	61.414 (1.725)	67.793 (1.886)	39.517 (1.079)

<표 3> 일상적 창의성 수준에 따른 각 스트레스 영역에 대한 다변량 분석 결과

종속변인		Wilks' Lambda				제곱합	df	평균 제곱합	F
		λ	F	df	p				
	전체	.911	3.404**	5	.006				
스트 레스 영역	대학					3449.175	1	3449.175	15.107**
	가정					1429.706	1	1429.706	4.326*
	친구					1366.218	1	1366.218	5.280*
	자신					3147.429	1	3147.429	10.167**
	환경					195.678	1	195.678	1.933

*P<.05, **P<.01, ***P<.001

<표 3>에서 보여주고 있는 다변량 분석 결과에 따르면 창의성 집단별 스트레스 전체 점수는 Wilks' Lambda λ = .911, F = 3.404 로서 유의도 .01 수준에서 유의한 것으로 나타났다. 즉, 창의성 고저 집단에 따라 스트레스 전체 점수는 유의한 차이를 보이는 것이다.

 <표 2>에서 알 수 있듯이 대학생활, 가정 및 경제생활, 친구 및 대인관계, 자기 자신, 주변 환경 등 5가지 하위 영역별로 모두 창의성이 높은 집단이 창의성이 낮은 집단에 비해 스트레스 점수가 낮은 것으로 나타났다. 이는 다변량 분석한 결과인 <표 3>에서 나타났듯이 환경 영역을 제외하고 집단별로 유의미한 차이가 있었다. 이러한 결과는 일상적 창의성이 높은 사람들이 일상생활의 거의 모든 영역에서 스트레스를 덜 느낀다는 것을 의미한다.

2. 일상적 창의성 수준에 따른 스트레스 대처방식 차이

 일상적 창의성 수준에 따른 스트레스 대처 방식의 차이를 규명하기 위하여 각 창의성 수준별 2가지 대처 방식의 평균과 표준편차를 파악한 결과는 <표 4>와 같다.

<표 4> 일상적 창의성 수준에 따른 문제·정서중심 대처 점수에 대한 t검증 결과

종속변수	창의수준	사례수	평균	표준편차	t
문제중심 대처	높음	94	3.306	.562	25.138***
	낮음	87	2.782	.465	
정서중심 대처	높음	94	3.751	.475	38.752***
	낮음	87	3.145	.446	

*P<.05, **P<.01, ***P<.001

　그 결과에 의하면 창의성 수준이 다른 두 집단 간에 스트레스 대처 방식의 하위 척도로 설정한 문제중심 대처와 정서중심 대처 모두에 유의한 차이를 보이고 있다. 문제중심 대처에서는 창의성이 높은 집단이 낮은 집단보다 문제중심 대처를 더 많이 하는 것으로 나타났다. 또한 정서중심 대처에서도 창의성이 높은 집단이 낮은 집단보다 정서중심 대처를 더 많이 사용하는 것으로 나타났다. 이는 일상적 창의성이 높은 사람들이 대처의 효율성을 높이기 위해 일상적 창의성이 낮은 사람들에 비해 두 가지 전략을 적극적으로 많이 사용함을 의미한다.

V. 결론 및 논의

본 연구는 오늘날 대학생들이 다양한 스트레스를 겪고 있다고 보고, 일상적 창의성과 스트레스 및 스트레스 대처 방식과의 관계를 알아보고자 한 것이다. 이와 같은 연구 목적을 달성하기 위해 본 연구 결과를 토대로 일상적 창의성을 기준으로 대학생들이 겪는 스트레스 요인과 대처 방식과 관계를 논의해 보았다.

본 연구의 통계 분석 결과를 연구 문제에 따라 살펴보면 다음과 같다.

첫째, 일상적 창의성 상·하 집단별로 스트레스 점수가 어떠한 차이를 보이는지 알아본 결과 일상적 창의성이 높은 집단이 스트레스 점수가 낮았고, 일상적 창의성이 낮은 집단이 스트레스 점수가 높았다. 이는 통계적으로 유의한 결과였다. 이러한 결과는 일상적 창의성이 높은 사람들이 훨씬 스트레스를 덜 겪는다는 것을 의미한다. 일상적 창의성이 높은 사람들은 자신과 세상에 대해 긍정적인 관점을 가지고 있으며, 문제는 해결 가능하다는 신념과 이를 위해 노력하는 것을 즐긴다(정은이, 2002). 따라서 보통 사람들이 스트레스라고 지각하는 일들도 이들에겐 그다지 심각한 골칫거리로 여겨지지 않을 뿐더러, 일상의 자잘한 스트레스는 자신만의 독특하고 융통성 있는 방법으로 해결해 나가기 때문에 스트레스를 덜 받게 되는 것이다. 창의적인 사람의 성격 특성들로 미루어 볼 때, 개방성, 융통성, 내적 통제, 자기 수용(Dellas, Gaier, 1970; Decey, 1989; Eysenck, 1997) 등은 개인에게 스트레스를 훨씬 덜 지각하게 하며 보다 능동적인 자원으로 스트레스를 대처하게 하는 것이다. 이러한 연구결과는 스트레스 상호 작용 모형에서 스트레스를 보는 입장 즉, 외부 자극에 대해 개인의 자원 및 특성에 따라 스트

레스 지각 정도가 달라질 것이라는 이론과 일맥상통하는 것이다(류
진혜, 김태성, 1998).

둘째, 스트레스 하위 영역별로 일상적 창의성 상·하 집단에서 차
이가 있는지를 알아본 결과, 대학 생활, 가정 및 경제생활, 친구 및
대인관계, 자기 자신 등에서 일상적 창의성이 높은 집단이 스트레
스 점수가 낮았으며 일상적 창의성이 낮은 집단이 스트레스 점수가
높았다. 주변 환경 영역을 제외하고 이는 통계적으로 유의한 결과
였다. 이와 같은 결과는 일상적 창의성이 높은 사람들이 거의 모든
영역에서 스트레스를 덜 느낀다는 것이다. 특히 다른 영역에 비해
대학생활에서는 그 차이가 더 컸다. 일상적 창의성이 높다는 것은
일상생활의 모든 부분에서 창의성을 발휘하여 생활하기 때문에 스
트레스를 덜 받고 자기 만족감이 높다는 것을 의미한다. 대학생들
은 주 생활 무대가 학교이고, 여기에서 학업 및 집단 활동을 통해
자신을 성장시켜 가는 시기이므로 이에 대한 스트레스가 적다는 것
은 그만큼 개인 적응에 있어서 시사하는 바가 크다.

셋째, 일상적 창의성 상·하 집단과 스트레스 대처 방식(문제중심
대처·정서중심 대처)과의 관계를 알아본 결과 창의성 수준이 다른
두 집단과 스트레스 대처 방식 간에는 유의한 차이를 보였는데, 창
의성이 높은 집단이 낮은 집단보다 문제중심 및 정서중심 대처를
더 많이 하는 것으로 나타났다. 이러한 결과는 창의적인 사람들이
적극적인 문제 해결의 조건이 될 수 있는 특성들과 자신의 내적 정
서 및 감정 조절을 위한 조건이 될 수 있는 특성들을 동시에 가지
고 있으며(Barron, 1955; Guilford, 1960; Torrance, 1972; Mac-
kinnon, 1962; Cskiszentmihalyi, 1996) 이러한 양면적인 긍정적
특성들이 스트레스 대처에 있어서 문제 중심적 대처와 정서 중심적
대처를 다같이 중요하게 사용하고 있다는 것을 의미한다. 또한 대
처 효율성의 측면에서 생각해보면 효율적인 대처는 상황−특정적인
문제에 해결적인 시도를 하는 것뿐만 아니라 부정적인 감정의 관리

274

도 포함하고 있기 때문에 일상적 창의성이 높은 사람들은 보다 효율적으로 스트레스에 대처하고 있다는 것을 나타내는 것이다. 이는 대처 효율성은 문제의 처리와 정서의 통제라는 두 가지 대처기능을 완성하는가의 여부에 따르게 된다고 지적한 Lazarus & Folkman (1984)의 주장과 일치하는 것이다.

따라서 일상적 창의성이 높은 사람들은 스트레스원이나 스트레스를 유발하는 문제 그 자체를 변화시키거나 관리하는데 관련된 정보 추구 활동 및 행동 전략에 중점을 두고 융통성 있는 시각과 독창적인 사고로 합리적으로 문제해결을 할 뿐만 아니라, 스트레스 자극으로 인해 유발된 부적인 정서 반응을 조절하거나 관리하려는 인지적, 심리적, 행동적 노력들도 같이 하고 있는 것이다. 스트레스로부터 완전히 자유로운 사람은 존재하기 어려울 뿐만 아니라, 스트레스가 전혀 없는 무공해의 심리적 환경이 반드시 이로운 것만은 아니다. 사람은 적당한 정도의 긴장감 속에서 자신이 원하는 일을 해야 활기차고 도전적인 삶을 살 수 있는 것이다. 특히 대학시절은 후기 청소년기로 미래에 대한 희망, 도전 그리고 열정으로 살아가야 하는 인생에 있어서 매우 중요한 시기이다. 이러한 시기에 스트레스에 효율적으로 대처하고 창의적인 사고로 미래를 개척해 나가면서 스트레스를 회피하기보다는 독창적이고 융통성 있는 사고로 문제를 해결하려는 노력을 한다면 보다 성공적인 삶을 영위할 수 있을 것이다.

본 연구 결과를 토대로 연구의 제한점과 연구 방향에 대해 다음과 같이 제언을 하고자 한다.

첫째, 본 연구에서는 일상적 창의성 검사, 즉 일상생활에서의 창의적인 성향을 중심으로 스트레스 및 대처 전략과의 관계를 살펴보았으나, 창의적 능력검사를 적용하여 스트레스 및 대처와의 관계를 알아보는 것도 향후 연구해야 할 주요한 주제라고 생각된다.

둘째, 본 연구의 피험자가 특정 도의 대학생들로 한정되어 있어 연구 결과를 일반화하기에는 무리가 있다. 향후 반복 연구를 통하여 재확인이 필요하다.

셋째, 본 연구에서는 학년과 성별에 따른 구분을 하지 않았으나, 대학생을 대상으로 한 스트레스 연구에서 학년별 차이를 보고한 연구(박경, 1994)와, 남녀 차이를 보고한 연구가 있다(하영윤·오영환, 1996). 따라서 이에 대한 추후 보완적 연구가 필요하리라 생각된다.

참고문헌

구재선(2000). **스트레스와 생활만족도에 영향을 미치는 요인들: 자기 효능감과 대처방식을 중심으로.** 중앙대학교 대학원 석사학위 논문.

김기정(1995). 서원대 재학생들의 학교 적응 실태 조사. **학생생활연구.** 13. 서원대학교 학생 생활연구소. 1-19.

김정호, 김선주, 오영희(1995). 덕성여대생들의 생활스트레스에 관한 연구. **학생생활연구.** 1. 덕성여자대학교 학생생활연구소. 37-49.

김정희·이장호(1985). 스트레스 대처 방식의 구성 요인 및 우울과의 관계. **행동과학연구,** 7, 고려대학교 행동과학연구소. 127-138.

류진혜·김태성(1998). 자아존중감과 사회적 지지가 취업스트레스 및 스트레스 대처 양식에 미치는 영향. **대학생활연구 제16호.** 한양대학교 학생생활상담연구소. 211-232.

박경(1994). 대학생의 스트레스 유형과 대처 방식. **학생생활연구. 제6집.** 서울여자대학교 학생생활연구소. 27-43.

박영신·김의철·김묘성(2002). IMF 시대 이후 초, 중, 고, 대학생과 부모의 스트레스 경험과 대처 양식 및 사회적 지원: 토착 심리학적 접근. **한국심리학회지: 사회문제, 제8권, 제2호.** 105-135.

박외숙(1995). 울산대학교 학생들의 문제유형별 심각성 정도와 교내 상담실 방문을 통한 상담 요청의지. **학생생활연구보,** 12. 울산대학교 학생생활 교육원. 51-69.

박현순(1999). 10년간 대학생들의 상담 호소문제 변화 추세. **학생연구. 33(1).** 서울대학교 학생생활연구소. 9-18.

송현종(1996). 내담자의 호소에 나타난 대학생들의 문제분석. **학생생활**

연구. 8. 여수수산대학교 학생생활연구소. 43-63.

윤병수, 정봉교(1999). 영남대생의 스트레스 요인, 수준 및 증상에 대한 조사연구. **학생연구. 30(1)**. 영남대학교 학생생활연구소. 27-57.

이은희(2004). 대학생들이 경험하는 생활 스트레스와 우울: 공변량 구조모형을 통한 대처방식의 조절효과 검증. **한국심리학회지: 건장, 제9권, 제1호**. 25-52.

이혜성(1989). 대학생 문제 진담 치 해결 행동 체크리스트 제작 연구. **학생생활연구. 25**. 이화여자대학교 학생생활지도연구소. 42-103.

장형석(2000). 대학생들의 스트레스 원천과 대처책략. **부산대학교 학생생활연구소 연구보. 32**. 101-115.

전경원(2000). **동·서양의 하모니를 위한 창의학**. 학지사.

전영자, 김세진(1999). 대학생 스트레스와 대처방식에 관한 연구. **학생생활연구. 3**. 인하대학교 학생생활연구소. 157-178.

정은이(2002). 일상적 창의성 척도의 개발 및 타당화. **교육문제연구 제17권**. 고려대학교 교육문제 연구소. 155-183.

정은이(2003). 일상적 창의성과 심리·사회적 적응의 관계. **교육문제연구 제18권**. 고려대학교 교육문제 연구소. 103-120.

조명희, 박수선(1998). 스트레스 지각정도에 따른 대학생활 적응: 서원대학교 학생을 중심으로. **학생생활연구. 16**. 서원대학교 학생생활연구소. 83-100.

조은숙(1994). 현대인의 정신건강. 서울: 법문사.

주종필, 민병일, 박성균(2001). 일부 대학생들의 스트레스와 그 해소 방법. **스트레스 연구. 9(2)**. 41-49.

최인수(1998). 창의적 성취와 관련된 제 요인들: 창의적 연구의 최근 모델인 체계모델(Systems Model)을 중심으로. **미래유아교육학회지, 5(2)**. 133-166.

최해림(1986). 한국 대학생의 스트레스 현황과 인지: 행동적 상담의 효과. 이화여자대학교 박사학위 논문.

하영윤·오영환(1996). 대학생의 자아강도 수준과 스트레스 대처 방식과의 관계 연구. **학생생활연구 제8집**, 서울여자대학교 학생생활연구소. 99-119.

Aldwin, C. M. (1994). *Stress, coping and development*, New York: Guilford Press.

Barron, F. (1955). Disposition toward originality. *Journal of Abnormal, Social Psychology, 51*, 478-488.

Barron, F., & Harrington, D. M. (1981). Creativity, Intelligence, and Personality. *Annual Review of Psychology, 32*. 349-376.

Biggam, F. H., Power, K. G., & Macdonald, R. R. (1997). Coping with the occupational stressors of police work: A study of Scottish officers. *Stress Medicine, 13*, 109-115.

Csikszentmihalyi, M. (1996). *Creativity: Flow and the psychology of discovery and invention.* New York: Harper-Collins.

Dacey, J. S. (1989). *Fundamentals of Creative Thinking*, Lexington Press, Lexington, MA.

Dellas, M., & Gaier, E. L. (1970). Identification of creativity: the individual, *Psychological Bulletin, 73*, 55-73.

Delongis, A., Coyne, J. C., Dakof, G., Folkman, S., & Lazarus, R. S. (1982). Relationship of daily hassles. uplifts and major life events to health status. *Health Psychology, 1*, 119-136.

Eysenck, H. J. (1997). Creativity and personality, in *The Creativity Research Handbook*, vol. 1, ed M. A. Runco, 41-66, Hampton

Press, Cresskill, NJ.

Folkman, S., & Lazarus, R. S. (1985). If it changes it must be a process: Study of emotion and coping during three stages of a college examination. *Journal of Personality and Social Psychology, 48*, 150-170.

Folkman, S., Lazarus, R. S., Dunken-Schetter, C., Delongis, A., & Gruen, R. J. (1986). Dynamics of a stressful encounter: Cognitive appraisal, coping and encounter outcomes, *Journal of Personality and Social Psychology, 50*, 992-1003.

Guilford, J. P. (1960). *Research conference on the identification of creative, scientific talent,* In M. I. Stein, & S. J. Heinge(ed.), Creativity and the individual, Ill: The Free Press of Glencoe.

Kanner, A. D., Coyne, J. C., Schaefec, C. & Lazarus, R. S. (1981). Comparisons of two modes of stress measurement: Daily hassles and uplifts versus major life events. *Journal of Behavioral Medicine, 4*, 1-39.

Lazarus, R, S., & Cohen. J. B. (1977). Environmental Stress. In. I. Altman & J. F. Wohlwill(Eds.), *Human behavior and the environment: Current theory and research,* New York: Plenum, 89-127.

Lazarus, R, S., & Folkman, S., (1984). Coping and adaptation. In W. D. Gentry(Eds.), *The handbook of behavioral medicine,* New York: Guilford, 282-325.

Lazarus, R. S., & Folkman, S. (1991). Coping and emotion. In A. Monat & R. Lazarus(Eds.), *Stress and coping: An anthology*(pp.207-227). New York: columbia University Press.

MacKinnon, D. (1962). The nature and nurture of creative potential.

American Psychologist, 17, 484-495.

Maslow, A. (1962). *Toward the psychology of being.* (2nd ed.). Princeton: D. Van Nostrand, 1968.

Moos, R. H. (1985). Conceptualizing and measuring coping resources and process. In Goldberger, L. & Breznitz, S. (Eds), *Handbook of stress Theoretical and clinical Aspects.* pp.212-230. New York: Free Press.

Pruchno, R. A., & Resch, N. L., (1989). Mental health of care giving spouses: Coping as mediator, moderator, or main effects? *Psychology and Aging, 4(4),* 454-463.

Richards, R. (1999). *Everyday Creativity.* Encyclopedia of Creativity. Volume 1. Academic Press.

Rogers, C. R. (1961). *On becoming a Person,* Boston: Houghton Mifflin.

Roth, S., & Cohen, L. J. (1986). Approach, avoidance and coping with stress, *American Psychologist, 41,* 813-819.

Sternberg, R. J. & Lubart, T. I. (1991). *Creating creative minds.* Phi Delta Kappan, 608-614.

Torrance, E. P. (1972). Predictive validity of the Torrance Tests of Creative Thinking. *Journal of Creative Behavior, 6(2),* 114-143.

敎 育 心 理 研 究
The Korean Journal of Educational Psychology
2003. 4. 제17권. 제1호.

개별·협동학습에 따른 창의성 프로그램이 대학생의 창의성 계발에 미치는 효과

정 은 이[1]
청운대학교

《 요 약 》

본 연구에서는 창의성 프로그램을 적용하여 대학생들의 창의성 증진효과가 있는지를 알아보았다. 또한 개별학습과 협동학습 방법을 적용하여 창의성 증진 효과가 어떻게 다른지 알아보았다.

첫째, 비교집단에서는 사전·사후 검사 결과에 차이가 없었지만, 실험집단(개별·협동학습)에서는 각기 집단에서 창의성 훈련 전에 비해 훈련을 받은 후에 창의성 총점이 유의하게 증진되었다. 즉 본 연구에서는 어떤 형태의 창의성 훈련이라도 받은 실험집단이 전혀 창의성 훈련을 받지 않은 집단에 비해 창의성이 증진되었다. 그러므로 수업 시간에 창의성 기법 소개와 워밍업을 통한 두뇌 회전, 창의성 프로그램을 적용한 훈련을 하는 것은 창의성을 증진시키는 효과적인 방법이 된다고 할 수 있다.

둘째, 협동학습 집단이 개별학습 집단보다 창의성 총점의 평균과 유창성, 독창성에서 높은 점수를 나타냈고 이는 통계적으로 의미 있는 결과였다. 또한 사후검증 결과 집단 간 차이도 유의미했다. 창의성 하위 요인 중, 정교성, 종결에 대한 저항도 협동학습 집단이 점수가 높았으나 집단 간 차이는 유의미하지 못했다.

---

1) 연락처:
충남 홍성군 홍성읍 남장리 산29 청운대학교
E-mail: jejei@dreamwiz.com

I. 서 론

1. 연구의 필요성 및 목적

교육개혁 이후 '창의성'은 교육에 있어서 가장 중요한 목적이자 방향이 되고 있다. 정보화·개성화 사회에 적응할 수 있는 창의적인 인간 양성은 국가의 당면과제가 되고 있는 것이다. 이러한 시대적인 요구에 부응하여 창의성 교육이 중시되면서 창의성을 기르기 위한 여러 가지 프로그램과 각종 창의성 검사들이 개발되어왔다.

우리나라에서도 1970년대부터 창의성 연구가 시작되었고(김학촌, 1969; 신세호, 1974; 이종연, 1986), 이러한 노력으로 초중등 교육과정을 통하여 창의적인 학습을 할 수 있는 실천적인 지침서와 이론적인 기초를 마련하는데 기여해왔다. 그 결과 창의성 교육의 중요성이 부각되면서 유아들부터(전경원, 1997; 전경원, 이명조, 1996) 대학생(박동준, 허경조, 1989; Treadwell, 1970)들에게까지 창의성에 관한 연구가 이루어지고 있다. 그러나 주로 유아 및 초중등학생 대상의 창의성 연구와 프로그램 개발(전경원, 1995b, 조성수, 1996, 장좌욱, 2002, 최미정, 2000, 부지영, 2000, 김명숙, 1998, 호사라, 2001. 정황순, 2001))은 활발히 이루어지고 있지만 대학생들의 창의성 연구는 그렇지 못한 실정이다. 최근 몇몇 대학에서는 '창의성 계발' 과목을 개설하여 학생들의 큰 호응을 얻고 있고 대학생 및 성인을 대상으로 한 창의성 측정 도구(정은이, 2002)가 개발되고 있다.

대학 교육의 중요성은 이들이 곧 각자의 전공 영역에 진출하여 스스로의 역량을 발휘해야 할 예비 인력이라는 데 있다. 대학은 국가와 사회가 요구하는 인재를 양성하고 내일의 지도자를 기르는 중대한 목표를 지닌 지성의 요람이다. 각 기업과 회사에서는 창의적인 마인드와 아이디어를 갖춘 사람을 요구하고 있기 때문에 대학교육에 이에 맞춰 창의성을 높이는 교육을 해야만 한다. 그러나 지금까지 우리나라 대학은 양적 팽창에만 신경을 썼을 뿐 창의적인 인적자원의 개발이라는 대학교육 목표달성을 위한 질적 내실화에는 등한시 해온 것은 부인할 수 없는 사실이다. 세계화, 개방화, 정보화 시대를 맞아 우수한 인적 자원의 개발은 대학의 생존과 직결되고 이는 국가의 흥망과도 연결되는 필수적 과제이다(이명조, 1997).

그러나 우리나라는 대학 교육의 경직성으로 인해 시대가 요구하는 창의적인 인재를 길러내지 못하고 있고, 대학의 교수・학습 방법의 변화를 위한 구체적인 해결 방안을 제시하지 못하고 있다. 이제는 대학교육에서도 교수 개개인이 새로운 교수방법에 대한 체계적인 연구나 프로그램 개발에 창조적으로 도전해야만 하는 시대가 된 것이다(전경원, 1995a).

외국의 대학에서는 오래전부터 대학생의 창의성 교육에 관심을 기울여 왔다. 미국에서는 Parnes와 Osborn이 주축이 되어 1950년대부터 대학생의 창의성 교육에 박차를 가하였고, 일본 역시 1958년부터 창조성 협회가 발족되어 모방교육에서 창조교육으로, 평균적인 인간에서 혁신적인 인간을 만드는 교육을 꾀하고 있고, 대학정책의 새 틀을 짜고 있어 그 어느 때보다도 창조적 인재를 육성하기 위한 창의성 교육에 기대를 걸고 있다(전경원, 1997).

그러므로 본 연구에서는 대학생들을 위한 창의성 프로그램을 적용하여 창의성 증진에 효과가 있는지 알아보고자 한다. 특히 창의성 증진을 위한 교수・학습 방법인 개별 학습과 협동학습을 적용하여 그 효과가 어떻게 다른가 알아보고자 한다.

2. 연구 문제

위에서 서술한 연구 목적을 수행하기 위하여 다음과 같은 연구문제를 설정하였다.

(1) 창의성 훈련을 받은 집단은 그렇지 않은 집단에 비해 창의성이 향상될 것인가?

(2) 창의성 훈련 방법(개별학습·협동학습)에 따라 창의성 증진 정도가 달라질 것인가?

II. 이론적 배경

1. 대학생을 위한 창의성 교육

미국에서는 일찍이 창의성 교육의 필요성을 인식하고 창의성 교육을 실시해 왔다. 그러나 그 대상은 주로 초등학생과 일부 중학생이었고 고등학생이나 대학생을 대상으로 실시한 창의성 교육은 거의 없었다(Torrance, 1987). 특히 대학의 경우 창의성 과목은 전통적인 학문의 가치가 부족하고 평범한 범주에서 벗어난 과목이라는 이유에서 그리고 창의성 과목의 목표인 창의적인 능력의 계발은 권위주의적인 교수의 역할로는 이루어질 수 없다는 등과 같은 이유에서 창의성 과목을 독립된 정규과목으로 많은 대학들이 개설하지 못했다(McDonough, P. & McDonough, B. 1987).

창의성 연구가 시작된 1950년대부터 1997년까지의 문헌들을 고찰해보면, 대학생들의 창의성에 대한 연구는 매우 희귀하다. 선행연구에서는 주로 창의성 강의의 구성 내용(McDonough & McDonough, 1987; Montgomery, Bull, & Baloche, 1992)이나 대학의 환경과 창의성과의 관계(Chambers, 1973) 등을 다루었고, 창의성을 함양시키는 프로그램 개발 및 그 효과성 검증 등에 관한 연구는 부족하다.

그러나 최근 들어 대학생들의 창의성 교육에 대한 관심이 여러 연구 활동을 통해 나타나고 있다. McDonough, P와 McDonough, B에 의해 1987년 대학의 창의성 연구가 시작되어 '창조성 협회'가 발족된 이래 1990년과 1993년 두 차례에 걸쳐 제1, 2차 미국대학의 창의성 학술대회가 개최되었다. 특히 2차 대회 때 61개 미국대학에서 가르쳐지고 있는 창의성 교과의 강의계획안들의 내용이 분석되어 그 연구결과가 발표되었다(Baloche, Bull, & Montogomery, 1992). 이 연구를 통해 창의성 교과가 공학, 경영학, 교육학, 심리학, 예술 등 여러 분야에 걸쳐 다양하게 제공되고 있음을 알 수 있었고 창의성 교과의 강의 계획안에는 교과의 기본 .구조, 예를 들어 교수와 학습의 목적, 주제, 교수내용 및 경험, 프로젝트, 과제물, 평가 방법 등이 포함되어 있음이 밝혀졌다.

또한 몇 편의 연구들은 창의성을 저해하거나 발달시키는 대학교의 환경에 대해 연구했다(Amabile, 1996). 대학생들의 창의성을 증진시키기 위해 그들이 심리적인 안전함을 느끼고 창의성을 발휘하도록 자유롭게 탐색하는 분위기를 조성하는 것이 중요하고(Montgomery, Bull, Baloche, 1992), 또한 대학생들의 창의성 발달에 도움을 주기 위해 교수들이 학생들과 많은 시간을 할애하고, 열성적으로 학생들을 지도하면서, 독립심을 강조하고, 창의적인 활동이나 작업에 직접적인 보상을 해주는 것이 중요한 것으로 나타났다(Chambers, 1973).

대학생들에게 일련의 창의성 프로그램을 적용하여 창의성을 계발하고자 했던 선행연구를 보면 유머나 브레인스토밍이나 시네틱스 기법과 같이 한 가지 변인(Getzel, & Jackson, 1962; Treadwell, 1970; Ziv, 1976, 1988)을 투입하는 훈련에서부터 체계적으로 구성된 패키지 프로그램(deBono, 1971, 1975, 1976, 1978; Feldhusen, Treffinger, & Bahlke, 1970; Noller, Parnes, & Biondi, 1976)에 이르기까지 다양한 수준의 창의성 훈련을 실시했는데, 이러한 훈련이 효과적인 것으로 나타났다.

Khatena(1971)는 그가 개발한 프로그램을 대학생들에게 4일에 걸쳐서 240분의 창의성 훈련을 실시한 결과 2개의 독창성 검사 모두에서 유의한 효과가 있는 것으로 나타났고, 대학생들을 대상으로 한 가지 기법에 의해 훈련을 시키거나 지침서에 따른 학습만으로도 긍정적 효과가 나타났다. 또한 Korth(1973)는 창의성 기법 중에 널리 사용되고 있는 시네틱스 훈련결과 과제를 서로 연합시켜 얻는 유창성(Associational Fluency)에서 효과가 있었고, Burns(1983)는 브레인스토밍 훈련 결과 융통성과 독창성에서 각각 유의한 향상을 보였고 Wey(1982)는 창의적 사고모형에 관한 지침서를 통해 매주 숙제로 이를 수행하도록 하였을 때 Torrance의 창의성 검사에서 유의한 향상을 발견하였다. 그리고 Nicholson(1959)은 대학생들을 대상으로 한 학기 동안 6개의 다양한 훈련 방법을 결합하여 훈련시켰을 때 G. C. T. (Guilford's Consequence Test)에서 유의한 효과가 나타났다고 밝혔다. 또한 Meadow와 Parnes(1960)도 버팔로 대학생 330명을 대상으로 해서 14개월간 연구한 결과 대학에서 창의력 강좌를 한 학기 받은 학생들은 능력상 비슷하면서도 그 교육을 받지 않은 학생과 비교해 본 결과 좋은 아이디어를 생각해 내는 능력에 있어서 거의 2배인 94%를 능가했다고 발표하고 있다.

우리나라에서도 지금까지 대학생들을 대상으로 하는 연구가 부족한 실정이어서 충북대학교생활연구소에서 1988년과 1989년에 진행된 대학생을 위한 창의력 계발 프로그램 효과성 검증연구(박동준, 허경조, 1988; 박동준, 임성문, 정영수, 1989)와 대학수업에서 창의적인 문제해결력 강좌를 도입해야 한다는 주장(전경원, 1995a) 및 원광대학교에서 수행된 창의력 이론의 기초적 연구(이종록, 1981) 등이 있고, 창의성 프로그램 개발 및 효과성 연구는 드물다.

대학생의 창의성 증진을 위한 몇몇 연구들을 살펴보면, 박동준, 허경조(1988)는 대학생들을 대상으로 Torrance(1979)의 'The Search for Satori and Creativity' 책에 제시되어 있는 연습 내용과 Osborn(1963)의 'Applied Imagination'의 연습문제를 참고하여 창의성 프로그램을 개발하였고, 이 프로그램을 토대로 박동준, 임성문, 정영수(1989)가 대학생들에게 프로그램을 적용한 결과 창의성 함양에 효과가 있는 것으로 나타났다. 전경원(1997)은 창의성 프로그램이 대학생의 창의성 계발에 미치는 효과를 연구하여 창의성 훈련을 받은 집단이 창의성이 유의미하게 향상되었고 수업시간에만 창의성을 강조해도 그 효과가 큰 것으로 나타났다.

이상의 연구결과들을 통해 볼 때, 대학생들의 창의력 훈련이 상당한 정도로 창의력 증진을 향상시키는데 효과적이었음을 밝히고 있다. 즉, 창의성이란 소수의 천재들에게만 나타나는 특이한 현상이 아니라 정상적인 인간이면 누구나 갖고 있는 잠재능력으로서 후천적인 학습 경험과 환경 요인에 따라 얼마든지 개발, 육성될 수 있다고 볼 수 있다(Torrance, 1962).

2. 창의성 증진을 위한 교수·학습방법

최근에 창의성 증진을 위한 교수·학습 방법으로 많이 거론된 것은 발견학습과 탐구학습이다. 발견학습은 외부에서 주어지는 것이 아니라 학습자가 적응해야만 하는 어떤 현상에 대한 관념과 법칙 간에 보다 나은 적합성을 유지하기 위해 기존관념을 내면적으로 재조직하는 것이라고 할 수 있다(Bruner, 1961). 창의성 교육도 학습자의 능동성이 중요시된다는 측면에서 보면 발견학습적인 요소가 포함되어 있음을 부인할 수 없다.

탐구학습은 어떤 문제의 해결이나 주제의 학습을 위해서 교사가 학습자들의 능동적인 탐구활동을 장려하는 형태의 수업을 의미한다. 학습자들이 질의하는 방법, 학습자들의 호기심을 만족시킬 수 있는 해답을 찾는 방법 등을 지도하여 세상에 관한 그들의 자신의 이론과 아이디어를 구성할 수 있도록 도와주는 학습 방법이다. 학습자들이 탐구활동에 능동적으로 참여하여 풍부한 호기심과 왕성한 탐구력을 키울 수 있기 때문에 창의성 개발에 효과적이다(Suchman, 1966).

이외에 창의성 증진을 위한 교수·학습 방법들을 제시하고 있는 연구들은 발문 기법의 사용, 강화의 제공, 탐구학습의 증진과 같이 교수－학습 과정에 있어서 교사와 학생 간의 상호 작용을 통하여 자연스럽게 발생할 수 있는 사태들(events)에 초점을 맞추어 왔다(김일환, 2000). 이에 김일환(2000)은 체계적이고 과학적인 교수·학습 방법을 사용해야만 창의력을 증진시킬 수 있다고 주장하고 개별학습 방식과 소집단학습이 창의성 증진을 위한 수업 방식으로 적합하다고 주장했다.

전통적으로 교사 중심 수업에서는 학습자의 흥미와 개성을 고려하지 않고 지식을 전달만 하는 수준이어서 창의성 증진의 효과를 기대하기 어려웠다. 그러나 학습자의 자유로운 선택과 풍부한 학습 자료, 교사의 적절한 피드백이 제공되는 개별학습과 구성원들 간의 상호 작용으로 아이디어 결합과 발전을 할 수 있는 협동학습은 창의성 증진을 위한 가장 효과적인 교수·학습 방법이라고 할 수 있다.

개별 학습(individualized learning)은 학습자의 특성을 고려하여 각각의 학습자들에게 최적의 학습 환경을 조성해 주며 수업의 모든 요소를 학습자의 특성에 알맞게 조정하는 변별적인 교수방법이다. 즉 학습자의 개인 차이에 따라 적절한 교수 학습 활동을 전개시켜 나가는 것이다. 개별학습의 경우 학습자 자신이 원하는 학습 내용을 선택할 수 있고, 자신이 원하는 속도대로 학습할 수 있는 자유를 부여하기 때문에 창의성을 증진시킬 수 있는 수업방법으로 적합하다고 볼 수 있다. 학습자에게 자유로운 수업 환경 속에서 풍부한 학습 자료를 사용할 수 있는 기회를 제공해야만 창의적인 아이디어들을 개발해 낼 수 있을 것이다.

협동학습(Cooperative Learning)이란 전통적인 소집단 학습, 또는 개별학습에서 야기되는 단점을 보완하고 협력적인 상호 작용을 촉진하기 위해 집단보상과 협동기술을 추가한 학습방법으로 "주어진 학습과제나 학습목표를 소집단으로 구성된 구성원들이 공동으로 노력하여 그 목표에 도달하는 방법"이다. 즉 협동학습은 상호 간의 의사전달능력, 상호 작용 능력, 의사결정능력, 비판적 사고 능력 등을 증진시킬 수 있어서 창의성 증진에 효과적이다. 주어진 문제의 해결책을 찾아내기 위해 다양한 각도에서 사고를 하는 것이 필요한데 협동학습에서 강조되고 있는 구성원들 간의 의사교환과 토론, 상호 피드백은 여러 각도에서 사고하는데 많은 도움을 준다. 즉 창의성의 하위 구성요인인 융통성과 독창성 측면에서 매우 유리한 학습 방법이라고 할 수 있다.

서로 상반되는 두 가지 교수·학습 방법인 개별학습과 협동학습이 창의성 증진에 효과적이라는 주장이 제기되고 있는 시점에서 이 두 가지 방법의 효과를 구체적으로 검증하는 연구가 필요할 것이다.

Ⅲ. 연구 방법

1. 연구 대상

　본 연구의 대상은 충청남도에 위치하고 있는 S대학교 학생들로서 교양과정으로 '창의성 계발'을 듣는 학생 74명과 '심리학 개론'을 듣는 학생 35명으로 총 109명이다. 이중 '창의성 계발' 강의에 참여한 74명은 실험집단이고, '심리학 개론' 강의에 참여한 35명은 비교집단이다. 이 두 강의에 참여한 학생들은 1~4학년 학생들로서 교양강의의 특성상 인문·사회, 이공계열, 예술계열, 경상계열 학생들이 골고루 참여한 수업이었다. 실험집단 학생들은 개별학습과 협동학습 집단에 무선 배정했다. 사전검사에서는 실험집단 79명, 비교집단 38명 등 총 117명이 참여하였으나 사후검사에서 누락된 학생이 있어 109명의 자료가 최종 통계분석에 사용되었다.

2. 측정도구

　본 연구에 사용된 창의성 검사는 Torrance(1974)에 의해 제작된 Torrance 창의적 사고력 검사의 도형검사 TTCT(Torrance Tests of Creative Thinking)가 사용되었다. 본 연구에서는 검사지침서를 참고하여 검사 실시에 주의를 기울였고, 훈련내용과 효과측정치 간의 유사성을 가능한 줄이기 위해 서로 다른 2개의 검사를 사용하여 연구 방법상의 문제를 감소시키고자 하였다. 실험집단과 비교집단의 동질성 여부를 알아보기 위해 모두에게 사전검사로는 Torrance의 창의적 사고력 도형검사 A형을 실시했고, 사후검사로는 Torrance의 창의적 사고력 도형검사 B형을 실시했다. 이 검사는 세 가지의 하위 활동으로 이루어져 있다. 활동 1은 그림 구성하기, 활동 2는 그림 완성하기, 활동 3은 선 더하기로 각각 10분씩 총 30분의 시간이 소요된다.

이 검사는 창의적 사고의 영역인 유창성, 독창성, 제목의 추상성, 정교성, 성급한 종결에 대한 저항 등을 측정한다.

TTCT 도형검사는 2002년 9월 4일과 12월 18일에 각각 사전검사와 사후검사가 집단으로 실시되었고, 검사 요강에 제시된 대로 엄격하게 실시되었다. 채점은 대학원에서 창의성을 전공한 박사 2인과 석사 1명이 채점하여 그 평균을 최종 점수로 삼았다. 채점자간 신뢰도는 유창성 .91, 독창성 .90, 제목의 추상성 .85, 정교성 .93, 성급한 종결에 대한 저항 .82 등으로 높게 나타났다.

3. 연구절차

본 연구를 진행하기 위해 연구자가 고안한 창의성 프로그램을 2002년 9월 4일부터 12월 18일까지 16주 동안 적용하였다. 실험 집단은 공통적으로 1시간에 걸친 창의성 이론 수업을 받고 개별학습 집단과 협동학습 집단으로 분반하여 각각 1시간의 창의성 훈련을 받았다.

4. 교수·학습 방법과 내용

　'창의성 계발' 수업 시간을 활용하여 대학생의 창의성을 증진하기 위해 다음과 같은 프로그램을 적용하였다. '창의성 계발' 수업은 1주일에 2시간씩 수업이 진행되는데 1시간은 창의성 이론에 관한 강의를 하고 나머지 1시간은 개별학습 집단과 협동학습 집단으로 분반하여 창의성 훈련을 하였다. 각 반에는 연구보조자 2명씩 들어가서 프로그램을 진행하였다.

　본 연구에서 사용한 창의성 프로그램은 연구자가 대학생을 위해서 개발한 것으로 창의적인 능력 중 독창성, 유창성, 융통성, 상상력, 논리적 사고 등을 기르도록 워밍업 10분과 본 수업 50분으로 구성한 것이다(<표 1> 참고).

<표 1> 창의성 프로그램의 내용

주	이론 수업 (60분)	워밍업 (10분)	창의성 훈련 (50분)	활동목표	비고
1주	강의에 대한 개요. 창의성 프로그램 소개		TTCT 창의성 도형검사 A 형		
2주	창의성 연구의 역사	유머 1	브레인스토밍	유창성, 독창성	
3주	창의성 연구의 필요성 (창의성의 신화와 현실)	고전명화를 보고 들리는 소리 찾기	창의적인 마인드맵 만들기	융통성, 독창성	
4주	창의성의 본질 (정의, 개념)	보여주는 색의 이름 붙이기	새로운 놀이 창안하기	독창성	
5주	창의성 이론1 (인지적, 사회심리적 접근)	끝말잇기 (쿵쿵따)	이야기 완성하기 (주어진 문장 이용 이야기 완성하기)	독창성, 논리적 사고	
6주	창의성 이론2 (다원적 접근)	시장에 가면 －놀이	창의적 퍼즐 문제 만들기	독창성, 유창성	
7주	창의적 성격과 능력	유머 2	그림 문장 만들기(기호 조합하여 의미 있는 문장 만들기)	독창성, 논리적 사고	★
8주	창의성 기법 1 (브레인스토밍, 색다른 용도법, 강제결합법)	그림에 제목 붙이기	색다른 용도법	독창성, 유창성	
9주	창의성 기법 2 (괴상한 해결법, 스캠퍼, 희망·결점 열거법)	상형문자보고 연상하기	스캠퍼(대치/순응/확대/제거/결합/수정/다른 용도/순서 바꾸기)	독창성, 유창성	
10주	창의성 기법 3 (특성 목록법, 형태학적 분석법, 시네틱스)	영화장면 보고 대사쓰기	특성 목록법(우리집 화장실을 개선하는 방법)	독창성, 유창성	★
11주	창의적인 문제 해결력	음악 듣고 제목 쓰기	형태학적 분석법(재활용품 이용 구내식당 개선법)	독창성, 유창성	

주	이론 수업 (60분)	워밍업 (10분)	창의성 훈련 (50분)	활동목표	비고
12주	영재 교육과 창의성	유머 3	시네틱스(환상유추, 직접유추, 개인유추)	독창성, 상상력	
13주	창의성 교육과 프로그램	수수께끼	미래의 뉴스 특종/미래의 모습 설계	독창성, 상상력	★
14주	창의성 측정	서로 다른 그림 찾기	S 대학교 상징물 만들기(로고, 상징탑 및 상징물)	독창성, 상상력	
15주	창의성 발달과 장애요인	음악 듣고 그림 그리기	만화 말주머니 채우기/도형 이용해 그림 그리기	독창성, 융통성, 유창성	
16주	기말고사		TTCT 창의성 도형 검사 B 형		★

★: 개인별, 조별 포트폴리오 제출

1주와 16주에는 각각 Torrance 창의성 도형검사 A, B형을 실시하였고 나머지 14주는 창의성 프로그램을 운영하였다. 학생들의 창의성 활동에 대한 평가는 이 과목에 관한 점수 중 태도점수 10점을 할애하였다. 개별학습 집단에 참여한 학생들은 각자 점수를 받았고 협동학습에 참여한 학생들은 집단별로 점수를 받았다.

개별학습 집단에 무선 배정된 학생들은 교사 역할을 하는 연구보조자 2명이 수시로 진단과 피드백을 하고 자율적으로 그 주의 창의성 프로그램에 제시된 문제를 해결하였다. 각 주마다 해당 주의 주제에 맞는 몇 개의 작은 문제들이 제시되고 학생들은 그 중 본인에게 맞는 것을 선택하여 해결했다. 평가는 각 학생에게 개별적으로 하게 된다.

협동학습 집단에 무선 배정된 학생들은 함께 학습하기 모형(Learning Together Model: LT)으로 창의성 프로그램을 진행하였다. 제비뽑기를 하여 같은 조에 배정된 5-6명의 이질적인 구성원이 모여 주어진 과제를 협동적으로 수행한다. 과제는 집단별로 부여하고 보상도 집단별로 하며 평가도 집단별로 받는다. 각 구성원들은 조별로 창의적인 문제를 해결하게 되는데 의견이나 정보교환, 문제에 대한 질의응답, 다른 구성원들을 격려하는 말이나 행동, 다른 구성원들의 이해 정도를 확인하는 일 등을 하게 된다. 연구보조자들은 학생들이 원활한 상호 작용을 할 수 있도록 격려하고 피드백을 주며 문제 해결이 끝난 후에 조별 평가를 한다.

5. 자료 처리

본 연구에서는 SPSS/PC+ 프로그램을 사용하여, 일원변량분석, Scheffe 검증으로 수집된 자료를 분석하였다.

IV. 연구결과

1. 집단별 창의성 사전검사 결과

본 연구의 문제들을 검증하기에 앞서, 창의성 수업을 하기 전의 실험집단과 비교집단에 따른 사전 창의력 검사 점수의 차이를 확인하기 위해 일원변량분석을 실시하였다(<표 2>). 집단 간의 동질성 여부를 알아보기 위해 사전 창의성 검사 점수를 알아본 결과 창의성 평균과 각 하위 요인별로 세 집단 간에 유의미한 차이가 나타나지 않아서 집단별 무선배정이 이루어졌다고 할 수 있다.

<표 2> 집단별 창의성 사전검사 점수 비교표

하위요인	집단	N	Mean	SD	df	F	p
유창성	개별학습	38	125.973	22.546	2	2.248	.111
	협동학습	36	116.388	26.788			
	비교집단	35	114.941	23.228			
독창성	개별학습	38	119.526	33.817	2	0.512	.601
	협동학습	36	116.555	28.923			
	비교집단	35	112.323	27.195			
제목의 추상성	개별학습	38	88.947	21.471	2	1.537	.220
	협동학습	36	98.194	25.000			
	비교집단	35	95.558	23.755			
정교성	개별학습	38	94.684	25.813	2	0.845	.433
	협동학습	36	98.166	27.270			
	비교집단	35	90.147	24.287			
종결에 대한 저항	개별학습	38	65.894	18.032	2	1.786	.173
	협동학습	36	74.027	19.271			
	비교집단	35	69.088	18.515			
창의성 평균	개별학습	38	99.005	16.802	2	0.552	.578
	협동학습	36	100.666	18.268			
	비교집단	35	96.411	15.941			

2. 개별·협동학습 방법에 따른 창의성 프로그램 효과

창의성 프로그램을 실시한 결과 의미 있는 효과가 나타났는지 알아보기 위해 대학생들의 창의성 검사 점수의 향상 정도를 알아보았다. 먼저 실험 및 비교 집단별 사전·사후 TTCT 검사를 실시한 결과 <표 3>과 같이 전체 실험집단과 비교집단 간에 사전검사에서는 차이가 없었으나, 사후검사에서는 차이가 있는 것으로 나타났다.

　　비교집단에서는 사전·사후 검사 결과에 차이가 없었지만, 개별학습과 협동학습 모두 사후검사 점수가 유의미하게 높게 나타났고 전체 실험집단의 평균도 사후검사 점수가 유의미하게 높게 나타났다. 이는 창의성 훈련이 효과가 있다는 것을 보여주는 결과이다.

<표 3> 창의성 프로그램의 실험·비교집단별
사전·사후 창의성 검사 총점의 평균 및 차이 검증

검사 \ 집단		실험집단			비교집단 (n=35)	t 값	p
		개별학습 (n=38)	협동학습 (n=36)	전체실험집단 (n=74)			
사전 검사	M (SD)	99.005 (16.802)	100.666 (18.268)	99.813 (17.430)	96.411 (15.941)	.967	.336
사후 검사	M (SD)	107.200 (11.630)	116.927 (10.577)	111.932 (12.089)	93.682 (14.447)	6.844	.000

<표 4> 집단별 창의성 사후검사 점수 비교표

하위요인	집단	N	Mean	SD	df	F
유창성	개별학습	38	130.7105	18.5311		
	협동학습	36	147.1667	9.0601	2	33.518***
	비교집단	35	113.5294	21.6098		
독창성	개별학습	38	128.6053	18.0398		
	협동학습	36	140.7500	10.6325	2	20.063***
	비교집단	35	111.9706	25.8884		
제목의 추상성	개별학습	38	96.3158	18.7978		
	협동학습	36	105.6389	21.8346	2	2.667
	비교집단	35	94.7941	23.8070		
정교성	개별학습	38	104.5789	23.7722		
	협동학습	36	109.1111	24.5913	2	9.896***
	비교집단	35	83.7353	27.8484		
종결에 대한 저항	개별학습	38	75.7895	15.4695		
	협동학습	36	81.9722	13.9887	2	12.059***
	비교집단	35	64.3824	16.0000		
창의성 평균	개별학습	38	107.2000	11.6304		
	협동학습	36	116.9278	10.5771	2	31.578***
	비교집단	35	93.6824	14.4474		

$P<.05$, **$P<.01$, ***$P<.001$

창의성 총점의 평균과 각 하위 요인별 평균 차이의 유의성을 검증하기 위하여 변량분석 한 결과는 다음과 같다. <표 4>에 제시된 바와 같이 '제목의 추상성'을 제외한 유창성, 독창성, 정교성, 종결에 대한 저항 하위 요인과 창의성 총점의 평균에서 세집단별로 통계적으로 유의미한 차이가 나타났다.

이를 각 집단별로 창의성 하위 요인과 창의성 평균을 비교해보면 <표 5>와 같다.

구체적으로 각 집단별 유창성의 평균 점수를 살펴보면 비교집단(M=113.52)에 비해 실험집단인 개별학습 집단(M=130.71), 협동학습 집단(147.16)이 평균 점수가 높았다. 실험집단 중에서는 협동학습 집단이 가장 높은 점수를 얻었다. 집단별 차이를 알아보기 위해 평균점수를 Scheffe 검증한 결과 개별·협동학습 집단이 비교집단에 비해 유의한 차이를 나타냈고(p<.001), 협동학습 집단이 개별학습 집단에 비해 유의한 차이를 나타냈다(P<.001).

그 다음 각 집단별로 독창성 평균 점수를 살펴보면 비교집단(M=111.97)에 비해 실험집단인 개별학습 집단(M=128.60), 협동학습 집단(M=140.75)이 평균 점수가 높았다. 실험집단인 두 집단 중에서는 협동학습 집단이 가장 높은 점수를 얻었다. 집단별 차이를 알아보기 위해 평균점수를 Scheffe 검증한 결과 개별·협동학습 집단이 비교 집단에 비해 유의한 차이를 나타냈고(p<.01, p<.001), 협동학습 집단이 개별학습 집단에 비해 유의한 차이를 나타냈다(P<.05).

그 다음 각 집단별로 정교성 평균 점수를 살펴보면 비교집단(M=83.73)에 비해 실험집단인 개별학습 집단(M=104.57), 협동학습 집단(M=109.11)이 평균 점수가 높았다. 실험집단인 두 집단 중에서는 협동학습 집단이 가장 높은 점수를 얻었다. 집단별 차이를 알아보기 위해 평균점수를 Scheffe 검증한 결과 개별·협동학습 집단이 비교 집단에 비해 유의한 차이를 나타냈다(p<.01, p<.001).

그 다음 각 집단별로 종결에 대한 저항 평균 점수를 살펴보면 비교집단(M=64.38)에 비해 실험집단인 개별학습 집단(M=75.78), 협동학습 집단(M=81.97)이 평균 점수가 높았다. 실험집단인 두 집단 중에서는 협동학습 집단이 가장 높은 점수를 얻었다. 집단별 차이를 알아보기 위해 평균점수를 Scheffe 검증한 결과 개별·협동학습 집단이 비교 집단에 비해 유의한 차이를 나타냈다(p<.01, p<.001).

마지막으로 창의성 총점의 평균 점수를 살펴보면 비교집단(M=93.68)에 비해 실험집단인 개별학습 집단(M=107.20), 협동학습 집단(M=116.92)이 평균 점수가 높았다. 실험집단인 두 집단 중에서는 협동학습 집단이 가장 높은 점수를 얻었다. 집단별 차이를 알아보기 위해 평균점수를 Scheffe 검증한 결과 개별·협동학습 집단이 비교 집단에 비해 유의한 차이를 나타냈고(p<.001), 협동학습 집단이 개별학습 집단에 비해 유의한 차이를 나타냈다(P<.01).

이러한 결과를 종합해보면 비교집단과 실험집단(개별학습·협동학습) 간에 창의성 평균과, 유창성, 독창성, 정교성 및 종결에 대한 저항이 통계적으로 의의 있는 것으로 나타났다. 그리고 협동학습 집단이 개별학습 집단보다 창의성 평균과 유창성, 독창성에서 유의한 차이를 나타냈다.

<표 5> 집단별 Scheffe 검증 결과

창의성 하위요인	집단별	M	개별학습 집단	협동학습 집단	비교집단
유창성	개별학습	103.71		***	***
	협동학습	147.16			***
	비교집단	113.52			
독창성	개별학습	128.60		*	**
	협동학습	140.75			***
	비교집단	111.97	**		
제목의 추상성	개별학습	96.31			
	협동학습	105.63			
	비교집단	94.79			
정교성	개별학습	104.57			**
	협동학습	109.11			***
	비교집단	83.73			
종결에 대한 저항	개별학습	75.78			**
	협동학습	81.97			***
	비교집단	64.38			
창의성 평균	개별학습	107.20		**	***
	협동학습	116.92			***
	비교집단	93.68			

$^*P<.05, \ ^{**}P<.01, \ ^{***}P<.001$

V. 결론 및 논의

본 연구에서는 창의성 프로그램을 적용하여 대학생들의 창의성 증진효과가 있는지를 알아보았다. 또한 개별학습과 협동학습 방법을 적용하여 창의성 증진 효과가 어떻게 다른지 알아보았다.

첫째, 비교집단에서는 사전·사후 검사 결과에 차이가 없었지만, 실험집단(개별·협동학습)에서는 각기 집단에서 창의성 훈련 전에 비해 훈련을 받은 후에 창의성 총점이 유의하게 증진되었다.

즉 본 연구에서는 어떤 형태의 창의성 훈련이라도 받은 실험집단이 전혀 창의성 훈련을 받지 않은 집단에 비해 창의성이 증진되었는데, 이러한 결과는 과거에 진행된 창의성 연구의 결과와 일치하는 것이다(Khatena, 1970, 1971; Meadow, & Parnes, 1960; Rose & Lin, 1984; 박동준, 임성문, 정영수, 1989).

그러므로 수업 시간에 창의성 기법 소개와 위밍업을 통한 두뇌 회전, 창의성 프로그램을 적용한 훈련을 하는 것은 창의성을 증진시키는 효과적인 방법이 된다고 할 수 있다.

둘째, 협동학습 집단이 개별학습 집단보다 창의성 총점의 평균과 유창성, 독창성에서 높은 점수를 나타냈고 이는 통계적으로 의미 있는 결과였다. 또한 사후검증 결과 집단 간 차이도 유의미했다. 창의성 하위 요인 중, 정교성, 종결에 대한 저항도 협동학습 집단이 점수가 높았으나 집단 간 차이는 유의미하지 못했다.

개별학습을 할 경우 학습자들은 각자의 목표만을 향해 스스로 학습하는 형태이기 때문에 스스로 창출하는 아이디어 외에는 다른 새로운 아이디어를 발견하기가 쉽지 않다. 또한 개별 평가를 받기 때문에 자칫하면 지나친 경쟁심으로 학습자를 불안하게 만들 수 있다. 더욱이 만성적으로 실패하는 경우 학습자는 창의성 자체에 대해 소극적이고 무기력해지기 쉽다.

이에 비해 협동학습의 경우 집단 구성원들 간의 아이디어 교환, 결합, 새로운 아이디어 창출에 대한 피드백이 활발하여 독창성, 유창성이 증가한 것으로 보인다. 구성원들 간의 이러한 상호 작용은 학습방법, 즉 문제해결에 대한 효과적인 기술들을 관찰하고 배울 수 있는 기회를 갖게 한다. 또한 협동학습은 집단적으로 보상을 받기 때문에 대부분의 학습자들이 성공경험을 갖게 되므로 창의성 훈련에 대한 두려움이 줄어들게 된다. 혼자서는 해결하기 어려운 과제도 여럿이 하다 보면 주어진 과제에 대한 도전할 수 있는 자신감과 태도를 갖게 된다.

무엇보다도 본 연구에서 창의성 훈련을 협동학습으로 할 경우 학생들은 창의성 활동 자체를 즐거워한다. 개별학습을 하는 학생들은 워밍업부터 하나의 활동 과제로 인식하고 하는 경향이 있으나 협동학습을 하는 학생들은 워밍업이나 본 창의성 활동을 일종의 게임으로 생각하고 즐겁게 참여한다. 이러한 협동학습의 효과가 개별학습보다 창의성 총점과 유창성과 독창성에서 유의미하게 높은 점수를 가져오게 한 이유가 될 것이다. 나머지 창의성 하위 요인에서 집단별 차이가 유의미하지 못했던 것은 본 창의성 프로그램 자체가 독창성, 유창성, 융통성을 목표로 구성되었기 때문일 것이다.

연구의 제한점 및 향후 연구를 위한 제언을 하면 다음과 같다.

첫째, 본 연구에서는 도형 창의성 검사만을 사용하여 창의성을 측정하였으나 이외에 언어 창의성 검사 도구를 활용하여 그 효과도 검증해 볼 필요가 있다. 본 연구에 사용한 창의성 프로그램은 주로 언어적인 것을 위주로 구성되어 있고 도형에 관한 부분은 적었기 때문에 언어 창의성 검사를 사용하면 그 효과가 더 크게 나타날 수 있다.

둘째, 현재 창의성 증진을 위한 교수학습 방법 중 협동학습과 개별학습의 효과만 알아보았는데 이외에 다른 교수방법의 효과에 대한 연구도 필요할 것이다.

셋째, 대학생용 창의성 프로그램 모형의 정교화가 필요할 것이다. 다른 창의성 하위요소도 반영한 좀 더 체계적인 프로그램을 만들어 적용한다면 창의성 증진 효과가 더 있을 것으로 보인다.

넷째, 본 연구에서는 대학생을 대상으로 협동학습이 개별학습보다 창의성 증진에 효과가 있음을 밝혀냈으나, 유아, 초중등에서도 동일한 효과를 나타내는지 추후 연구가 필요할 것이다.

<참고문헌>

김명숙(1998). 창의성 교육 프로그램의 유형 및 관련 변인이 창의성 향상에 미치는 효과. 박사학위 논문. 성균관대학교.

김일환(2000). 창의성 증진을 위한 교수방법에 관한 고찰. 한서대학교 학생생활연구소. **학생생활연구**, 제4집, pp.1-17.

김학촌(1969). 창의적 사고력과 이에 관계되는 영역과의 비교 연구. **경북대학교 논문집**, 제3집.

박동준, 허경조(1988). 대학생을 위한 창의력 개발 프로그램. **충북대학생활연구**, 제12집, 15-48.

박동준, 임성문, 정영수(1989). 창의력 개발 프로그램의 효과검증. **충북대학생활연구**. 제2집, 1-20.

부지영(2000). 창의성 훈련이 초등학교 아동의 창의적 사고력 및 정의적 특성에 미치는 효과. 석사학위 논문. 전남대학교.

신세호(1974). 창의력·지능·학력: 창의력과 지능의 상관관계와 그들이 학력에 미치는 영향에 관한 연구. 박사학위논문. 퍼츠버그대학교.

이명조(1997). 사범대학에서의 창의성 교육. **한국외국어대학교 논문집**. 제30집. pp.321-334.

이종연(1986). 자료제시방법, 질문형식 및 창의력이 학업성취 수준에 주는 효과. 석사학위논문. 서울대학교.

장좌욱(2002). 유아를 위한 창의성 프로그램이 유아의 창의성 증진에 미치는 효과. 석사학위논문. 성균관대학교.

전경원(1995a). 창조적인 문제해결력. **학생생활연구**, 2집. 광주대학교 학생생활연구소.

전경원(1995b). 창의성을 잡아요 확. 서울: 창지사.

전경원(1997). 창의성 프로그램이 대학생의 창의성 계발에 미치는 효과. **교육심리연구** 제11권, 2집. pp.223-253.

정은이(2002). 일상적 창의성과 개별성, 관계성 및 심리·사회적 적응의 관계. 박사학위 논문. 고려대학교.

정황순(2001). 창의성 계발 프로그램의 적용이 창의성, 정서 지능 및 다중 지능에 미치는 효과. 박사학위논문. 원광대학교.

조성수(1996). 초등학교 아동의 창의성 신장을 위한 프로그램의 효과 연구. 석사학위논문. 고려대학교.

최미정(2000). 창의성 교육 프로그램이 아동의 창의성 신장에 미치는 효과. 석사학위논문. 광주교육대학교 교육대학원.

호사라(2001). 창의성 교육 프로그램의 유형이 초등학생의 창의성 신장에 미치는 효과. 석사학위논문. 서울대학교.

Amabile, T. M. (1996). *Creativity in Context*. Boulder, Colorado: Westview press.

Baloche, L., Bull, K. S., & Montogomery, D. (1992). Teaching Creativity in American Colleges and Universities: Fachulty perceptions of course goals, assignment, and focus of evaluation. *Journal of Creative Behavior*, 26(4), 221-227.

Bruner, J. S. (1961). *The process of Education*, Cambridge Massachusetts Harvard University Press.

Burns, M. B. (1983). *A comparison of three creative problem-solving methodologies*. Doctoral Dissertation, University of Denver.

Chambers, J. A. (1973). College teachers: Their effect on

creativity of students. *Journal of Educational Psychology*, 65, 326-334.

deBono, E. (1971). *Lateral thinking*. London: Ward Lock: Education.

deBono, E. (1975). *Cort thinking*. Dorset, England: Direct Educational Services.

deBono, E. (1976). *Thinking action*. Dorset, England: Direct Educational Services.

deBono, E. (1978). *Teaching thinking*. London: Pelican Books.

Feldhusen, J. F., Treffinger, D. J., & Bahlke, S. J. (1970). Developing creative thinking: The Purdue creativity program. *Journal of Creative Behavior*, 4(2), 85-90.

Getzel, J.,& Jackson, P., (1962).*Creativity and intelligence*: Explorations with gifted students. New York: Wiley.

Khatena, J. (1971). A second study training college adults to think creatively with words. *Psychological Report*, 28, 385-386.

Khatena, J. (1970). Training college adults to think creatively with words. *Psychological Report, 27,* 279-281.

Korth, W. L. (1973). Training in creative thinking: The effect on the individual of training in the "Synectics" method of group problem solving. *Dissertation Abstract Internation*, 33, 3947B.

Meadow & Parnes(1960). Effects of "Brainstorming" instructions on creative problem solving by trained and untrained subjects. *Journal of Educational Psychology*, 50, 171-176.

McDonough, P. & McDonough, B. (1987). A survey of American Colleges and universities on the conducting of formal courses in creativity. *Journal of Creative Behavior*, 21(4), 271-282.

Montgomery, D., Bull K. S., & Baloche, L. (1992). college level creativity course content. *Journal of Creative Behavior, 26(4)*, 228-234.

Nicholson, P. J. III. (1959). *An experimental investigation of the effects of training upon creativity*, Doctoral Dissertation, University of Houston.

Noller, R. B., Parnes, S. J., & Biondi, A. M. (1976). *Creative actionbook*. New York: Scribners.

Rose, L. H., & Lin, H. T. (1984). The meta-analysis of long-term creativity training programs. *Journal of Creative Behavior, 18,* 11-12.

Suchman, R. (1966). *Inquiry Development Program:* Developing Inquiry chicago Science Research Associates.

Torrance, E. P. (1987). *Teaching for creativity*. In S. G. Isaksen(Ed). Frontiers of Creativity Research, N. Y. : Bearty Limited.

Treadwell, Y. (1970). Humor and creativity. *Psychological reports*, 26, 55-58.

Wey, B. L. (1983). *The effect of a guidebook to improve creative thinking abilities*, Doctoral dissertation, University of Northern, Colorado.

Ziv, A. (1988). Using humor to develop creative thinking. *Journal of Children in Contemporary Society*, 2, 99-116.

Ziv, A. (1976). Facilitating effects of humor on creativity. *Journal of Educational Psychology*, 68, 318-322.

평가자 유형에 따른 창의성 프로그램이 대학생의 창의성 증진에 미치는 효과[*]

정 은 이(鄭殷伊)[**]
청운대학교 교양학부

[*] 이 연구는 2003학년도 청운대학교 교내 연구 지원에 의해 수행되었음
[**] jejei@dreamwiz.com 019-256-3560 청운대학교 희망관 201호

<머리말>

　본 연구에서는 창의성 프로그램을 적용하여 대학생들에게 창의성 훈련을 받게 한 후 자기평가, 동료평가, 전문가 평가 등 각기 다른 평가자에 의한 창의성 평가를 실시하였다. 이후 Torranc의 도형 창의성 검사를 사용하여 창의성 증진 효과가 어떻게 다른지 알아보았다.

　첫째, 자기평가 집단이 나머지 두 집단(동료평가, 전문가평가)보다 창의성 평균과 유창성, 독창성, 정교성 및 종결에 대한 저항에서 높은 점수를 나타냈고 이는 통계적으로 유의한 결과였다. Schéffe 검증 결과 집단 간 차이도 유의했다. 이는 자기평가를 할 때 스스로 자신의 수행과정 및 결과를 돌아보고 성찰해 보는 시간 자체가 창의성을 발현하는 하나의 과정이 되기 때문인 것으로 보인다. 이 과정에서 개인은 자신이 스스로 문제를 해결하고 개선하려는 자발성을 키우며 자신의 평가에 대한 자신감과 만족감을 느끼게 되는 것이다. 즉, 자기평가를 통해서 자발성과 독자적인 판단력 및 평가에 대한 만족 등을 얻게 되고 이것은 다시 창의적 능력에 영향을 미치게 되어 창의성 증진의 효과를 가져오게 되는 것이다.

　둘째, 동료평가 집단과 전문가 평가 집단 간에는 통계적으로 유의한 차이가 나타나지 않았다. 이러한 결과는 창의성 증진의 차원에서 보면 같은 또래가 평가를 하든 전문가가 평가를 하든 별 차이가 없다는 것이다.

Ⅰ. 서 론

1. 연구의 필요성 및 목적

새로운 시대에 걸맞는 창의적이고 자율적인 인간 육성이 우리 교육의 중요한 목표가 되고 있는 현실에서 창의성 교육은 그 어느 때보다 강조되고 있다. 또한 열린 교육에서는 학생의 창의성과 흥미 및 적성을 고려한 다양한 교수 방법 및 학습 프로그램들을 학교 현장에 활용하고 있다. 이러한 상황에 발맞춰 새로운 창의성 프로그램 개발 및 그 효과에 대해서 그동안 많은 연구가 진행되어 왔다. 특히 최근에 우리나라에서는 유치원, 초등학교 수준에서 창의적 능력 및 인성에 관한 여러 프로그램들이 개발되었다(최미정, 2000; 호사라, 2001; 정황순, 2001; 조성수, 1996; 장좌욱, 2002; 부지영, 2000).

그러나 창의성 훈련 프로그램에 비해 적절한 평가 방안에 대해서는 아직 연구가 미흡하다. 그동안 전통적인 평가는 한줄 세우기의 관점에서 점수 매기기에 준하여 학생들을 성공과 실패로 나누기에 급급했다. 전평국 등(2001)은 이러한 전통적인 평가는 창의성 연구 및 이론과 적어도 2가지 점에서 모순 된다고 했다. 첫째, 전통적인 시험과 평정은 창의적인 활동을 하려는 내적인 동기 및 창의적 결과의 질 모두를 저하시키는 것으로 판명된 평가 보상, 경쟁이라는 요소들의 전형이다. 둘째, 창의성과 연관된 결과들(문제 해결하기, 독창적인 아이디어 표현하기)은 하나의 평어로 나타내거나 선다형 시험을 통해 부각되지 않는다. 실제 창의적 사고가 선다형 시험을 방해할 수도 있다.

이러한 창의성에 관한 평가의 문제에 있어서 최근 평가관이 크게 변화하면서 대안적인 평가 방식의 일환으로 도입된 수행평가는 하나의 시사점이 될 수 있을 것이다.

백순근(1998)은 수행평가의 필요성을 세계화, 정보화 시대를 맞이하여 사고의 다양성과 창의성을 신장하고 조장하기 위한 것이라고 언급하면서 여러 측면의 지식이나 능력을 지속적으로 평가할 수 있고 특히 문제해결 능력, 비판적 사고 능력 평가에 적합하다고 하였다.

이러한 관점에서 볼 때 창의성의 평가에 있어서 수행평가 방법을 도입하는 것은 고등정신 기능의 평가와 평가 방식의 다양화 측면에서 볼 때 바람직한 현상일 것이다. 창의성을 키우려한다면 창의성을 신장에 초점을 두는 평가 방안이 마련되어야 할 것이다. 따라서 창의성을 평가할 때는 실제적인 평가(authentic assessment)의 차원에서 수행이나 산출물을 평가하기 위한 준거와 기준을 명료화하여야 할 것이다. 수행평가에서 수행, 산출물 평가 방법으로 체크리스트와 포트폴리오를 많이 사용하는데 이는 창의성 평가에도 유용한 하나의 방법이 될 수 있다. 또한 자기평가와 동료 평가 등 기존의 교사 또는 전문가 평가와는 다른 방식의 평가도 필요할 것이다. 이러한 새로운 방식의 평가는 창의성 등 고등정신능력의 평가에 적합한 모델이 될 수 있을 것이다.

그러므로 본 연구에서는 대학생들을 위한 창의성 프로그램을 적용하여 평가자 유형에 따른 차이를 알아보고자 한다. 특히, 창의성 산출물 평가를 하는 평자가에 따른 차이 즉, 자기평가, 동료평가, 전문가 평가를 적용하여 창의성 증진 효과가 어떻게 다른가 알아보고자 한다.

위에서 서술한 연구 목적을 수행하기 위하여 다음과 같은 연구 문제를 설정하였다.

: 평가자 유형(자기평가, 동료평가, 전문가평가)에 따른 창의성 평가 결과 창의성 평균 및 하위 요인의 점수는 차이가 있을 것인가?

Ⅱ. 이론적 배경

1. 대학생을 대상으로 한 창의성 프로그램의 효과

대학생들에게 일련의 창의성 프로그램을 적용하여 창의성을 계발하고자 했던 선행연구를 보면 유머나 브레인스토밍이나 시네틱스 기법과 같이 한 가지 변인(Getzel, & Jackson, 1962; Treadwell, 1970; Ziv, 1976, 1988)을 투입하는 훈련에서부터 체계적으로 구성된 패키지 프로그램(deBono, 1971, 1975, 1978; Feldhusen, Treffinger, & Bahlke, 1970; Noller, Parnes, & Biondi, 1976)에 이르기까지 다양한 수준의 창의성 훈련을 실시했는데, 이러한 훈련이 효과적인 것으로 나타났다.

Khatena(1971)는 그가 개발한 프로그램을 대학생들에게 4일에 걸쳐서 240분의 창의성 훈련을 실시한 결과 2개의 독창성 검사 모두에서 유의한 효과가 있는 것으로 나타났고, 대학생들을 대상으로 한 가지 기법에 의해 훈련을 시키거나 지침서에 따른 학습만으로도 긍정적 효과가 나타났다. 또한 Korth(1973)는 창의성 기법 중에 널리 사용되고 있는 시네틱스 훈련결과 과제를 서로 연합시켜 얻는 유창성(Associational Fluency)에서 효과가 있었고, Burns(1983)는 브레인스토밍 훈련 결과 융통성과 독창성에서 각각 유의한 향상을 보였고, Wey(1983)는 창의적 사고 모형에 관한 지침서를 통해 매주 숙제로 이를 수행하도록 하였을 때 Torrance의 창의성 검사에서 유의한 향상을 발견하였다.

우리나라에서 수행한 대학생의 창의성 증진을 위한 몇몇 연구들을 살펴보면, 박동준, 허경조(1988)는 대학생들을 대상으로 Torrance

(1979)의 'The Search for Satori and Creativity' 책에 제시되어 있는 연습 내용과 Osborn(1963)의 'Applied Imagination'의 연습문제를 참고하여 창의성 프로그램을 개발하였고, 이 프로그램을 토대로 박동준, 임성문, 정영수(1989)가 대학생들에게 프로그램을 적용한 결과 창의성 함양에 효과가 있는 것으로 나타났다. 전경원(1997)은 창의성 프로그램이 대학생의 창의성 계발에 미치는 효과를 연구하여 창의성 훈련을 받은 집단이 창의성이 유의미하게 향상되었고 수업시간에만 창의성을 강조해도 그 효과가 큰 것으로 나타났다. 정은이(2003)는 대학생을 대상으로 개발한 창의성 훈련 프로그램을 사용하여 개별·협동 학습 집단별 효과를 알아보았다. Torrance의 도형검사를 사용한 이 연구 결과 비교집단에 비해 훈련 집단이 유의미한 창의성 증진 효과를 보였고, 협동학습 집단이 개별학습 집단에 비해 창의성 총점과 유창성, 독창성에서 높은 점수를 나타냈다. 박병기(2004)는 교양강좌를 이용한 대학생 창의성 교육의 효과 분석을 한 결과 창의성 동기와 태도 측면에서 효과가 있었다고 하였다. 특히 개방성, 유희성, 호기심이 실험집단과 비교집단을 구분하는 데 기여한 변인이라고 하였다.

이상의 연구결과들을 통해 볼 때, 훈련 요인, 훈련 시간, 훈련 방법의 차이 및 효과에 대한 해석의 문제점에도 불구하고 대학생들의 창의성 훈련이 상당한 정도로 창의성을 증진시키는데 효과적이었음을 알 수 있다.

2. 평가자 유형(자기평가, 동료평가, 전문가평가)에 따른 창의성 증진 효과

창의성을 신장시키기 위한 평가 기법으로 평가자 유형을 기준으로 살펴보면 자기평가, 동료평가, 전문가 평가 등을 들 수 있다. 각 유형의 특징과 이러한 평가자에 따른 창의성 평가가 창의성 증진에 어떠한 영향을 미치는 지 알아보자.

(1) 자기 평가

자기 평가 방식은 흔히 체크리스트를 학생들에게 준다. 그들이 과제의 각 단계를 완성해 감으로써, 그들은 거기에 해당하는 특별한 항목을 체크해 나간다. 이 체크리스트는 보다 발산적인 사고 및 새로운 아이디어의 생성을 지향하는 지침이 될 수도 있다. 동시에 체크리스트는 몇 가지 아이디어들로부터 혁신적인 아이디어를 선택하는데 필요한 수렴적 사고를 촉진시킨다. 이러한 체크리스트는 창의적인 산물을 내게끔 학생들을 유도해 주는 준거를 주어 그것을 따르면서 완수해가게 하기 위해 사용한다. 이런 식으로 학생들로 하여금 융통성 있게 그리고 발산적으로 사고하며 혁신을 감수하게 조장해 준다.

특히 자기 평가는 동료 등 관찰자가 접근할 수 없는 내적인 요인들을 반영하여 자신의 장점과 단점에 대한 정확한 인식을 할 수 있도록 도와준다. 그러나 자기 평가는 편파가 개입할 여지가 있어서 자신에게 유리한 쪽으로 평가를 하거나 사실을 축소하거나 과장하는 등 왜곡될 가능성이 많이 이에 대한 보완책이 요구된다.

(2) 동료 평가

동료 평가는 과제를 함께 수행하는 동료에 의해 평가가 이루어지는 방식이다. 과제를 이해한 동료들은 새로운 연결을 이끌어 낼 수 있고 또 다른 학생의 진전을 주시하면서 새로운 아이디어를 자극할 수도 있다(진평국 외, 2001). 이 방법은 자기 평가와는 달리 주어진 평가 대상에 대한 다수의 평가치를 이용할 수 있으며 좀 더 객관적인 자료를 얻을 수 있다. 동료평가는 좀 더 정확한 정보를 제공할 가능성이 높으며 또래들끼리 경쟁의식과 협동의식을 동시에 불러일으킬 수 있는 장점을 가지고 있다.

그러나 동료평가는 자기평가와는 반대로 개인의 주관적인 정보와 특성을 반영하기 어렵고 고정관념에 의한 평가를 하기 쉽고 타당하지 않은 평가를 내릴 수도 있다.

(3) 전문가 평가

전문가 평가는 창의성 영역과 이론에 입각한 창의성 전문가와 해당 영역 전문가가 산출물 및 과정을 평가하는 방법이다. 그동안 전통적인 창의성 평가는 과정과 산물 평가 모두 전문가들에 의해 이루어졌다. 학교 차원에서는 교사가 학생의 창의적 산출물과 태도 등에 관한 평가를 하고 이를 학생에게 통보하는 형식으로 이루어졌다. 전문가 평가는 창의성과 각 영역별 전문가가 평가를 하기 때문에 가장 정확하고 객관적이며 타당한 평가를 할 수 있는 장점이 있다. 그러나 이를 통해 학생들의 내적인 동기 유발을 시키는 데는 한계가 있을 수 있다. 득히 창의성 등 고차원적인 정신능력의 평가에 있어서는 평가가 긍정적인 피드백 역할을 해야 하는데, 전문가 평가를 할 경우 학생들은 평가를 외적인 압력으로 생각할 수도 있다.

이러한 평가자 유형에 따른 창의성 평가 방식은 각자 독특한 특성을 가지고 있으나 창의성 증진 측면에서는 자기 평가 방식이 가장 큰 효과가 있을 것으로 생각된다. Amabile(1998)은 창의성을 방해하는 요소로 평가를 지적하면서 다른 사람의 평가에 지나치게 관심을 두면 자신의 작품 세계를 제대로 표현하지 못하고, 다른 사람이 원하는 방향으로 작품을 만들게 되어 창의성이 저하된다고 하였다. 아동을 대상으로 한 Amabile(1998)의 실험결과 그림에 대한 평가를 하지 않고 콜라주를 했던 집단이 아동이 중간에 그림에 대한 평가를 한 집단보다 더 창의적인 콜라주를 만든 것으로 나타났다. 이렇듯 자신의 작품에 대한 타인의 평가(동료나 전문가)는 창의성을 저해하는 요소로 나타날 수 있는 것이다. 또한 전경원(2000)도 창의성을 저해하는 요인을 조사한 연구에서 대학생들은 '타인의 시선 의식'을 창의성을 저해하는 가장 큰 요인으로 꼽았다고 밝혔다. 즉 타인에 의해 이루어지는 평가 상황은 호기심, 자발성 등의 내적 동기 유발을 저해시키며 결과적으로 창의적인 표현 및 독창성의 발달을 저해시키는 요소가 되는 것이다. 동료평가의 경우 지나친 경쟁심이, 전문가 평가의 경우 좋은 점수를 받으려는 욕구, 평가에 대한 지나친 의식 등이 창의성을 저해시킬 수 있는 것이다.

Ⅲ. 연구 방법

1. 연구 대상

본 연구의 대상은 충청남도에 위치하고 있는 S대학교 학생들로서 교양과정으로 '창의성 계발'을 듣는 학생 109명이다. 이중 사전, 사후 검사 중 누락된 학생이나 성실하게 응답하지 않은 16명은 제외하였다. 총 94명의 학생 중 남학생이 45명, 여학생이 49명이었으며, 1학년 21명, 2학년 27명, 3학년 25명, 4학년 21명이었다. 전공별로는 인문·사회 계열이 30명, 이공 계열이 19명, 예술 계열이 24명, 경상계열이 21명이었다.

2. 측정 도구

Torrance(1974)에 의해 제작된 Torrance 창의적 사고력 검사의 도형검사 TTCT(Torrance Tests of Creative Thinking) A, B형을 사용하였다. 검사지침서를 참고하여 검사 실시에 주의를 기울여 사용했고, 훈련내용과 효과측정치 간의 유사성을 가능한 줄이기 위해 서로 다른 2개의 검사를 사용하여 연구 방법상의 문제를 감소시켰다.

실험집단 모두에게 사전검사로는 Torrance의 창의적 사고력 도형검사 A형을 실시. 사후검사로는 Torrance의 창의적 사고력 도형검사 B형을 실시하였다. 이 검사는 세 가지의 하위 활동으로 이루어져 있다. : 활동 1은 그림 구성하기, 활동 2는 그림 완성하기, 활동 3은 선 더하기로 각각 10분씩 총 30분의 시간이 소요된다. 이 검사는 창의적 사고의 영역인 유창성, 독창성, 제목의 추상성, 정교성, 성급한 종결에 대한 저항 등을 측정한다.

TTCT 도형검사는 2003년 3월 5일과 6월 11일에 각각 사전검사와 사후 검사가 집단으로 실시되었고, 검사 요강에 제시된 대로 엄격하게 실시되었다. 채점은 대학원에서 창의성을 전공한 박사 2인이 채점하여 그 평균을 최종 점수로 삼았다. 채점자간 신뢰도는 유창성 .89, 독창성 .93, 제목의 추상성 .88, 정교성 .91, 성급한 종결에 대한 저항 .80 등으로 높게 나타났다.

3. 연구 절차

본 연구를 진행하기 위해 정은이(2003)의 연구에서 사용한 대학생용 창의성 프로그램을 일부 수정하여 16주 동안 적용하였다. 프로그램의 내용은 <표 1>과 같다.

연구자는 각 주에 해당되는 수행과제와 방법을 설명한 활동지를 그 전 주에 미리 제시하고 학생들은 준비물과 활동 내용을 주지하고 창의성 활동에 참여하게 된다. 그 이후 수행 결과물과 체크리스트 및 평가용 질문지로 구성된 평가지에 평가자 수준에 따른 평가를 받게 된다. 첫 주와 마지막 주에는 Torrance의 창의성 도형검사 A, B형을 각각 실시한다. 학생들은 기말에 이 모든 자료를 포함한 포트폴리오 형태의 파일을 각자 제출하게 된다.

집단별 평가방식을 자세히 살펴보면 다음과 같다.

실험집단은 공통적으로 1시간에 걸친 창의성 이론 수업을 받고 자기평가, 동료평가, 전문가 평가 집단으로 분류되어 각각 1시간의 창의성 활동을 한 후 각기 다른 평가자에 의해 평가를 받게 된다. 자기 평가 집단은 자신이 스스로 창의성 결과 및 과정에 대해 연구자가 각 주마다 제작해 온 체크리스트와 자기 평가 질문지를 이용하여 평가를 하게 된다. 동료 평가 집단은 역시 연구자가 제작한 자료를 가지고 같은 조의 동료 2명이 공동으로 평가를 하게 된다. 전문가 집단은 창의성 활동 후 결과물과 과정을 본 연구자와 창의성을 전공한 박사 과정 대학원생 1명이 평가를 해 그 다음 주에 평가물을 제시받게 된다. 평가자 수준에 따른 이 세 집단은 공통적으로 연구자가 제작한 체크리스트와 평가용 질문지를 통해 평가를 받게 된다. 학생들은 해당 주에 한 결과물에 대한 평가를 그 다음 주에 제시받게 되며 평가에 제시된 대로 자신의 결과물을 다시 한번 점검하고 보완점을 수정하는 시간을 갖게 된다.

<표 1> 창의성 프로그램의 내용

주	이론 수업 (60분)	워밍업 (10분)	창의성 훈련 (50분)	활동목표
1주	강의에 대한 개요. 창의성 프로그램 소개		TTCT 창의성 도형 검사 A 형	
2주	창의성 연구의 역사	유머 1	브레인스토밍: 효과적인 다이어트 방법	유창성, 독창성
3주	창의성 연구의 필요성 (창의성의 신화와 현실)	고전명화를 보고 들리는 소리 찾기	창의적인 마인드맵 만들기: 사랑, 봄, 자유 등을 주제로	융통성, 독창성
4주	창의성의 본질 (정의, 개념)	보여주는 색의 이름 붙이기	만화 말주머니 채우고 미완성 만화 그리기	독창성
5주	창의성 이론1 (인지적, 사회심리적 접근)	끝말잇기, 중간 말 잇기	이야기 완성하기 (주어진 문장 이용 하여 이야기 완성하기)	독창성, 논리적 사고
6주	창의성 이론2 (다원적 접근)	시장에 가면-놀이	창의적 퍼즐 문제 만들기: 바둑판에 단어 조합을 한 후 가로, 세로 문제 만들기	독창성, 유창성
7주	창의적 성격과 능력	유머 2	그림 문장 만들기(기호 조합하여 의미 있는 문장 만들기)	독창성, 논리적 사고
8주	창의성 기법 1 (브레인스토밍, 색다른 용도법, 강제결합법)	그림에 제목 붙이기	색다른 용도법: 칫솔, 우산	독창성, 유창성
9주	창의성 기법 2 (괴상한 해결법, 스캠퍼, 희망·결점 열거법)	상형문자보고 연상하기	스캠퍼(대치/순응/확대/제거/결합/수정/다른 용도/순서 바꾸기): 핸드폰	독창성, 유창성
10주	창의성 기법 3 (특성 목록법, 형태학적 분석법, 시네틱스)	영화장면 보고 대사쓰기	특성 목록법: 우리집 화장실을 개선하는 방법	독창성, 유창성
11주	창의적인 문제 해결력	음악 듣고 제목 쓰기	형태학적 분석법: 재활용품 이용 강의실 개선법	독창성, 유창성
12주	영재 교육과 창의성	유머 3	시네틱스(환상유추, 직접유추, 개인유추): 효과적인 대학 홍보 전략	독창성, 상상력
13주	창의성 교육과 프로그램	수수께끼	미래의 뉴스 특종을 정하고 미래의 모습 그리기	독창성, 상상력
14주	창의성 측정	서로 다른 그림 찾기	S 대학교 상징물 만들기(로고, 상징탑 및 상징물)	독창성, 상상력
15주	창의성 발달과 장애요인	음악 듣고 그림 그리기	불완전 도형 이용해 그림 그리기	독창성, 융통성, 유창성
16주	기말고사		TTCT 창의성 도형검사 B 형	

5. 자료 처리

본 연구에서는 SPSS/PC+ 와 SAS 프로그램을 사용하여, 공분산분석(Analysis of Covariance) 및 Schéffe 검증으로 수집된 자료를 분석하였다.

IV. 연구결과

　본 연구의 창의성 프로그램 효과를 알아보기 위해 공분산 분석 (Analysis of Covariance)을 사용하여 창의성 요인별 점수 차이가 있는지 알아보았다. 이는 사전 검사 점수가 종속변수에 영향을 미치는 효과를 제거하고 순수한 효과만을 분석하기 위해 실시한 것이다. 사전 검사 점수를 살펴본 결과 집단 간 차이가 있어 사전 검사 (Torrance 도형검사 A형)의 영향력을 통계적으로 사후 검사에서 배제하고 교정평균으로 분산분석을 실시하였다.

　창의성 총점의 평균과 각 하위 요인별 평균 차이의 유의성을 검증하기 위하여 공분산 분석한 결과는 다음과 같다. <표 2>에서 <표 13>까지에 제시된 바와 같이 '제목의 추상성'을 제외한 '유창성', '독창성', '정교성', '종결에 대한 저항' 하위 요인과 '창의성 총점의 평균'에서 세집단별로 통계적으로 유의한 차이가 나타났다.

<표 2> 자기평가, 동료평가, 전문가평가 집단의 '유창성' 점수의 서술통계

		자기평가	동료평가	전문가평가
사전검사	Mean	100.31	101.28	96.10
	SD	16.65	25.11	22.62
사후검사	Mean	115.03	98.78	98.37
	SD	19.68	23.33	19.64
교정평균	Mean	114.52	97.78	99.97
	SD	3.18	3.19	3.30
사례수		32	32	30

<표 3> 자기평가, 동료평가, 전문가평가 집단의 '유창성' 점수에 대한 공분산 분석

분산원	SS	df	MS	F
공분산	10818.17457	1	10818.17459	33.28***
집단 간	5259.82127	2	2629.91089	8.09***
오차	29253.22958	90	325.03588	
총	45785.92553	93		

*P<.05, **P<.01, ***P<.001

구체적으로 각 집단별 '유창성'의 교정평균 점수를 살펴보면 동료평가집단(M=97.78)에 비해 전문가평가 집단(M=99.97)과 자기평가 집단(M=114.52)이 교정 평균 점수가 높았다. 세 집단 중에서는 자기 평가 집단이 가장 높은 점수를 얻었다. 집단별 차이를 알아보기 위해 교정평균 점수를 Schéffe 검증한 결과 자기 평가 집단이 동료평가 집단(p<.001)과 전문가 평가 집단(p<.01)에 비해 유의한 차이를 나타냈다. 하지만 동료평가 집단과 전문가 평가 집단 사이에는 유의한 차이가 없었다.

<표 4> 자기평가, 동료평가, 전문가평가 집단의 '독창성' 점수의
서술통계

		자기평가	동료평가	전문가평가
사전검사	Mean	123.44	115.84	116.33
	SD	19.45	26.78	28.38
사후검사	Mean	140.44	121.56	122.10
	SD	12.06	24.31	26.32
교정평균	Mean	137.73	123.09	123.35
	SD	2.97	2.95	3.05
사례수		32	32	30

<표 5> 자기평가, 동료평가, 전문가평가 집단의 '독창성' 점수에
대한 공분산 분석

분산원	SS	df	MS	F
공분산	17811.59620	1	17811.59620	63.86[***]
집단 간	4360.21190	2	2180.10595	7.82[***]
오차	25100.85380	90	278.89838	
총	50230.60638	93		

[*]P<.05, [**]P<.01, [***]P<.001

그 다음 각 집단별로 '독창성'의 교정평균 점수를 살펴보면 동료
평가집단(M=123.09)과 전문가평가 집단(M=123.35)에 비해 자기
평가 집단(M=137.73)이 교정 평균 점수가 높았다. 세 집단 중에
서는 자기 평가 집단이 가장 높은 점수를 얻었다. 집단별 차이를

알아보기 위해 교정평균 점수를 Schéffe 검증한 결과 자기 평가 집단이 동료평가 집단(p<.01)과 전문가 평가 집단(p<.01)에 비해 유의한 차이를 나타냈다. 하지만 동료평가 집단과 전문가 평가 집단 사이에는 유의한 차이가 없었다.

<표 6> 자기평가, 동료평가, 전문가평가 집단의 '제목의 추상성' 점수의 서술통계

		자기평가	동료평가	전문가평가
사전검사	Mean	81.19	68.53	75.33
	SD	35.10	36.10	30.25
사후검사	Mean	103.84	95.81	89.83
	SD	33.83	28.02	35.04
교정평균	Mean	102.39	97.33	89.95
	SD	5.61	5.61	5.76
사례수		32	32	30

<표 7> 자기평가, 동료평가, 전문가평가 집단의 '제목의 추상성' 점수에 대한 공분산 분석

분산원	SS	df	MS	F
공분산	5815.293124	1	5815.293124	5.84
집단 간	2486.985689	2	1243.492845	1.25
오차	89615.96729	90	995.73297	
총	98503.70213	93		

각 집단별로 '제목의 추상성'의 교정 평균 점수는 집단별로 유의한 차이가 없는 것으로 나타났다.

<표 8> 자기평가, 동료평가, 전문가평가 집단의 '정교성' 점수의 서술통계

		자기평가	동료평가	전문가평가
사전검사	Mean	95.34	92.72	89.43
	SD	18.18	23.87	20.40
사후검사	Mean	115.84	97.03	99.40
	SD	17.04	26.87	25.48
교정평균	Mean	114.15	96.93	101.30
	SD	3.51	3.50	3.63
사례수		32	32	30

<표 9> 자기평가, 동료평가, 전문가평가 집단의 '정교성' 점수에 대한 공분산 분석88

분산원	SS	df	MS	F
공분산	14805.75600	1	14805.75600	37.64***
집단 간	5077.76957	2	2538.88479	6.45**
오차	35402.63150	90	393.36257	
총	56882.55319	93		

*P<.05, **P<.01, ***P<.001

330

그 다음 각 집단별 '정교성'의 교정평균 점수를 살펴보면 동료평
가집단(M=96.93)에 비해 전문가평가 집단(M=101.30)과 자기평
가 집단(M=114.15)이 교정 평균 점수가 높았다. 세 집단 중에서
는 자기 평가 집단이 가장 높은 점수를 얻었다. 집단별 차이를 알
아보기 위해 교정평균 점수를 Schéffe 검증한 결과 자기 평가 집단
이 동료평가 집단(p<.01)과 전문가 평가 집단(p<.05)에 비해 유의
한 차이를 나타냈다. 하지만 동료평가 집단과 전문가 평가 집단 사
이에는 유의한 차이가 없었다.

<표 10> 자기평가, 동료평가, 전문가평가 집단의 '종결에 대한 저
항' 점수의 서술통계

		자기평가	동료평가	전문가평가
사전검사	Mean	77.22	74.97	77.43
	SD	17.02	17.41	20.68
사후검사	Mean	91.13	77.78	80.40
	SD	17.95	17.05	20.78
교정평균	Mean	90.83	78.43	80.01
	SD	3.00	3.01	3.10
사례수		32	32	30

<표 11> 자기평가, 동료평가, 전문가평가 집단의 '종결에 대한 저
항' 점수에 대한 공분산 분석

분산원	SS	df	MS	F
공분산	5458.48062	1	5458.048062	18.85***
집단 간	2890.780199	2	1445.390099	4.99**
오차	26066.12069	90	289.62356	
총	34708.60638	93		

*P<.05, **P<.01, ***P<.001

그 다음 각 집단별 '종결에 대한 저항'의 교정평균 점수를 살펴보면 동료평가집단(M=78.43)에 비해 전문가평가 집단(M=80.01)과 자기평가 집단(M=90.83)이 교정 평균 점수가 높았다. 세 집단 중에서는 자기 평가 집단이 가장 높은 점수를 얻었다. 집단별 차이를 알아보기 위해 교정평균 점수를 Schéffe 검증한 결과 자기 평가 집단이 동료평가 집단(p<.01)과 전문가 평가 집단(p<.05)에 비해 유의한 차이를 나타냈다. 하지만 동료평가 집단과 전문가 평가 집단 사이에는 유의한 차이가 없었다.

<표 12> 자기평가, 동료평가, 전문가평가 집단의 '창의성 평균' 점수의 서술통계

		자기평가	동료평가	전문가평가
사전검사	Mean	95.50	90.67	90.93
	SD	13.03	20.12	20.06
사후검사	Mean	113.26	98.19	98.02
	SD	15.13	19.75	19.08
교정평균	Mean	111.40	99.22	98.89
	SD	2.65	2.64	2.72
사례수		32	32	30

마지막으로 각 집단별 '창의성 총점의 평균'에 대한 교정평균 점수를 살펴보면 전문가평가 집단(M=98.89)에 비해 동료평가 집단(M=99.22)과 자기평가 집단(M=111.40)이 교정 평균 점수가 높았다. 세 집단 중에서는 자기 평가 집단이 가장 높은 점수를 얻었다.

집단별 차이를 알아보기 위해 교정평균 점수를 Schéffe 검증한 결과 자기 평가 집단이 동료평가 집단(p<.01)과 전문가 평가 집단

(p<.01)에 비해 유의한 차이를 나타냈다. 하지만 동료평가 집단과 전문가 평가 집단 사이에는 유의한 차이가 없었다.

<표 13> 자기평가, 동료평가, 전문가평가 집단의 '창의성 평균' 점수에 대한 공분산 분석

분산원	SS	df	MS	F
공분산	10522.61614	1	10522.61614	47.26[***]
집단 간	3163.10065	2	1581.55033	7.01[***]
오차	20039.54936	90	222.66166	
총	35404.83106	93		

[*]P<.05, [**]P<.01, [***]P<.001

<표 14> 집단별 Scheffe 검증 결과

창의성 하위 요인	집단별	교정평균	자기평가	동료평가	전문가평가
유창성	자기평가	114.52		***	**
	동료평가	97.78			
	전문가평가	99.97			
독창성	자기평가	137.73		**	**
	동료평가	123.09			
	전문가평가	123.35			
제목의 추상성	자기평가	102.39			
	동료평가	97.33			
	전문가평가	89.75			
정교성	자기평가	114.15		**	*
	동료평가	96.93			
	전문가평가	101.30			
종결에 대한 저항	자기평가	90.83		**	*
	동료평가	78.43			
	전문가평가	80.01			
창의성 평균	자기평가	111.40		**	**
	동료평가	99.22			
	전문가평가	98.75			

*P<.05, **P<.01, ***P<.001

이러한 결과를 종합해 보면 자기평가 집단과 나머지 두 집단(동료평가 집단과 전문가평가 집단) 간에 창의성 평균과 유창성, 독창성, 정교성 및 종결에 대한 저항에서 통계적으로 유의한 차이를 나타냈다.

V. 결론 및 논의

본 연구에서는 창의성 프로그램을 적용하여 대학생들에게 창의성 훈련을 받게 한 후 자기평가, 동료평가, 전문가 평가 등 각기 다른 평가자에 의한 창의성 평가를 실시하였다. 이후 창의성 증진 효과가 어떻게 다른지 알아보았다.

첫째, 자기평가 집단이 나머지 두 집단(동료평가, 전문가평가)보다 창의성 평균과 유창성, 독창성, 정교성 및 종결에 대한 저항에서 높은 점수를 나타냈고 이는 통계적으로 유의한 결과였다. Schéffe 검증 결과 집단 간 차이도 유의했다.

이는 Amabile(1998)의 실험 결과에서도 언급했듯이 타인의 시선과 평가에 대한 지나친 부담으로 인해 동료평가와 전문가 평가를 한 집단에서는 창의성 증진 효과가 나타나지 않은 것이다.

또한 이러한 결과는 자기평가를 할 때 스스로 자신의 수행과정 및 결과를 돌아보고 성찰해 보는 시간 자체가 창의성을 발현하는 하나의 과정이 되기 때문인 것으로 보인다. 이 과정에서 개인은 자신이 스스로 문제를 해결하고 개선하려는 자발성을 키우며 자신의 평가에 대한 자신감과 만족감을 느끼게 되는 것이다. Guilford(1960)는 창의성과 정적 상관이 있는 요인 중의 하나로 자발적 융통성을 들었고 Barron(1953)은 창의적 성격 특성으로 독자적인 비판을 내리는 특성을 언급했다. 이러한 기존의 연구들을 볼 때 자기평가를 통해서 자발성과 독자적인 판단력 및 평가에 대한 만족 등을 얻게 되고 이것은 다시 창의적 능력에 영향을 미치게 되어 창의성 증진의 효과를 가져오게 되는 것이다. 또한 자기 평가를 하게 됨으로써 스스로 내적인 동기 유발을 일으켜 호기심과 만족감을 충족시키는 결과를 가져오는 것이다. 그러나 동료평가와 전문가 평가에서는 개인의 이러한 성찰 및 자발적으로 사고하는 과정이 없기 때문에 창의성 증진 효과가 미미한 것으로 보인다. 이는 평가가 타인에 의해서 주어지기 때문에 내적인 동기유발보다는 외적인 동기 유발에 의존해 자발적인 동기의식이 떨어지게 되는 것이다.

둘째, TTCT 검사의 창의성 하위 요인 중에서 제목의 추상성 하위 요인에서는 유의한 차이가 나타나지 않았는데 이는 제목의 추상성 요인 자체가 언어적인 측면을 많이 내포하고 있기 때문으로 보인다. 본 연구에서 사용한 창의성 프로그램 자체가 언어적인 내용이 부족하기 때문에 언어 창의성 증진에는 효과적이지 못하며 그렇기 때문에 제목의 추상성 요인에서는 유의미한 차이가 나타나지 못한 것이다.

셋째, 동료평가 집단과 전문가 평가 집단 간에는 통계적으로 유의한 차이가 나타나지 않았다. 이러한 결과는 창의성 증진의 차원에서 보면 같은 또래가 평가를 하든 전문가가 평가를 하든 별 차이가 없다는 것이다.

이러한 결과를 볼 때, 평가자 유형 측면에서 보면 가장 창의성을 증진시키는 방법은 자기 평가이므로 학교에서는 창의성 프로그램을 운영하거나 교과와 관련된 특별한 과제를 수행할 경우 자기 평가를 할 수 있는 시간을 따로 마련하는 것이 효과적일 것이다. 실제 학교 현장에서 다수의 학생들을 한, 두 명의 교사나 특별히 초빙된 전문가가 평가를 하는 것은 무리인 경우가 많고 시간의 제약으로 동료 평가를 하는 것도 어렵다. 따라서 논술형 자기 평가 등을 수업 중에 실시하거나 과제로 제시하여 피드백을 하는 방법이 효과적일 것이다. 또한 교과 영역에서 교과서 내용 자체에 창의성 증진을 위한 소단원이 개설될 경우 자기 평가 체크리스트와 간단한 설문 등을 삽입하는 것이 학생들의 창의성 증진에 큰 도움이 될 것이다.

연구의 제한점 및 향후 연구를 위한 제언을 하면 다음과 같다.

첫째, 본 연구에서 창의성 측정 도구로 Torrance의 TTCT 도형

검사를 활용하였는데, 이 외에 다른 검사 도구를 사용하여 연구하였을 때 결과에 어떤 차이가 있는지 알아볼 필요가 있다. TTCT 언어 검사나 다른 유형의 창의성 검사를 활용했을 때에도 같은 결과를 나타내는지 추후 연구가 필요하다.

둘째, 창의성 평균 점수를 기준으로 할 때 창의성이 높은 집단과 낮은 집단에서도 동일한 결과가 나오는지 살펴볼 필요가 있다. 창의성 고저집단별로 창의성 증진을 위한 다른 평가 방식이 요구될 가능성이 있기 때문이다.

셋째, 다양한 창의성 평가 방법 모색 및 이의 효과에 대한 추후 연구가 필요할 것이다. 본 연구에서는 평가자 수준에 따른 차이만을 살펴보았으나 주·객관식 지필평가, 논술형 평가, 포트폴리오 평가 등 다양한 평가 방법에 따라 창의성 증진에 어떠한 차이를 가져오는지 살펴보아야 할 것이다.

넷째, 본 연구에서는 대학생만을 대상으로 하였기 때문에 연구 결과를 대학생에게만 한정시켜서 적용해야 한다. 따라서 초중고 등 다른 연령대의 학생들도 동일한 결과가 나오는지 연구할 필요가 있다. 연령대별 학습자 특성으로 인해 다른 평가 방식이 더 창의성 증진에 효과가 있을 수 있기 때문이다.

참고문헌

박동준, 허경조(1988). 대학생을 위한 창의력 개발 프로그램. **충북 대학생활연구**, 제12집, 15-48.

박동준, 임성문, 정영수(1989). 창의력 개발 프로그램의 효과 검증. **충북대학생활연구**, 제2집, 1-20.

박병기(2004). 교양강좌를 이용한 대학생 창의성 교육의 효과 분석. **교육심리연구**. 제18권 제2호., 69-81.

백순근(1998). 수행평가에 대한 이론적 기초. 중학교 각 교과별 수행평가의 이론과 실제. 서울: 원미사.

부지영(2000). 창의성 훈련이 초등학교 아동의 창의적 사고력 및 정의적 특성에 미치는 효과. 전남대학교 대학원. 석사학위논문.

장좌욱(2002). 유아를 위한 창의성 프로그램이 유아의 창의성 증진에 미치는 효과. 성균관대학교 대학원 석사학위 논문.

전경원(1997). 창의성 프로그램이 대학생의 창의성 계발에 미치는 효과. **교육심리연구**. 제11권, 제2호. pp.223-253.

전경원(2000). 창의성을 저해하는 요인 조사 연구: 유아교육과 여학생을 중심으로. **열린 유아교육**, 5(1), 163-180.

전평국, 이재학, 백석윤, 박성선, 감성만(2001). 열린 교육에서의 평가와 창의성 계발. **청람수학교육**. 제9권. pp.1-25.

정은이(2003). 개별·협동학습에 따른 창의성 프로그램이 대학생의 창의성 계발에 미치는 효과. **교육심리연구**. 제17권. 제1호. pp.281-297.

정황순(2001). 창의성 계발 프로그램의 적용이 창의성, 정서 지능 및 다중 지능에 미치는 효과. 원광대학교 대학원 박사학위논문.

조성수(1996). 초등학교 아동의 창의성 신장을 위한 프로그램의 효과 연구. 고려대학교 대학원 석사학위 논문.

최미정(2000). 창의성 교육 프로그램이 아동의 창의성 신장에 미치는 효과. 광주교육대학교 교육대학원 석사학위논문.

호사라(2001). 창의성 교육 프로그램의 유형이 초등학생의 창의성 신장에 미치는 효과. 서울대학교 대학원 석사학위 논문.

Amabile, T. M. (1998). Creativity in context(3rd. ed.) Boulder, Colorado: Westview Press.

Barron, F. (1953). Complexity-simplicity as a personality dimension. *Journal of Abnormal, Social, Psychology,* 48. 163.

Burns, M. B. (1983). *A comparison of three creative problem-solving methodologies.* Doctoral Dissertation, University of Denver.

deBono, E. (1971). *Lateral thinking.* London: Ward Lock: Education.

deBono, E. (1975). *Cort thinking.* Dorset, England: Direct Educational Services.

deBono, E. (1978). *Teaching thinking.* London: Pelican Books.

Feldhusen, J. F., Treffinger, D. J., & Bahlke, S. J. (1970). Developing creative thinking: The Purdue creativity program. *Journal of Creative Behavior,* 4(2), 85-90.

Getzel, J.,& Jackson, P., (1962). *Creativity and intelligence:* Explorations with gifted students. New York: Wiley.

Guilford, J. P. (1960). *Research conference on the identification of creative, scientific talent,* In M. I. stein, & S. J. Heinge(ed.),

Creativity and the individual, Ill: The free Press of Glencoe.

Khatena, J. (1971). A second study training college adults to think creatively with words. *Psychological Report*, 28, 385-386.

Korth, W. L. (1973). Training in creative thinking: The effect on the individual of training in the "Synectics" method of group problem solving. *Dissertation Abstract Internation*, 33, 3947B.

Noller, R. B., Parnes, S. J., & Biondi, A. M. (1976). *Creative actionbook*. New York: Scribners.

Osborn, A. (1963). *Applied Imagination*. New York: Scribner's.

Torrance, E. P. (1974). *Torrance tests of creative thinking:* Directions manual and scoring guide(Verbal test booklet A, B). Scholastic Testing Service, Inc.

Treadwell, Y. (1970). Humor and creativity. *Psychological reports*, 26, 55-58.

Wey, B. L. (1983). *The effect of a guidebook to improve creative thinking abilities*, Doctoral dissertation, University of Northern, Colorado.

Ziv, A. (1976). Facilitating effects of humor on creativity. *Journal of Educational Psychology*, 68, 318-322.

Ziv, A. (1988). Using humor to develop creative thinking. *Journal of Children in Contemporary Society*, 2, 99-116.

· 저자 ·

정은이   · 약력 ·
         고려대학교 교육학 박사(교육심리)
         현 청운대학교 교수

일상적 창의성의 새로운 이해

· 초판 인쇄 │ 2005년 11월 10일
· 초판 발행 │ 2005년 11월 10일

· 지 은 이 │ 정은이
· 펴 낸 이 │ 채종준
· 펴 낸 곳 │ 한국학술정보㈜
          경기도 파주시 교하읍 문발리 526-2
          파주출판문화정보산업단지
          전화   031) 908-3181(대표) · 팩스   031) 908-3189
          홈페이지   http://www.kstudy.com
          e-mail(e-Book사업부)   ebook@kstudy.com
· 등   록 │ 제일산-115호(2000. 6. 19)
· 가   격 │ 22,000원

ISBN   89-534-4247-8 93370 (Paper Book)
         89-534-4248-6 98370 (e-Book)